서구로 보낸 유학 경전 1
구훙밍(辜鴻銘)의 영역(英譯)『논어』

『논어』의 신기원

공자의 담론과 격언들

신창호

박영story

머리말

나는 몇 년 전에 한글로 풀이한 『논어』를 출간한 적이 있다. 책 제목도 『한글논어』였다. 그때 서문에 다음과 같이 썼다. "나는 한글로 문명을 일구어 가는 사람들은 한글을 통해 그 문명을 향유할 수 있어야 한다고 생각한다. 그러므로 한문으로 저술된 모든 동양 고전은 한글로 재탄생되어야 한다. 아울러 우리 문화를 그 속에 녹여 넣는 일도 필요하다. 이런 작업은 번역을 통해 이루어질 수도, 일정한 시각으로 독해하면서 이루어질 수도 있다. 중요한 것은 시대정신을 담은 의미 전달이며 독자들의 가독성을 고려하여 고전을 다시 쓰는 일이다. 그것은 공자가 말한 "시대정신에 맞게 서술하되 제멋대로 창작하지 않는다"는 '술이부작(述而不作)'의 정신이요, 현대적 재해석이자 새로운 문화 패러다임의 생산이다."

이런 정신을 담은 또 다른 고전을 발견하였다. 중국인 최초로 『논어』를 영역한 구훙밍(辜鴻銘, 1857~1928)의 작품이다. 이 책은 구훙밍이 영어로 번역한 유학 경전 가운데 『논어』를 재해석한 것이다. 대본으로는 '辜鴻銘 英譯, 王京濤 評述, 『辜鴻銘英譯經典 : 論語(中英雙語評述本)』(北京: 中華書局出版, 2017)'을 활용하였다.

구훙밍은 중국 근대의 저명한 학자다. 동서양의 학문에 조예가 깊었고, 영어, 프랑스어, 독일어 등 여러 언어에 능통하였다. 그는 중국인 최초로 『논어』(1898), 그리고 『중용』(1906)과 『대학』(1915)을 번역했다. 이유는 간단하다. 20세기를 전후한 격동의 시대에 중국의 문명과 유학 사상을 서구에 전파하기 위해서였다.

구훙밍이 유학의 경전을 영어로 번역하기 이전, 유학 경전의 영어 번역은 서양의 선교사들에 의해 이루어졌다. 특히, 『대학』과 『중용』은 『논어』를 비롯한 다른 유학 경전에 비해 번역본이 적은 편이었다. 초기의 번역은 영국의 선교사에 의해 이루어졌는데, 1812년 모리슨(Robert Morrison, 1782~1834)과 1828년 마셔만(Joshua Marshman, 1768~1837)에 의해 출간되었다. 모리슨의 경우, 영국의 런던선교회에서 중국에 파견한 최초의 개신교 선교사다. 말라카에 외국인에 의한 최초의 신학문 학교인 영화학당을 세우고 인쇄소를 설립하여 정기간행물을 발행하였다. 그리고 1828년 콜리에(David Collie)가 '사서(四書) 번역본'을 출간했고, 1861년 레게(James Legge, 1815~1897)가 집대성한 『중국경전(中國經典)』, 이른바 '차이니스 클래식(Chinese Classic)'의 제1권에 『대학』, 『중용』, 『논어』가 포함되었다.

구훙밍은 서구 문화에 정통했다. 하지만 중국 문화가 서구 문화보다 우월하다고 생각했다. 그것은 동양 문화에 대한 자부심이자 자긍심이기도 했다. 동서 학문의 핵심을 관통하고 있었던 그는 세계 문명을 바라보는 시선을 객관화하려고 했다. 무엇보다도 중국의 문화를 비롯한 동양 문명을 폄하했던 서구인들을 향해, 중국을 비롯한 동 양문화를 새롭게 인식하는 계기를 제공하고 싶었다. 그 열망이 희망과 소망을 넘어 현실로 드러난 것이 이 작품이다.

이 번역본은 서양의 학자뿐만 아니라, 중국어를 읽지 못하거나 중국문화를 생소하게 여기는 서구인을 대상으로 한다. 번역 술어는 교육을 받고 어느 정도 교양을 갖춘 영어권 사람의 사유방식과 표현

방식을 따랐다. 가능한 한 중국 특유의 용어를 버리고 서구인들에게 익숙한 사물의 명칭으로 번안하였다. 예컨대, '군자(君子)'는 신사(gentlemen), '예(禮)'는 예술(art), '천(天)'은 '하나님(God)'으로 과감하게 대체했고, 공자사상의 핵심인 '충서(忠恕)'는 '양심(良心)과 박애(博愛)'로 해석했다. 중국의 은(殷)나라와 송(宋)나라의 계승 관계는 서구 고대의 로마나 이탈리아의 관계로 비유했고, 제(齊)나라는 '고대 중국의 프랑스'를 거론하며 이해의 폭을 넓혔다. 제나라 환공(桓公)이 아홉 제후와 회동한 사건의 경우, 1878년 베를린 회의로 설명했고, 주공(周公)의 경우, 모세에 비유하였다. 관중(管仲)은 독일의 정치인인 비스마르크(Bismarck)를 연상하여 이해하도록 안배했다. 그만큼 서양인들의 입맛에 맞춘 것이다.

『논어』는 1898년에 출간되었으므로 세상에 번안된 지 120년이 지났다. 이제 이 책의 독자는 서구의 학자뿐만이 아니다. 유교 문화를 생소하게 여기는 모든 사람들이 읽기를 권장한다. 특히, 유학을 정치와 교육의 철학으로 이해할 때, 동양의 정치와 교육에 관심 있는 사람들이 새로운 시선으로 접근하기를 소망한다. 앞에서 언급한 것처럼, 무엇보다도 중국 전통 유학의 특수한 용어를 과감하게 번안하여, 현대 학술이나 교양 수준에서 익숙한 사물의 명칭을 드러냈다는 점에서 이 번역(飜譯)은 유학에 대한 완전한 반역(叛逆)이다. 하지만 이 책을 읽으면 읽을수록 충격과 흥분이 더해진다. 오히려 유학 이해가 분명해지는 측면이 있다. 정말이지, '획기적인 사실로 말미암아 새롭게 전개'되는 유학의 신기원을 보였다.

그래서 책 제목도 『논어의 신기원』으로 붙였다. 책의 구성은 경전의 원문(原文)을 먼저 제시하고, 원문에 대한 직역(直譯), 구홍밍의 번안(飜

案)을 붙여 논어의 새로운 번역을 맛보도록 하였다. 구홍밍이 서구인들에게 전하려는 『논어』의 의미를 그대로 이해할 수 있도록, 별도의 해설(解說)을 추가하지 않고, 몇몇 부분에서 오역한 부분은 바로 잡았다. 그리고 뒷부분에는 구홍밍의 영역본 원문을 수록하여 참고할 수 있도록 했다.

초고정리를 도와준 강영순 선생에게 감사한다. 강 선생은 중국 연변대 교수를 지냈고, 현재 고려대 대학원에서 박사논문을 준비 중이다. 내가 2019년 1월 중국 상해(上海)의 어느 고서점에서 책을 구해 온 이후 함께 정리하며, 중국 관련 자료 확인에서 많은 도움을 받았다. 관심 있는 독자들이 이 책을 통해, 『논어』에 대한 사유의 지평을 확장하고, 폭넓은 시선으로 유학과 전통교육에 접근하는 계기가 되기를 소망한다.

2020. 11. 입동절(立冬節)
신창호

차례

논어

• 공자의 담론과 격언들 •

구홍밍의 서언

제임스 레게(James Legge, 1815~1897) 박사가 처음으로 『중국경전』을 번역하여 출판한 지 40년이 지났다. 그러나 아무리 한문(漢文) 지식이 없는 사람일지라도, 레게 박사의 번역문을 읽는다면 그의 번역이 얼마나 억지로 옮긴 글인지를 느낄 수 있을 정도다. 그가 번역하면서 표현한 말들은 문학적 훈련이 결여되어 있다. 번역의 마지막 구절까지 비판적 통찰력과 문학적 개념이 철저하게 결핍된 것은 오히려 그가 위대한 한학자임을 반증해 준다. 다시 말해, 그는 단지 중국 고전 문헌의 죽은 지식들에 대해 박식할 뿐이다. 하지만 이 위대한 한학자에 대해 우리는 공정하게 평가해야 한다. 안타깝게도 그가 최근(1897년)에 세상을 떠났다는 소식을 들었다. 비록 그의 사상이 매우 협소하고 표현이 매끄럽지 못할지라도, 이는 그의 성품에서 비롯된 결과일 뿐, 그의 통찰력이 미치는 범위에서 그는 그의 글에 대해 진지하게 책임지는 태도를 보였다.

학구열이 넘치는 학생이 자신의 철학이나 문학적 영감을 가지고, 레게 박사가 번역한 『중국경전』이라는 경직된 책을 연구한다면, 의심할 것도 없이 책 가운데 표현된 도덕문화, 이른바 중국문명에 대한 통찰력을 펼쳐낼 수 있을 것이다. 그러나 대부분의 영어권 독자들은, 어쩔 수 없이 레게 박사가 번역에서 표현한 중국인의 지혜와 도덕적 지침들을 보면서, 중국이 입고 있는 의상에서 이상하고 황당한 겉모습을 볼 수 있을 것이다.

이에 나는 한문(漢文)으로 된 이 조그마한 책, 『논어』를 영어권 독자들이 쉽게 이해할 수 있도록 영문(英文)으로 번역해 보았다. 그들은 이 책이 중국인들에게 지혜와 도덕적 지침을 제공하기에 충분하다는 사실을 믿을 것이다. 이러한 목표를 달성하기 위해, 나는 공자와 그의 제자들이, 교양 있는 영국인처럼 말하면서, 중국의 현자들이 어떤 사유를 표현하고 있는지 선보이려고 했다. 영어권 독자들이 생소해하거나 이상하게 여길만한 표현은 가능한 한 없애고, 될 수 있는 한 책 가운데 등장하는 특정한 개념들을 모두 없애려고 노력하였다. 나아가 이 책의 사상을 더욱 잘 드러내기 위해 유럽 작가들의 말을 인용하여 주석에 추가하였다. 이로써 그들에게 익숙한 사상으로 이해될 수 있도록 노력하였고, 그들에게 친숙한 작가들의 독자층을 불러들이려고 고심하였다.

여기에서 한 영국 신사에게 경의를 표하고, 그에게 이 책을 바친다. 알라바스터(Chaloner Alabaster, 1838~1898) 경(卿)이다. 그는 일찍이 이 책의 많은 부분을 영어로 번역하여 발표한 적이 있다. 10년 전에 광저우(廣州)에서 그를 만났을 때, 나는 그에게 중국경전을 번역하는 사업을 하도록 권유한 적이 있다. 당시 나는 레게 박사의 번역본을 만족스럽게 여기지 않았기 때문이다. 그는 자신이 중국의 고전 문헌과 학문 지식에 한계가 있고, 게다가 자신은 '문인(文人)'이 아니라고 진지하게 말했다. 그러고는 오히려 나에게 번역할 것을 제안하였다. 그리고 10년이 지났다. 그의 제안을 받아들여 처음으로 이 작업에 착수하였고, 그렇게 시도한 일은 현실로 나타났다. 그러나 초기에 나의 작업에 관심을 가졌던 사람들은, 이미 나의 곁을 떠났다.

앞에서 언급한 바와 같이 공자와 그 제자들의 말과 격언을 적은 이 책은 중국인에게 지혜를 주고 도덕을 길러주는 지침이었다. 아놀드(Matthew Arnold, 1822~1888) 선생은 아주 조그만 범주에서 이를 '생활교본'이라 일컬었다. 우리는 이 번역본을 읽는 교양 있는 영어권 인사들이 지금까지 그들이 중국인에 대해 가졌던 잘못된 관점을 수정할 수 있기를 기대한다. 이를 통해 그들이 중국인에 대한 새로운 안목을 갖게 되고, 개인과 국가적 차원에서 중국인과 중국에 대한 태도를 바꿀 수 있기를 희망한다.

구홍밍(辜鴻銘)
우창(武昌) 총독부에서
1898년 8월 1일

제1편 학이(學而)

1-1

子曰: "學而時習之, 不亦說乎? 有朋自遠方來, 不亦樂乎? 人不知而不慍, 不亦君子乎?"

직역 공자께서 말씀하셨다. "배우고 때로 익히면 또한 기쁘지 아니한가? 벗이 먼 곳으로부터 온다면 또한 즐겁지 아니한가? 사람들이 알아주지 않더라도 성내지 않으면 또한 군자가 아닌가?"

번안 공자가 말했다. "학문은 끊임없이 지식을 얻는 데만 있는 것이 아니라 또 실천해보는 것에 있으니 이는 분명히 기쁜 일이다. 더욱 기쁜 일은 의기투합되는 벗이 너의 성취를 반겨서 멀리서 찾아오는 것이다. 사람이 다른 사람들의 주목을 받지 못했을 때도 번민과 불안을 느끼지 않는다면 그는 곧 진정으로 명석하면서도 착한 사람이다."

1-2

有子曰: "其爲人也孝弟, 而好犯上者鮮矣; 不好犯上, 而好作亂者, 未之有也. 君子務本, 本立而道生. 孝弟也者, 其爲仁之本與!"

직역 유자가 말하였다. "사람됨이 효도하고 공손하면서 윗사람에게 덤벼들기를 좋아하는 사람은 드물고, 윗사람에게 덤벼들기를 좋아하지 않으면서 난동부리기 좋아하는 사람은 아직 없었다. 군자는 근본에 힘써야 한다. 근본이 서야 도가 생긴다. 효도와 공손이라는 것이 인을 행하는 근본이다."

번안 공자의 제자가 말했다. "어떤 착한 아들 혹은 착한 시민이 자기보다 높은 자리에 있는 사람과 다투지 않거나, 권력을 가진 자와 다투지 않는다면, 너는 그가 나라에서 난을 일으키거나 평화와 질서를 어지럽히는 일을 하는 것을 절대로 보지 못할 것이다.
어떤 명석한 사람은 그의 주의력을 일상생활의 기반이 되는 관건적인 문제에 둘 것이다. 이러한 기반이 마련되면 지혜는 저절로 온다. 지금 착한 아들, 착한 시민이 되어라. — 이것이 곧 도덕적 생활의 기반이 아니겠는가? "

1-3

子曰: "巧言令色, 鮮矣仁."(17-17과 중복)

직역 공자께서 말씀하셨다. "말을 좋게 하고, 얼굴빛을 곱게 하는 자는 인(仁)한 사람이 드물다."

번안 공자가 말했다. "겉모습만 그럴 듯하여 합리적인 언어를 쓰며 위선적인 태도를 가진 사람, 그런 사람이 도덕품성을 갖춘 경우는 드물다."

1-4

曾子曰: "吾日三省吾身. 爲人謀而不忠乎? 與朋友交而不信乎? 傳不習乎?"

직역 증자가 말하였다. "나는 날마다 세 가지로 내 몸을 살핀다. 사람을 위해 일을 도모함에 충실하지 못했는가? 벗과 더불어 사귐에 믿음직하지 못했는가? 전수받은 내용을 익히지 않았는가?"

번안 공자의 어떤 제자가 말했다. "나는 매일 세 가지 측면에서 내 자신의 언행을 살핀다. 첫째, 타인이 나에게 맡긴 직책을 실행할 때 나는 양심을 저버리지 않았는가? 둘째, 벗들과 교제할 때 성심과 믿음을 저버리지 않았는가? 셋째, 내가 가르치면서 했던 말을 내 자신이 실천하고 있는가?"

1-5

子曰: "道千乘之國, 敬事而信, 節用而愛人, 使民以時."

직역 공자께서 말씀하셨다. "천승(千乘)의 나라를 다스리되, 일을 공경하게 믿게 하며, 쓰기를 절도 있게 하고 백성을 사랑하며, 백성 부리기를 때에 맞게 해야 한다."

번안 공자가 말했다. "큰 국가의 사무를 관리해야 할 일에 직면하면, 직책을 맡은 사람은 반드시 엄숙하고 진지하게 일해야 한다. 아울러 자기가 약속한 일에 대해서는 성심을 다하되, 일은 시기를 놓치지 말고 지켜야 할 것이다. 반드시 재정 지출에도 유념하여 검소와 절약에 힘써야 한다. 또 국민을 사랑하여 복지에 힘써야 한다. 반드시 1년 가운데 가장 적절한 시기를 골라 국민들에게 일을 시켜야 할 것이다."

1-6

子曰: "弟子入則孝, 出則弟, 謹而信, 汎愛衆, 而親仁. 行有餘力, 則以學文."

직역 공자께서 말씀하셨다. "제자(弟子)가 들어가서는 효도하고 나와서는 공손하며, 삼가고 믿음직스럽게 하며, 널리 사람들을 사랑하되 어진 이를 친애해야 한다. 행하고도 여력이 있으면 글을 배워야 한다."

번안 공자가 말했다. "한 젊은이가 집에서는 마땅히 착한 자식이 되고, 사회에서는 마땅히 착한 시민이 되어야 한다. 사람됨은 마땅히 신중하고 성실해야 한다. 마땅히 모든 사람을 근심하는 마음이 있어야 하고 아울러 덕이 있는 사람을 가까이 해야 한다. 이와 같은 의무를 실행한 이후에 여가 시간에 기회가 된다면, 마땅히 문학을 배워야 할 것이다."

1-7

子夏曰:"賢賢易色; 事父母能竭其力, 事君能致其身, 與朋友交言而有信. 雖曰未學, 吾必謂之學矣."

직역 자하가 말하였다. "어진 이를 어질게 여기되 색(色)을 좋아하는 마음과 바꿔하며, 부모를 섬기되 그 힘을 다할 수 있으며, 군주를 섬기되 그 몸을 바칠 수 있으며, 벗과 더불어 사귀되 말함에 믿음이 있어야 한다. 비록 배우지 않았다 말하더라도 나는 반드시 그를 배웠다고 이르겠다."

번안 공자의 제자가 말했다. "사람이 인간의 미덕을 사랑하기를 마치 여인의 아름다움을 사랑하듯이 하고, 부모를 위해 의무를 다할 때는 준비를 완벽하게 하며, 임금을 위해 일할 때는 자신의 생명을 바칠 준비를 하며, 벗과 교제할 때는 그의 말은 언제나 믿을만하다고 인식한다면, 이러한 사람은 비록 교육을 받지 못한 사람이라 말하더라도 나는 반드시 그를 진정으로 교육을 받은 사람이라고 볼 것이다."

1-8

子曰: "君子不重則不威, 學則不固. 主忠信. 無友不如己者. 過則勿憚改."

직역 공자께서 말씀하셨다. "군자가 무겁지 않으면 위엄이 없으니 학문도 견고하지 못하다. 충실과 믿음을 중심으로 한다. 자기만 못한 자를 벗으로 삼으려 하지 말고, 허물이 있으면 고치기를 꺼려하지 말라."

번안 공자가 말했다. "아무리 명석한 사람일지라도 엄숙하고 장엄하지 않으면, 사람들은 그를 존경하지 않을 것이다. 배운 학문도 견고하게 유지할 수 없다. 양심과 진심을 너의 가장 중요한 원칙으로 삼으라. 자신과 같지 않은 벗과 더불어 사귀지 말라. 만약 너에게 나쁜 습관이 있다면 곧바로 고치라."

1-9

曾子曰: "愼終追遠, 民德歸厚矣."

직역 증자가 말하였다. "종(終: 初喪)을 삼가고 돌아가신 분을 추모하면 백성의 덕이 후한 데로 돌아갈 것이다."

번안 공자의 제자가 말했다. "돌아가신 분에 대해 공경하는 마음을 기름으로써 아득히 오래전의 과거를 추억하면, 사람들의 도덕적 감정은 곧 깨어나 사회 풍속이 아름답게 될 것이다."

1-10

子禽問於子貢曰: "夫子至於是邦也, 必聞其政. 求之與? 抑與之與?" 子貢曰:"夫子溫·良·恭·儉·讓以得之. 夫子之求之也, 其諸異乎人之求之與?"

직역 자금이 자공에게 물었다. "부자[공자]께서 이 나라에 이르러서는 반드시 그 정사를 듣습니다. 구해서 되는 것입니까? 주어서 되는 것입니까?" 자공이 말하였다. "부자는 온순하고 어질고 공손하고 검소하고 겸양하여, 이를 얻는다. 부자의 구하는 것은 일반 사람이 구하는 것과는 다를 것이다."

번안 어느 날, 어떤 사람이 공자의 제자에게 물었다. "선생께서는 어떤 국가에 이를 때마다 언제나 그 나라의 정치가 어떠한지 실제 상황과 정책을 듣곤 하였습니다. 그것을 어떤 방식으로 합니까? 아마 선생께서 듣고 싶어서 들은 것일 텐데, 아니면 다른 사람이 그에게 들려줍니까?"

"저의 스승이십니다." 그 제자가 대답하였다. "저의 스승님은 온화하시고, 소박하시며, 성심을 다하시며, 겸손하시며, 또 공손하시며, 예의가 있으십니다. 그렇기 때문에 언제나 듣고 싶은 정보를 얻어 들을 수 있었습니다. 스승께서 정보를 얻는 방식은 그렇습니다! 다른 사람하고는 다릅니다."

1-11

子曰: "父在, 觀其志. 父沒, 觀其行; 三年無改於父之道, 可謂孝矣."

직역 공자께서 말씀하셨다. "부모가 살아있을 때는 그 뜻을 살펴본다. 부모가 돌아가셨을 때는 그 행동을 살펴보고, 3년 동안 부모의 도리를 고치지 말아야 효도라 이를 수 있다."

번안 공자가 말했다. "부모가 살아계실 때는 마땅히 부모님께서 무엇을 원하는지 유의해야 한다. 부모가 돌아가신 이후에는 마땅히 부모님께서 무엇을 했었는지를 유의해야 한다. 만약 자식이 부모가 돌아가시고 3년이 되기 이전에 자신의 생활에서 부모님의 삶의 원칙을 바꾸지 않는다면, 그는 곧 착한 자식이라고 일컬어질 것이다."

1-12

有子曰: “禮之用, 和爲貴. 先王之道斯爲美, 小大由之. 有所不行. 知和而和, 不以禮節之, 亦不可行也.”

직역 유자가 말하였다. “예(禮)의 쓰임은 화합이 귀함이 된다. 선왕의 도는 이를 아름답게 여겼는데, 작은 일과 큰일에 모두 이로 말미암는다. 행하지 못할 것이 있다. 화합을 알아서 화합하고, 예로써 절제하지 않는다면 또한 행할 수 없다.”

번안 공자의 어떤 제자가 말했다. “예술은 실천에서 가치를 발휘하는데, 그것은 자연적이고 자발적이다. 고대의 제왕들이 예술 법칙을 소유하고 있었을 때도 예술작품 가운데 이러한 특징이 있었기 때문에 그 탁월성을 보일 수 있었다. 중대한 일이건 자질구레한 일이건 막론하고, 그들은 모두 이러한 원칙을 따랐다. 그러나 자연스럽게 발현될 때도 일부는 허용되지 않는 것들이 있다. 엄격한 예술 원칙에 따라 충동을 억제하지 않는다면, 곧바로 자연적 발현이 허용되지 않는다. 이것을 분명히 해야 할 필요가 있다.”

1-13

有子曰: “信近於義, 言可復也; 恭近於禮, 遠恥辱也; 因不失其親, 亦可宗也.”

직역 유자가 말하였다. “약속이 의리에 가깝게 되면 그 약속한 말을 실천할 수 있으며, 공손함이 예에 가깝게 되면 치욕을 멀리할 수 있으며, 그 친할만한 사람을 잃지 않으면 또한 주인으로 삼을 수 있다."

번안 공자의 어떤 제자가 말했다. "네가 정의로운 범위에서 약속한 것이 있다면 약속을 지켜야 한다. 너의 열정과 성심을 판단력과 좋은 품성의 범위 안에 둔다면, 너는 곧 좌절과 실패, 그리고 부끄러움과 모욕을 면할 것이다. 만약 네가 사귈 가치가 있는 벗들과 교제한다면, 앞으로 그들에게 의지할 수 있을 것이다."

1-14

子曰: "君子食無求飽, 居無求安, 敏於事而愼於言, 就有道而正焉, 可謂好學也已."

직역 공자께서 말씀하셨다. "군자는 먹음에 배부름을 구하지 않으며, 거처함에 편안함을 구하지 않으며, 일을 민첩하게 하고 말을 삼가며, 도가 있는 곳에 나아가 바르게 한다면 배움을 좋아한다고 이를 만하다."

번안 공자가 말했다. "명석하고 착한 사람이라면, 절대로 식욕이 당기는 대로 음식을 먹지 말아야 하며, 지나치게 안락하고 편안한 주거 환경을 갈구하지 말아야 한다. 일은 부지런하게 열심히 하고 언어는 신중하게 해야 한다. 다른 사람의 경험과 모범 가운데서 유익함을 얻기 위해, 아름다운 덕과 학문이 있는 사람을 찾아서 사귀어야 한다. 이렇게 한다면, 그는 곧 진정으로 교양 있는 사람이 될 수 있을 것이다."

1-15

子貢曰: "貧而無諂, 富而無驕, 何如?" 子曰: "可也. 未若貧而樂, 富而好禮者也." 子貢曰: "『詩』云:'如切如磋, 如琢如磨.' 其斯之謂與?" 子曰: "賜也, 始可與言『詩』已矣! 告諸往而知來者."

직역 자공이 말하였다. "가난하되 아첨함이 없고, 부유하되 교만함이 없으면 어떻습니까?" 공자께서 말씀하셨다. "괜찮다. 가난하면서도 즐거워하고, 부유하면서도 예를 좋아하는 것만은 못하다." 자공이 말하였다. "『시경』에서 '잘라 놓은 듯하며, 다시 그것을 간 듯하며, 쪼아 놓은 듯하며, 다시 그것을 간 듯하다.'고 했는데, 이를 말함일 겁니다." 공자께서 말씀하셨다. "사(賜: 자공)는 비로소 더불어 시를 말할 만하구나! 지나간 것을 말해주니 올 것을 아는구나."

번안 공자의 어떤 제자가 물었다. "가난하더라도 사람들에게 아부하거나 굽실거리지 않으며, 부유하더라도 망령되이 자기자랑을 늘어놓지 않는 경우, 이런 사람에 대해 스승님께서는 생각하기에 어떻습니까?"
"아주 훌륭하다." 공자가 대답했다. "그러나 이보다 더 훌륭한 것은 가난하더라도 만족할 줄 알아 편안히 즐기는 것과 부유하더라도 사람들을 공손하게 대하며 예의가 있는 사람이다."
"이제야 제가 좀 알겠습니다." 그 제자가 대답하여 말했다.
"공부는 반드시 자르고 또 자르며, 갈고 또 갈며, 또 반드시 뚫고 아로새기고, 갈고 닦아야 합니다."
"이것이 곧 스승님께서 말씀하신 뜻인가요?"
"나의 벗이여!" 공자가 대답했다. "이제서야 내가 너와 함께 시를 논의할 수 있겠구나. 내가 생각하기에, 너는 이미 도덕 수양을 어떻게 해야 하는지 안 것이다."

1-16

子曰: "不患人之不己知, 患不知人也."

직역 공자께서 말씀하셨다. "남이 자신을 알아주지 못함을 걱정하지 말고, 내가 남을 알지 못함을 걱정해야 한다."

번안 공자가 말했다. "사람들아, 다른 사람이 나를 이해하지 못할까를 근심하지 말고, 내가 다른 사람을 이해하지 못할까를 근심하라."

제2편 위정(爲政)

2-1

子曰: "爲政以德, 譬如北辰, 居其所而衆星共之."

직역 공자께서 말씀하셨다. "정사(政事)를 덕(德)으로 하는 것은, 비유하면 북극성이 제자리에 머물러 있으면 여러 별들이 그에게로 향하는 것과 같다."

번안 공자가 말했다. "도덕과 정감의 보편적 정서로써 국민을 통치하는 지도자는 북극성처럼 그 자리를 유지하면서 움직이지 않는다. 오히려 다른 모든 별들이 그를 중심으로 도는 것이다."

2-2

子曰: "『詩』三百, 一言以蔽之, 曰 : '思無邪'."

직역 공자께서 말씀하셨다. "『시경』 300편의 뜻을 한마디로 말할 수 있으니, '생각에 간사함이 없다'이다."

번안 공자가 말했다. "본래 민요나 시가, 시를 찬미하는 문학 저서에는 300편의 작품이 포함된다. 그것에 깃든 의미는 한마디로 개괄하여 말하면 '사악한 사상이 없는 것이다.'"

2-3

子曰: "道之以政, 齊之以刑, 民免而無恥; 道之以德, 齊之以禮, 有恥且格."

직역 공자께서 말씀하셨다. "인도하기를 법으로 하고, 가지런하게 만들기를 형벌로 하면, 백성들이 형벌을 면할 수는 있으나 부끄러워함은 없을 것이다. 인도하기를 덕으로 하고, 가지런하게 만들기를 예로 하면 부끄러워함이 있고 또 선에 이르게 될 것이다."

번안 공자가 말했다. "당신의 통치가 법률에 근거하고, 아울러 형벌을 쓰며 법을 시행함으로써 그 질서가 유지된다면, 당신은 국민들이 죄를 범하지 않게 할 수는 있지만 그들이 범죄에 수치심을 가지게 할 수는 없을 것이다. 다른 측면에서 말하면, 당신의 통치가 도덕과 정감의 보편적 정서에 근거하고, 아울러 교육과 훌륭한 예의를 촉진함으로써 그 질서가 유지된다면, 국민들은 곧 범죄에 수치심을 가지게 된다. 뿐만 아니라 그들은 도덕적 기준에 부합되는 수준에 이를 것이다."

2-4

子曰: "吾十有五而志於學, 三十而立, 四十而不惑, 五十而知天命, 六十而耳順, 七十而從心所欲, 不踰矩."

직역 공자께서 말씀하셨다. "나는 열다섯 살에 학문에 뜻을 두었고,

서른 살에 자립하였고, 마흔 살에 사리에 의혹되지 않았고, 쉰 살에 천명(天命)을 알았고, 예순 살에 귀로 들으면 그대로 이해되었고, 일흔 살에 마음에 하려는 것을 좇아도 법도(法度)에 넘지 않았다."

번안 공자가 말했다. "15세에 나는 이미 열심히 그리고 엄숙히 학문을 연구하는 일에 몸을 내던지려고 마음먹었다. 30세에 나는 이미 자신의 관점과 판단력이 형성되었다. 40세에 나는 이미 더 이상 의혹이 없었다. 50세에 나는 종교에 내재한 진리를 알았다. 60세에 나는 내가 들은 것에 대해서는 어떠한 일이라도 알 수 있었고, 그것을 아는데 전혀 힘들이지 않았다. 70세에 나는 내가 마음속의 어떠한 욕구를 따르더라도 법률을 벗어나지 않을 수 있었다."

2-5

孟懿子問孝. 子曰: "無違." 樊遲御, 子告之曰: "孟孫問孝於我, 我對曰: "無違"." 樊遲曰: "何謂也?" 子曰: "生, 事之以禮; 死, 葬之以禮, 祭之以禮."

직역 맹의자(孟懿子)가 효(孝)에 대해 물었다. 공자께서 대답하셨다. "어김이 없어야 한다." 번지(樊遲)가 수레를 몰고 있었는데, 공자께서 말씀하셨다. "맹손씨(孟孫氏)가 나에게 효도에 대해 묻기에 나는 어김이 없으라고 대답하였다." 번지가 "무엇을 이르신 것입니까?"라고 묻자, 공자께서 말씀하셨다. "살아 계시면 예로 섬기고, 돌아가시면 예로 장사지내고, 예로 제사지내는 것이다."

번안 공자의 고국 왕실에서 있던 한 귀족이 '어떤 것이 훌륭한 아들로서 지켜야 할 의무인가?'에 대해 물었다. 공자가 대답했다. "당신이 해야 한다고 요구한 일을 어기지 않고 하는 것입니다."
이후, 제자가 그를 위해 수레를 몰고 있을 때, 공자가 그 제자에게 말했다. "맹씨(孟氏) 어르신이 '어떤 것이 훌륭한 아들로서 지켜야할 의무인가?'에 대해 나에게 물은 적이 있다. 그래서 내가 '당신이 해야 한다고 요구한 일을 어기지 않고 하는 것'이라고 대답했다."
"선생님께서 말씀하신 것이 무슨 뜻입니까?" 그 제자가 물었다.
"나의 말인즉" 공자가 대답했다. "부모가 세상에 살아 계실 때, 훌륭한 아들은 마땅히 예의규범에 정해진 방식(方式)에 따라 의무를 다한다. 그리고 부모가 돌아가신 이후에는 마땅히 예의규범에 정해진 의식(儀式)에 따라 장례를 치르고 부모를 기념한다."

2-6

孟武伯問孝. 子曰: "父母唯其疾之憂."

직역 맹무백(孟武伯)이 효(孝)에 대해 물었다. 공자께서 대답하셨다. "부모는 오직 자식이 병들까 근심하신다."

번안 위(2-5)에서 언급한 그 귀족의 아들이 그의 아버지와 마찬가지로 공자에게 같은 질문을 하였다. 공자가 대답했다. "자네가 병에 걸렸을 때, 자네의 부모님이 얼마나 마음이 조급할지를 생각해 보게나. 그러면 자네는 곧 해야 할 의무를 알게 될 것일세."

2-7

子游問孝. 子曰: "今之孝者, 是謂能養. 至於犬馬, 皆能有養; 不敬, 何以別乎?"

직역 자유(子游)가 효(孝)에 대해 물었다. 공자께서 말씀하셨다. "지금의 효(孝)라는 것은 잘 봉양한다고 이를 수 있다. 그러나 개나 말에게도 모두 길러줌이 있으니, 공경하지 않으면 무엇으로 구별하겠는가?"

번안 공자의 제자가 앞에서 언급한 것과 같은 문제를 물었다. 공자가 대답했다. "요즘 세상에, 훌륭한 아들의 의무는 단지 부모를 물질적으로 넉넉하게 봉양함을 가리킨다. 그러나 마찬가지로 너는 너의 개와 말도 넉넉하게 길렀다. 사람이 사랑하고 존경하는 감정이 없다면 어떤 측면에서 짐승과 구분이 되겠는가?"

2-8

子夏問孝. 子曰: "色難. 有事弟子服其勞, 有酒食先生饌. 曾是以爲孝乎?"

직역 자하(子夏)가 효(孝)에 대해 물었다. 공자께서 말씀하셨다. "얼굴빛을 온화하게 하는 것이 어렵다. 부모와 형에게 일이 있으면 제자(弟子)가 그 수고로움을 대신하고, 술과 밥이 있으면 부모와 형이 잡수도록 하는 것을 일찍이 효(孝)라고 할 수 있겠는가?"

번안 공자의 다른 제자가 같은 문제에 대해 물었다. 공자가 대답했다. “얼굴빛으로 표현하는 것이 어렵다. 해야 할 일이 있을 때, 자기 스스로 해야 한다. 음식과 술이 있을 때, 윗사람에게 권해야 한다. 너는 단지 이렇게 하는 것이 훌륭한 아들이 해야 할 모든 의무라고 생각하는 것이냐?”

2-9

子曰: “吾與回言終日, 不違如愚. 退而省其私, 亦足以發. 回也不愚.”

직역 공자께서 말씀하셨다. “내가 회(回)와 더불어 온종일 이야기를 하였으나, 내 말을 어기지 않아 어리석은 사람인 듯했다. 물러간 뒤에 그 사생활을 살펴봄에 충분히 펼쳐내니, 회(回)는 어리석지 않구나!”

번안 공자는 그가 가장 좋아하는 안회라는 제자에 대해 이야기를 꺼냈다. “나는 하루 종일 그와 이야기를 주고받았다. 이 과정에서 그는 내가 말한 이야기에 대해 다른 논의를 한 번이라도 꺼내지 않았다. 그래서 이해력이 더디거나 무딘 것처럼 보였다. 그러나 헤어진 이후, 그가 개인적으로 생활하는 모습이나 사람과 교제하고 내왕하는 모양을 자세히 살펴보니, 내가 그에게 말해준 내용 가운데 유익한 것을 받아들여 실천하고 있음을 발견하였다. 그는 전혀 이해력이 더디거나 무딘 사람이 아니었다.”

2-10

子曰: "視其所以, 觀其所由, 察其所安, 人焉廋哉? 人焉廋哉?"

직역 공자께서 말씀하셨다. "그 하는 것을 보며 그 이유를 살피며, 그 편안히 여기는 것을 살펴본다면, 사람들이 어떻게 자신을 숨길 수 있겠는가? 사람들이 어떻게 자신을 숨길 수 있겠는가?"

번안 공자가 말했다. "어떤 사람이 어떻게 일을 처리하는지 그 방법과 수단을 살피고, 그 일을 하는 동기에 주의 깊게 보며, 그가 도달하려는 목적이나 취지가 어디에 있는지를 찾아내야 한다. 그렇게 하면, 그가 어떻게 자기 자신을 가리고 꾸며서 속일 수 있겠는가? 그가 어떻게 자기 자신을 가리고 꾸며서 속일 수 있겠는가?"

2-11

子曰: "溫故而知新, 可以爲師矣."

직역 공자께서 말씀하셨다. "옛 것을 잊지 않고 새 것을 알면, 스승이 될 수 있다."

번안 공자가 말했다. "끊임없이 이미 얻은 학문을 익히고, 끊임없이 새로운 학문으로 그것에 보탠다면, 그는 곧 사람들의 스승이 될 수 있을 것이다."

2-12

子曰: “君子不器.”

직역 공자께서 말씀하셨다. “군자(君子)는 그릇처럼 국한되지 않는다.”

번안 공자가 말했다. “명석한 사람은, 자신이 하나의 가련한 기계가 되어, 단지 한 가지 일을 하는 데 적합한 사람이 되도록 허용하지 않는다.”

2-13

子貢問君子. 子曰: “先行其言而後從之.”

직역 자공(子貢)이 ‘군자(君子)’에 대해 물었다. 공자께서 말씀하셨다. “먼저 그 말한 것을 실행하고, 그 뒤에 말이 행동을 따르도록 한다.”

번안 공자의 제자가 어떤 사람을 명석하고 훌륭한 성품을 가진 사람이라고 할 수 있는지에 대해 물었다. 공자가 대답했다. “명석하고 훌륭한 성품을 가진 사람은 먼저 실행하고 나중에 말한다. 실행한 이후에 또 실행한 것에 따라 말하는 사람이다.”

2-14

子曰: “君子周而不比, 小人比而不周.”

직역 공자께서 말씀하셨다. “군자(君子)는 두루 사랑하고 편당(偏黨)하지 않으며, 소인(小人)은 편당하고 두루 사랑하지 않는다."

번안 공자가 말했다. "명석한 사람은 공정하지만 중립을 지키지는 않는다. 어리석은 사람은 중립을 지키지만 공정하지는 않다."

2-15

子曰: "學而不思則罔, 思而不學則殆."

직역 공자께서 말씀하셨다. "배우기만 하고 생각하지 않으면 얻음이 없고, 생각하기만 하고 배우지 않으면 위태롭다."

번안 공자가 말했다. "배우기만 하고 생각하지 않는 것은 헛된 짓이며, 생각하기만 하고 배우지 않는 것은 위험한 짓이다."

2-16

子曰: "攻乎異端, 斯害也已!"

직역 공자께서 말씀하셨다. "이단(異端)을 전공(專攻)하면 해로울 뿐이다."

번안 공자가 말했다. "형이상학적인 이론 연구에만 빠진다면, 그것은 자신의 공부에 해로움을 가져올 것이 분명하다."

2-17

子曰: “由, 誨女知之乎! 知之爲知之, 不知爲不知, 是知也.”

직역 공자께서 말씀하셨다. “유(由)야! 내 너에게 아는 것을 가르쳐 주겠다. 아는 것을 안다고 하고, 모르는 것을 모른다고 하는 것, 이것이 앎이다.”

번안 공자가 제자에게 말했다. “내가 너에게 어떤 것이 총명함인지를 알려 줄까? 네가 아는 것이 무엇인지를 알며, 네가 모르는 것이 무엇인지를 알아야 한다. 이것이 곧 총명함이다.”

2-18

子張學干祿. 子曰: “多聞闕疑, 愼言其餘, 則寡尤; 多見闕殆, 愼行其餘, 則寡悔. 言寡尤, 行寡悔, 祿在其中矣.”

직역 자장(子張)이 녹봉 구하는 방법을 배우려고 하였다. 공자께서 말씀하셨다. “많이 듣고 의심나는 것을 빼버리고 그 나머지를 삼가서 말하면 허물이 적어지며, 많이 보고 위태로운 것을 빼버리고 그 나머지를 삼가서 행하면 후회하는 일이 적어진다. 말에 허물이 적고 행실에 후회할 일이 적으면 녹봉이 그 가운데 있다.”

번안 공자의 제자가 벼슬로 나가기 위해 공부를 하고 있었다. 공자가 그에게 말했다. “연구하고 공부하며 어떤 일을 할 때, 마음속에 의심되고 의혹이 생기는 일이 있으면, 어떤 일이건 판단을 멈추어야 한다.

다른 일의 경우에도, 논의할 때는 삼가고 신중해야 한다. 이렇게 했다면, 사람들이 너를 향해 비난하는 말을 하는 경우가 적을 것이다. 세상 사람들과 서로 마주하고 어떤 일들을 겪을 때마다 너를 번거롭게 할 수 있는 모든 일을 멀리 하고, 참여하지 말아야 한다. 다른 일의 경우에도, 그것을 할 때는 삼가고 신중해야 한다. 이렇게 했다면, 스스로 자책할 일이 적어질 것이다.
네가 다른 사람과 이야기를 주고받는 가운데, 사람들이 너를 비난할 기회가 적어지고, 행실에서 스스로를 자책할 일도 적어지면, 너는 자연스럽게 관직에서 승진할 것이다. 네가 승진할 생각이 없더라도 말이다."

2-19

哀公問曰: "何爲則民服?" 孔子對曰: "擧直錯諸枉, 則民服; 擧枉錯諸直, 則民不服."

직역 애공(哀公)이 물었다. "어떻게 하면 백성이 복종합니까?" 공자께서 대답하셨다. "정직한 사람을 들어 쓰고 굽은 사람을 버려 두면 백성들이 복종하며, 굽은 사람을 들어 쓰고 정직한 사람을 버려 두면 백성들이 복종하지 않습니다."

번안 공자의 고국에서 집권하고 있던 정치지도자가 어떻게 해야 백성들이 그에게 복종하게 할 수 있는지를 물었다. 공자가 대답했다. "모든 정당하고 공정한 주장을 지지하고 모든 정당하지 않거나 공정하지 않은 주장을 취하지 않는다면 백성들이 복종할 것입니다. 정당하지도 공정하지도 않은 주장을 지지하고 모든 정당하고 공정한 주장은 취하지 않는다면 백성들이 복종하지 않을 것입니다."

2-20

季康子問 "使民敬·忠以勸, 如之何?" 子曰: "臨之以莊則敬, 孝慈則忠, 擧善而教不能則勸."

직역 계강자(季康子)가 물었다. "백성에게 윗사람을 공경하고 충성하도록 하며, 이를 권면(勸勉)하도록 하려는데, 어찌하면 되겠습니까?" 공자께서 말씀하셨다. "대하기를 장엄하게 하면 백성이 공경하고, 효도하고 사랑하면 백성이 충성하고, 이를 잘하는 자를 들어 쓰고 이를 잘못하는 자를 가르치면 권면될 것이다."

번안 공자의 고국에서 정부 내에 권력실세인 어떤 귀족이 백성의 마음에 존경심과 충성심의 감정이 일어나게 하고, 이로써 백성이 국가의 이익을 위해 노력할 수 있게 하려면, 어떻게 해야 되는지를 물었다. 공자가 대답했다. "엄숙하면서도 진지하게 그들을 대하면, 그들은 곧 당신을 존경할 것입니다. 당신이 부모와 군주를 공경하는 모습을 사람들에게 보이고, 당신보다 지위가 낮은 사람들에게 복지를 베풀어 보살피면, 사람들은 곧 당신에게 충성할 것입니다. 어떤 측면에서든지 잘하는 것이 있는 사람을 승진시키고, 지식이 없는 사람에게 교육받을 기회를 주면, 사람들은 바로 노력할 것입니다."

2-21

或謂孔子曰: "子奚不爲政?" 子曰: "『書』云: '孝乎惟孝·友於兄弟, 施於有政.' 是亦爲政, 奚其爲爲政?"

직역 어떤 사람이 공자에게 말하였다. "선생께서는 어찌하여 정사(政事)를 하지 않으십니까?" 공자께서 말씀하셨다. "『서경(書經)』에 효(孝)에 대해 '효도하며 형제간에 우애하여 정사에 베푼다.'라고 했는데, 이 또한 정사를 하는 일이니, 어찌하여 벼슬해서 정사하는 것만이 정사이겠는가?"

번안 어떤 사람이 공자에게 물었다. "선생님께서는 어찌하여 나라의 정사(政事)에 참여하지 않습니까?"
공자가 대답했다. "『상서(尙書: 書經)』에 훌륭한 아들의 의무에 대해 어떻게 말했는지요? '부모에게 공손하며 형제간에 우애하며, 가문의 정사(政事)에서 당신의 의무를 이행한다.'라고 하였습니다. 그렇다면, 이 또한 정치적 의무인 것입니다. 이러한 가문에서의 정치적 의무를 이행하면 됐지, 어찌하여 반드시 국가의 정치에 참여해야만 한다고 생각하십니까?"

2-22

子曰: 人而無信, 不知其可也. 大車無輗, 小車無軏, 其何以行之哉?"

직역 공자께서 말씀하셨다. "사람으로서 믿음이 없으면, 그 가(可)함을 알지 못하겠다. 큰 수레에 수레채 마구리가 없고, 작은 수레에 멍에막이가 없으면, 그 어떻게 길을 갈 수 있겠는가?"

번안 공자가 말했다. "한 사람이 진정성과 신의가 없으면 어떻게 살아가는지 나는 모르겠다. 큰 수레에 수레를 끌고 갈 동물에게 씌울 굽은 나무인 수레채 마구리가 없고, 작은 수레에 수레를 끌 말에게 씌울 도구인 멍에막이가 없다면, 어떻게 수레가 움직일 수 있겠는가?"

2-23

子張問 "十世可知也?" 子曰: "殷因於夏禮, 所損益, 可知也; 周因於殷禮, 所損益可知也; 其或繼周者, 雖百世可知也."

직역 자장(子張)이 물었다. "열 왕조(王朝) 뒤의 일을 미리 알 수 있습니까?" 공자께서 말씀하셨다. "은(殷)나라는 하(夏)나라의 예(禮)를 인습(因襲)하였으니, 더하고 뺀 것을 알 수 있으며, 주(周)나라는 은(殷)나라의 예를 인습하였으니, 더하고 뺀 것을 알 수 있다. 혹시라도 주나라를 잇는 자가 있다면 비록 백세(百世) 뒤라도 알 수 있을 것이다."

번안 제자가 공자에게 물었다. "10세대 뒤의 세계문명의 상황을 지금 알 수 있습니까?"

공자가 대답했다. "은 왕조는 하 왕조의 문명을 계승하였으니, 하 왕조가 은 왕조의 문명을 수정한 것의 일부를 알 수 있다. 지금의 주 왕조는 은 왕조의 문명을 계승하였으니, 주 왕조가 수정한 것의 일부도 알 수 있다. 아마 이와 같이, 이후의 다른 왕조가 현재의 주 왕조를 대체해 나간다고 할 때, 백세 뒤의 일일지라도 미루어 보면, 그 시기 세계문명의 상황에 대해 알 수 있을 것이다."

2-24

子曰: "非其鬼而祭之, 諂也. 見義不爲, 無勇也."

직역 공자께서 말씀하셨다. "그 귀신이 아닌 것을 제사지내는 일은 아첨하는 짓이고, 의(義)를 보고도 하지 않음은 용맹이 없는 것이다."

번안 공자가 말했다. "진정으로 공경하거나 섬겨야 할 의무가 없는 신령을 숭배하는 것은 맹목적인 숭배이다. 정의로운 일임을 알면서, 오히려 실행에서 판단과 어긋나게 정의를 실현하지 않는다면, 이는 용기가 결여된 것이다."

제3편 팔일(八佾)

3-1

孔子謂季氏 "八佾舞於庭, 是可忍也, 孰不可忍也?"

직역 공자께서 계씨(季氏)를 두고 말씀하셨다. "팔일무(八佾舞)를 뜰에서 춤추게 하니, 이런 짓을 차마 한다면, 무엇을 차마 하지 못하겠는가?"

번안 공자의 고국에서 권세가이자 귀족 가문의 지도급 인사 한 사람이 그 가문의 예배당에서 여덟 줄(八佾) 시반(詩班)의 가수들을 불러 시에 나오는 노래를 불렀다. 이는 당시 최고지도자인 제왕만이 누릴 수 있는 특권이었다. 어떤 사람이 공자가 이 사건에 대해 이렇게 평론하는 것을 들었다. "만약 이런 상황을 용인할 수 있다면, 어떤 일이건 용인할 수 없겠는가?"

3-2

三家者以「雍」徹. 子曰: "'相維辟公, 天子穆穆', 奚取於三家之堂?"

직역 삼가(三家)에서 「옹(雍)」을 노래하면서 철상(撤床)을 하였다. 공자께서 말씀하셨다. "'제후(諸侯)들이 제사를 돕거늘 천자(天子)는 엄숙하게 계시다.'는 가사를 어찌해서 삼가(三家)의 당(堂)에서 취해다 쓰는가?"

번안 위(3-1)에서 언급한 그 권세가 가문의 사람들은 최고지도자인 제왕의 제사의식에서만 불러야 하는 노래를 그들의 예배당에서 멋대로 예의활동(禮儀活動: Imperial worship)을 치렀다. 공자가 이 사건을 논평하여 말하기를 "그 찬송가 가사의 시작은 다음과 같다. '그의 귀족과 제후들이 주변에 빙 둘러서고, 하나님의 아들[제왕]이 얼마나 위엄 있어 보이는가.'
"그렇다면, 그 귀족가문의 예배당에서 어찌 이러한 찬송가의 가사를 쓸 수 있단 말인가?"

3-3

子曰: "人而不仁, 如禮何? 人而不仁, 如樂何?"

직역 공자께서 말씀하셨다. "사람으로서 인(仁)하지 못하면 예(禮)를 어떻게 사용하며, 사람으로서 인하지 못하면 악(樂)을 어떻게 사용할 수 있겠는가?"

번안 공자가 말했다. "한 인간이 도덕적 품성이 없다면, 우수한 예술을 활용하더라도 무슨 유익함이 있겠는가? 한 인간이 도덕적 품성이 없다면, 아름다운 음악을 활용하더라도 무슨 도움이 되겠는가?"

3-4

林放問禮之本. 子曰: "大哉問! 禮, 與其奢也, 寧儉; 喪, 與其易也, 寧戚."

직역 임방(林放)이 예(禮)의 근본에 대해 물었다. 공자께서 말씀하셨다. "훌륭하다! 질문이여! 예(禮)는 그 사치하기보다는 차라리 검소해야 하고, 상(喪)은 형식적으로 잘 치르기보다는 차라리 슬퍼해야 한다."

번안 제자가 어떤 것이 진정 예술의 근본원칙인지를 물었다. "이는 매우 중요한 질문이다." 공자가 대답했다. "사회에 쓰이는 여러 가지 풍습으로서의 예술은 검소한 것이 사치한 것보다 낫다. 돌아가신 분을 위한 의식에서 마음속으로부터 우러나오는 슬픔은 예의라는 형식에 얽매여 주의를 기울이는 것보다 낫다."

3-5

子曰: "夷狄之有君, 不如諸夏之亡也."

직역 공자께서 말씀하셨다. "오랑캐에게도 군주(君主)가 있으니, 중앙의 여러 제후국(諸侯國)에 없는 것과는 같지 않다."

번안 공자가 말했다. "북방과 동방의 야만 부락에 살고 있는 사람들일지라도 그들 부족의 우두머리에 대해 그 권위를 인정한다. 그러나 지금 영토의 한 중앙에 있는 나라에서 지도자의 권위를 높이는 일은 거의 존재하지 않는다."

3-6

季氏旅於泰山. 子謂冉有曰: "女弗能救與?" 對曰: "不能." 子曰: "嗚呼! 曾謂泰山不如林放乎!"

직역 계씨(季氏)가 태산(泰山)에서 여제(旅祭)를 지내었다. 공자께서 염유(冉有)에게 말씀하셨다. "네가 그것을 바로잡을 수 없겠느냐?" 염유가 대답하였다. "불가능합니다." 공자께서 다음과 같이 말씀하셨다. "아! 일찍이 태산의 신령이 임방(林放)만도 못하다고 생각하느냐!"

번안 위의 1절(3-1)에서 언급한 그 권세가의 지도급 인사가 태산 꼭대기에서 제물을 바치려고 하였다. 공자가 그 귀족가문에서 업무를 보고 있는 제자에게 말했다. "너는 그가 그런 짓을 못하도록 저지할 수 없었느냐?" "네." 그 제자가 대답했다. "저는 그렇게 할 수 없었습니다." "어이쿠, 그렇다면" 공자가 대답하여 말했다. "무슨 말로 설득하더라도 아무 소용이 없을 것이다. 그러나 너는 태산의 신령이 임방과 같다고 생각되지 않느냐?"

3-7

子曰: "君子無所爭, 必也射乎! 揖讓而升, 下而飮, 其爭也君子."

직역 공자께서 말씀하셨다. "군자(君子)는 다투는 것이 없으나 반드시 활쏘기에서는 경쟁을 한다. 읍(揖)하고 사양하며 올라갔다가 내려와 술을 마시니, 이것이 군자다운 다툼이다."

번안 공자가 말했다. "신사는 어떠한 일에서도 다른 사람과 함부로 경쟁하지 않는다. 그러나 활쏘기는 제외해야 할 것이다. 활을 쏠 때 이기더라도 다른 우승자를 대체하여 물러나, 다음 시합 이전까지 예의 바르게 허리를 굽혀 인사를 한다. 졌을 경우에는, 걸어 내려와 벌주(罰酒)를 마신다. 이와 같이 경쟁하는 상황을 통해 자신이 신사임을 나타낸다."

3-8

子夏問曰: "'巧笑倩兮, 美目盼兮, 素以爲絢兮.' 何謂也?" 子曰: "繪事後素." 曰: "禮後乎?" 子曰: "起予者商也, 始可與言詩已矣."

직역 자하(子夏)가 물었다. "'예쁜 웃음에 보조개가 예쁘고 아름다운 눈에 눈동자가 선명함이여! 흰 비단으로 채색을 한다.'라고 했는데, 무엇을 말한 것입니까?" 공자께서 말씀하셨다. "그림 그리는 일은 흰 비단을 마련하는 것보다 뒤에 하는 것이다." 자하가 말했다. "예(禮)가 뒤이겠군요?" 공자께서 말씀하셨다. "나를 일으키는 자는 상(商: 子夏)이로구나! 비로소 함께 『시』를 말한 만하다."

번안 공자의 제자가 아래 시구에 담긴 뜻을 물었다. '그녀의 예쁜 웃음에 보조개가 귀엽고, 그녀의 아름다운 눈에 기쁨이 반짝이네. 아, 그녀의 아름다움은 소박하고 간략하도다.'
공자가 대답했다. "회화(繪畫)에서 볼 때, 그 본질에 비교하면 꾸밈과 색채는 부차적인 것이다." 그 제자가 말했다. "그렇다면, 예술 자체도 또한 마땅히 부차적인 것으로 봐야 합니까?" 공자가 대답했다.

"나의 벗이여, 네가 나를 깨우쳐 주는구나. 이젠 너와 함께 『시』를 논의할 수 있겠구나."

3-9

子曰: "夏禮吾能言之, 杞不足徵也; 殷禮吾能言之, 宋不足徵也. 文獻不足故也, 足則吾能徵之矣."

직역 공자께서 말씀하셨다. "하(夏)나라의 예(禮)를 내가 말할 수 있으나 기(杞)나라에서 충분히 증거를 대주지 못하며, 은(殷)나라의 예(禮)를 내가 말할 수 있으나 송(宋)나라에서 충분히 증거를 대주지 못함은 문헌(文獻)이 부족하기 때문이다. 충분하다면 내가 증거를 댈 수 있다."

번안 공자의 제자가 말했다. "나는 하(夏)나라의 예술과 문명의 상황을 너에게 말할 수 있겠으나 하나라를 계승했다는 지금의 기(杞)나라에서 충분한 증거를 대어 나의 말을 입증할 수는 없다. 그것은 고대 그리스의 문명에 대해 내가 말할 수는 있으나 현재의 그리스에서 충분한 증거를 대주어야 하는 것과 같다. 나는 은(殷)나라의 예술과 문명의 상황을 너에게 말할 수 있겠으나 은나라를 계승했다는 지금의 송(宋)나라에서 충분한 증거를 대어 나의 말을 입증할 수는 없다. 그것은 로마의 문명에 대해 내가 말할 수는 있으나 현재의 이탈리아에서 충분한 증거를 대주어야 하는 것과 같다. 왜냐하면 지금 남아 있는 문화유산이 너무나 부족하기 때문이다. 그렇지 않았다면, 내가 한 말을 너에게 입증하였을 것이다."

3-10

子曰: "禘, 自旣灌而往者, 吾不欲觀之矣."

직역 공자께서 말씀하셨다. "체(禘)제사는 강신주(降神酒)를 따른 뒤로부터, 나는 보고 싶지 않다."

번안 공자가 말했다. "거대하게 치르는 고대 중국의 '미사'[체(禘)제사 의식]에서 술을 땅에 붓는 부분이 끝나자마자, 나는 곧 의도적으로 행사장을 떠난다."

3-11

或問禘之說. 子曰: "不知也. 知其說者之於天下也, 其如示諸斯乎!" 指其掌."

직역 어떤 사람이 체제사의 내용에 대해 물었다. 공자께서 말씀하셨다. "알지 못하겠다. 그 내용을 아는 자는 세상을 다스리는 데 여기에다 올려놓고 보는 것과 같다." 그리고, 그 손바닥을 가리켰다.

번안 어떤 사람이 위의 글(3-10)에서 언급한 체제사의 의미에 대해 물었다. 공자가 대답했다. "나는 모르겠다. 그 의미를 아는 사람은 이 세계를, 이것을 보는 일과 같이 쉽게 통치할 것이다. 이렇게 말이다." 그리고는 자신의 손바닥을 가리켰다.

3-12

祭如在, 祭神如神在. 子曰: "吾不與祭, 如不祭."

직역 제사를 지내실 때는 조상이 계신 듯이 하셨으며, 신(神)을 제사지낼 적에는 신이 계신 듯이 하셨다. 공자께서 말씀하셨다. "내가 제사에 참여하지 않으면, 제사 지내지 않은 것과 같다."

번안 공자가 돌아가신 분에게 제사 지낼 때는 마치 그 돌아가신 분이 참으로 계신다고 느끼듯이 하였다. 그가 신령(神靈)에게 제사 지낼 때는 마치 신(神)이 참으로 계신다고 느끼듯이 하였다. 공자가 말한 적이 있다. "내가 제사에 참여했을 때 나의 진심과 영혼을 다하지 않으면, 나는 언제나 제사 지내지 않은 것같이 느껴졌다."

3-13

王孫賈問曰: "與其媚於奧, 寧媚於竈. 何謂也?" 子曰: "不然, 獲罪於天, 無所禱也."

직역 왕손가(王孫賈)가 물었다. "아랫목 신(神)에게 잘 보이기보다는 차라리 부엌 신(神)에게 잘 보이라고 했는데, 무슨 말입니까?" 공자께서 말씀하셨다. "그렇지 않다. 하늘에 죄를 얻으면 빌 곳이 없다."

번안 어떤 나라의 고위 관직에 있는 사람이 공자에게 물었다. "부엌 신에게 기도드리는 것이 방 안의 신에게 기도드리는 것보다 좋을까요?" 공자가 대답했다. "그렇지 않습니다. 하나님을 거역한 죄를 범한 사람은 그가 아무리 기도를 드리더라도 소용이 없을 것입니다."

3-14

子曰: "周監於二代, 郁郁乎文哉! 吾從周."

직역 공자께서 말씀하셨다. "주(周)나라는 하(夏)·은(殷) 이대(二代)를 보았으니, 찬란하다. 그 문명이여! 나는 주나라를 따르겠다."

번안 공자가 말했다. "지금 주(周)나라의 문명은 이전 왕조인 하(夏)나라와 은(殷)나라 두 왕조의 문명을 기반으로 세워진 것이다. 모든 인류의 예술 가운데 이것이 얼마나 휘황찬란하고 아름다운가! 그러나 나는 무엇보다도 현재의 주나라 문명을 선택하려고 한다."

3-15

子入大廟, 每事問. 或曰: "孰謂鄹人之子知禮乎? 入大廟, 每事問." 子聞之曰: "是禮也."

직역 공자께서 태묘(大廟)에 들어가 매사(每事)를 물었다. 어떤 사람이 말하였다. "누가 추(鄹)땅 사람의 아들이 예(禮)를 안다고 하는가? 태묘에 들어가 매사를 묻는구나!" 공자께서 이 말을 듣고 말씀하셨다. "이것이 바로 예(禮)다."

번안 공자가 처음으로 국가 태묘(大廟), 즉 집권자인 임금의 조상을 모신 사당에서 제사의식을 거행할 때 참여하였다. 이때, 그는 의식을 진행하면서 그 절차에 대해 하나하나 어떻게 해야 하는지 일일이 물었다. 그래서 어떤 사람이 말했다. "누가 추(鄹) 땅의 저 서민의 아들[공자]이 정확한 예의와 의식을 아는 사람이라고 나에게 말했는가?" 공자가 이 말을 듣고 나서 말했다. "이것이 바로 예의와 의식을 실천하는 정확한 행동입니다."

3-16

子曰: "射不主皮", 爲力不同科, 古之道也."

직역 공자께서 말씀하셨다. "활을 쏘는데 가죽을 뚫어야 한다고 주장하지 않는 것은 힘이 동등하지 않기 때문이니, 옛날의 법도이다."

번안 공자가 말했다. "활쏘기 경연에서 과녁을 뚫으면 가점을 주지 말아야 한다. 왜냐하면 경연에 참가한 자들의 체력이 모두 같지는 않기 때문이다. 적어도 이것이 옛날의 활쏘기 예의이자 법도였다."

3-17

子貢欲去告朔之餼羊. 子曰: "賜也, 爾愛其羊, 我愛其禮."

직역 자공(子貢)이 초하룻날 고유(告由)를 하면서 바치는 희생 양(羊)을 없애려고 했다. 공자께서 말씀하셨다. "사(賜)야! 너는 그 양을 아끼느냐? 나는 그 예(禮)를 아낀다."

번안 공자의 제자가 매달 초에 시행하던 종교의식에서 양을 바치는 절차를 없애려고 하였다. 공자가 그에게 말했다. "너는 비용을 절약하려는 것이다. 그것은 양의 원가를 따지는 일이다. 그러나 나는 예의 의식의 원칙을 보존하려고 한다."

3-18

子曰: "事君盡禮, 人以爲諂也."

직역 공자께서 말씀하셨다. "임금을 섬기는 데 예를 다하는 것에 대해 사람들은 아첨한다고 하는구나!"

번안 공자가 말했다. "지금 사람들은 그들의 군주에게 예의를 갖춰 공경을 바치려는 행위를 노예근성(奴隸根性)이라고 생각한다."

3-19

定公問: "君使臣, 臣事君, 如之何?" 孔子對曰: "君使臣以禮, 臣事君以忠."

직역 정공(定公)이 물었다. "임금이 신하를 부리고, 신하가 임금을 섬길 때, 어떻게 해야 합니까?" 공자께서 대답하셨다. "임금은 신하를 부리기를 예(禮)로써 하고, 신하는 임금을 섬기기를 충(忠)으로써 해야 합니다."

번안 공자의 고국에서 집권하고 있던 정치지도자가 어떤 태도로 공무원들을 대해야 하고 공무원들은 어떤 모습으로 지도자에게 보여야 하는지를 물었다. 공자가 대답했다. "지도자는 존경하는 마음으로 공무원들을 대해야 합니다. 그리고 공무원들은 반드시 충실과 진정성을 갖고 지도자에게 복무해야 합니다."

3-20

子曰: "關雎樂而不淫, 哀而不傷."

직역 공자께서 말씀하셨다. "『시경』「관저(關雎)」는 즐거우면서도 지나치지 않고, 슬프면서도 상처 나지 않게 한다."

번안 공자가 말했다. "민요와 시가를 적은 문학 고전에서 첫 번째 민요인「관저」는 사랑의 감정을 표현하였다. 그 시는 다정다감하며 음탕한 것이 아니다. 그 시는 울적한 슬픔이지 병적인 아픔이 아니다."

3-21

哀公問社於宰我. 宰我對曰: "夏后氏以松, 殷人以柏, 周人以栗, 曰使民戰栗." 子聞之, 曰: "成事不說, 遂事不諫, 旣往不咎."

직역 애공(哀公)이 재아(宰我)에게 사(社)에 대하여 물었다. 재아(宰我)가 대답하였다. "하후씨(夏后氏)는 소나무를 사용하였고, 은(殷)나라 사람들은 잣나무를 사용하였으며, 주(周)나라 사람들은 밤나무를 사용하였는데, 백성들에게 전율(戰栗)을 느끼도록 하기 위함이었습니다." 공자께서 이를 듣고 말씀하셨다. "이미 이루어진 일은 말하지 않고, 끝난 일은 간하지 않으며, 이미 지나간 일은 탓하지 않는다."

번안 공자의 고국에서 집권하고 있던 군주가 공자의 제자에게 토지 수호신의 제단 위에 쓰는 상징물[나무]에 대해 물었다. 그 제자가 대답하였다. "하(夏)왕조의 임금이 심은 것은 소나무이고, 은(殷)왕조의 사람들은 잣나무를 사용했으며, 주(周)왕조의 사람들은 밤나무를 선택하여, 백성들이 두려움을 느끼는 상징으로 삼았습니다." 공자가 나중에 이 제자가 한 말을 듣고서 말했다. "이미 끝난 일을 말하고, 이미 시작된 일을 바꾸려 하거나, 또는 이미 지난 일이나 없어진 일을 두고 질책하는 것은 헛된 짓이다."

3-22

子曰: "管仲之器, 小哉!" 或曰: "管仲儉乎?" 曰: "管氏有三歸, 官事不攝, 焉得儉?" "然則管仲知禮乎?" 曰: "邦君樹塞門, 管氏亦樹塞門. 邦君爲兩君之好, 有反坫, 管氏亦有反坫. 管氏而知禮, 孰不知禮?"

직역 공자께서 말씀하셨다. "관중(管仲)의 그릇 크기가 작구나!" 어떤 사람이 물었다. "관중은 검소했습니까?" 말씀하셨다. "관씨(管氏)는 삼귀(三歸)를 두었으며, 가신(家臣)의 일을 겸직시키지 않았으니, 어찌 검소하다고 할 수 있겠는가." "그러면 관중은 예(禮)를 알았습니까?" 라고 하자, 다음과 같이 말씀하셨다. "나라의 임금만이 병풍으로 문을 가릴 수 있는데 관씨(管氏)도 병풍으로 문을 가렸으며, 나라의 임금만이 두 임금이 우호(友好)로 만날 때 술잔을 되돌려 놓는 자리를 둘 수 있는데 관씨(管氏)도 술잔을 되돌려 놓은 자리를 두었으니, 관씨(管氏)가 예(禮)를 안다면 누가 예를 알지 못하겠는가?"

번안 공자가 한 사람의 정치가에 대해 비평하여 말했다. "관중(管仲)은 사상이 위대한 사람은 절대 아니다!" 관중은 19세기 당시, 독일 통일에 큰 공을 세운 철혈(鐵血) 재상 비스마르크(Otto Eduard Leopold von Bismarck, 1815~1898)에 비유하면 이해가 쉽다.

어떤 사람이 말했다. "관중은 생활면에서 아주 검소하였습니다. 그렇지 않나요?"

공자가 대답했다. "왜 그렇다고 생각하는가? 관중은 화려한 무우궁(無憂宮) 낙원(樂園)을 소유하였다. 그 밖에도 별도의 인원을 채용하여 가족들의 모든 일들을 맡도록 하였다. 어떻게 그의 생활이 간소하다고 말할 수 있겠는가?"

그 사람이 또 말했다. "관중은 적어도 정확한 예의와 거동이 몸에 알맞도록 지키는 사람이겠지요. 그렇지 않나요?"

공자가 대답했다. "아니다. 최고의 정치지도자인 군주는 궁전의 대문 앞에 담장을 세웠다. 관중은 최고지도자인 군주가 아닌데도 불구하고 그의 집 문 앞에 담장을 세웠다. 두 나라의 군주가 최고지도자로서 만날 때 각각 전용 밥상을 하나씩 썼다. 그런도 관중도 자신의 전용 밥상을 썼다. 관중은 거동이 몸에 알맞도록 하는 사람이라고 당신이 말했는데, 그렇다면 누가 그렇지 않다고 할 수 있겠는가?"

3-23

子語魯大師樂. 曰: "樂其可知也. 始作, 翕如也; 從之, 純如也, 皦如也, 繹如也, 以成."

직역 공자께서 노(魯)나라 태사(大師)에게 음악을 말씀하셨다. "음악은 알 만한 것이다. 처음 시작할 적엔 합하고, 풀어놓을 때는 조화를 이루어 분명하며, 연속적으로 한 장을 끝마쳐야 한다."

번안 공자가 고국의 최고 악단을 이끄는 악사에게 말했다. "나는 온전한 악단이 악곡 하나를 정확하게 연주하는 방식을 알 것 같습니다. 우선 사람들이 악곡의 가장 높은 음을 반드시 들을 수 있도록 합니다. 이후 연주하는 도중에는 반드시 악곡의 각각의 음정에 유의해야 할 뿐만 아니라, 아울러 정확하면서도 분명하게 풀어낼 수 있어야 합니다. 그러나 동시에 악곡의 흐름이 거침없이 흘러 멈추거나 간격을 두지 않도록 해야 합니다. 이렇게 악곡이 끝날 때까지 연주를 지속합니다."

3-24

儀封人請見曰: "君子之至於斯也, 吾未嘗不得見也." 從者見之. 出曰: "二三子, 何患於喪乎? 天下之無道也久矣, 天將以夫子爲木鐸."

직역 의(儀)땅의 봉인(封人)이 뵙기를 청하며 말하였다. "군자(君子)가 이곳에 이르면 내 일찍이 만나보지 않은 적이 없었다." 따르는 사람이 뵙게 해주자, 나와서 말하였다. "그대들은 어찌 벼슬을 잃음을 걱정할 것이 있겠는가. 세상에 도(道)가 없어진 지 오래되었다. 하늘이 장차 부자(夫子: 孔子)를 목탁으로 삼으실 것이다."

번안 공자가 여행 도중에 변방을 지나게 되었는데, 그 지역의 요충지를 맡고 있던 관원이 뵙기를 청하여 말했다. "매번 현명한 분이 여기를 지날 때마다 저는 다행히 항상 뵐 수 있었습니다." 그 관원이 공자를 만나고 난 후, 문밖으로 나오면서 공자의 제자들에게 말했다. "선생님들, 당신들은 어찌하여 지금 관직이 없다고 근심하십니까? 이 세상에는 올바른 정치 질서와 정의가 없어진 지 이미 오래되었습니다. 지금 하나님께서는 당신의 스승을 경종으로 삼아 세계를 불러 깨우치게 하려고 합니다."

3-25

子謂韶, "盡美矣, 又盡善也." 謂武, "盡美矣, 未盡善也."

직역 공자께서 소악(韶樂)을 일러, "지극히 아름답고 지극히 좋다."라고 하셨고, 무악(武樂)을 일러 "지극히 아름답지만 지극히 좋지는 못하다."라고 하셨다.

번안 공자가, 매우 저명한, 당시 중국에서 가장 오래된 악곡에 대해 논평하여 말했다. "이 악곡은 형식적으로도 조화롭고 아름다운 모든 장점을 가졌으며, 도덕적으로 위대한 모든 장점도 똑같이 가졌다." 공자는 또 연대가 다소 가까운 악곡에 대해서도 논평하여 말했다. "이 악곡은 형식적으로 조화롭고 아름다운 모든 장점을 가졌다. 그러나 도덕적으로 위대한 모든 장점을 가지지는 못했다."

3-26

子曰: "居上不寬, 爲禮不敬, 臨喪不哀, 吾何以觀之哉?"

직역 공자께서 말씀하셨다. "윗자리에 있으면서 너그럽지 않으며, 예(禮)를 행함에 공경하지 않으며, 초상에 임하여 슬퍼하지 않는다면, 내가 무엇으로 그를 관찰하겠는가?"

번안 공자가 말했다. "권력을 소유하였으나 너그럽지 않고, 은근히 예의가 있으나 엄숙하고 장엄하지 않으며, 상(喪)을 당했을 때 슬퍼하지 않는다. 이러한 사태에 대해, 나는 한 번일지라도 보기가 싫다."

◗ 제4편 이인(里仁)

4-1

子曰: "里仁爲美. 擇不處仁, 焉得知?"

직역 공자께서 말씀하셨다. "마을의 어진 것이 아름답다. 인심이 좋은 마을을 선택하되 인(仁)에 처하지 않는다면, 어찌 지혜롭다 하겠는가?"

번안 공자가 말했다. "한 지역은 도덕적인 삶을 살기에 적합한 곳이라야 좋은 곳이다. 한 사람이 살 곳을 선택할 때 도덕적 삶을 살 수 있는 환경이 이뤄진 곳을 고르지 않는다면, 그는 지혜로운 사람이라 할 수 없다."

4-2

子曰: "不仁者不可以久處約, 不可以長處樂. 仁者安仁, 知者利仁."

직역 공자께서 말씀하셨다. "인(仁)하지 못한 자는 오랫동안 곤궁한 데 처할 수 없으며 장구하게 즐거움에 처할 수 없다. 어진 사람은 인(仁)을 편안히 여기고, 지혜로운 사람은 인(仁)을 이롭게 여긴다."

번안 공자가 말했다. "도덕적 품성을 갖추지 못한 사람은 오랫 동안의 어려움을 견딜 수 없고, 또 오랫 동안의 행복도 누릴 수 없다. 도덕적 품성을 갖춘 사람은 늘 자신이 도덕 가운데서 편안하고 자유롭게 머물러 있음을 발견한다. 지혜로운 사람은 자신의 지혜가 자신을 도덕적으로 변하게 만드는 데 도움이 됨을 깨닫는다."

4-3

子曰: "惟仁者能好人, 能惡人."

직역 공자께서 말씀하셨다. "오직 어진 사람이어야 사람을 좋아하며, 사람을 미워할 수 있다."

번안 공자가 말했다. "도덕적 품성을 갖춘 사람만이 사람을 어떻게 사랑해야 하고, 어떻게 미워해야 하는지를 안다."

4-4

子曰: "苟志於仁矣, 無惡也."

직역 공자께서 말씀하셨다. "진실로 인(仁)에 뜻을 두면 악(惡)함이 없다."

번안 공자가 말했다. "도덕적인 삶에 전념한다면, 당신은 도리에 어긋난 일과 악한 일을 하지 않을 것이다."

4-5

子曰: “富與貴, 是人之所欲也. 不以其道得之, 不處也. 貧與賤, 是人之所惡也. 不以其道得之, 不去也. 君子去仁, 惡乎成名? 君子無終食之間違仁, 造次必於是, 顚沛必於是.”

직역 공자께서 말씀하셨다. “부(富)와 귀(貴)는 사람들이 하고 싶어 하는 것이다. 그 도리로 얻지 않으면 처하지 않아야 한다. 빈(貧)과 천(賤)은 사람들이 싫어하는 것이다. 그 도리로 얻지 않았다 하더라도 버리지 않아야 한다. 군자가 인을 떠나면 어찌 이름을 이룰 수 있겠는가? 군자는 밥을 먹는 동안이라도 인을 떠남이 없으니, 급한 때도 이에 반드시 하며 위급한 상황에도 이에 반드시 하는 것이다.

번안 공자가 말했다. “부와 영예는 사람들이 갈망하는 것이다. 그러나 내가 그 책임을 멀리 버리지 않고서는 그것을 소유할 방법이 없다. 그래서 나는 그것을 소유하지 않을 것이다. 가난과 비천함은 사람들이 싫어하는 것이다. 내가 그 책임을 멀리 버리지 않고서는 그것을 버릴 방법이 없다. 그래도 나는 그것을 버리지 않을 것이다. 총명한 사람이 도덕적 품성을 버렸다면 총명한 사람이라는 명성을 가질 자격이 없다. 총명한 사람은 삶에서 도덕적 품성을 소홀히 하지 않는다. 단지 한 순간일지라도, 또는 아무리 급하고 바쁜 시각일지라도, 최고로 위험하고 어려운 시각일지라도, 여전히 그것을 지킨다.”

4-6

子曰: “我未見好仁者·惡不仁者. 好仁者, 無以尙之; 惡不仁者, 其爲仁矣, 不使不仁者加乎其身. 有能一日用其力於仁矣乎? 我未見力不足者. 蓋有之矣, 我未之見也.”

직역 공자께서 말씀하셨다. “나는 인(仁)을 좋아하는 자와 불인(不仁)을 미워하는 자를 보지 못했다. 인(仁)을 좋아하는 자는 그보다 더할 수 없고, 불인(不仁)을 싫어하는 자는 그가 인(仁)을 행할 때 불인(不仁)한 것에 대해 그 몸에 가해지지 못하게 한다. 하루라도 그 힘을 인(仁)에 쓴 자가 있는가? 나는 힘이 부족한 자를 아직 보지 못하였노라. 아마도 그런 사람이 있을 텐데, 내가 아직 보지 못했나보다.”

번안 공자가 말했다. “나는 아직 진심으로 도덕적 삶을 열렬히 사랑하는 사람, 또는 진심으로 부도덕한 삶을 싫어하는 사람을 보지 못했다. 진심으로 도덕적 삶을 열렬히 사랑하는 사람은 다른 것을 더욱 중요하게 여기지 않을 것이다. 진심으로 부도덕한 삶을 싫어하는 사람은 도덕적인 사람이기에 그의 삶에서 털끝만큼의 부도덕한 짓도 허용하지 않을 것이다. 그러나 사람이 하루라도 도덕적인 삶을 살고자 노력한다면, 그가 도덕을 실천할 힘이 없다는 말을 나는 믿지 않는다. 적어도 나는 아직 이런 일이 있었다는 말은 듣지 못했다.”

4-7

子曰: "人之過也, 各於其黨. 觀過, 斯知仁矣."

직역 공자께서 말씀하셨다. "사람의 잘못은 각기 그 부류대로 한다. 잘못을 보면 그 인(仁)을 알 수 있다."

번안 공자가 말했다. "사람들의 잘못은 항상 자신의 개성을 지나치게 강조하는 데서 온다. 한 사람의 취약한 부분, 단점을 잘 살피면, 곧 그가 어떤 도덕적 품성을 지녔는지 판단할 수 있다."

4-8

子曰: "朝聞道, 夕死可矣."

직역 공자께서 말씀하셨다. "아침에 도(道)를 들으면 저녁에 죽어도 괜찮다."

번안 공자가 말했다. "어떤 사람이 아침에 이미 지혜를 배워 얻었다면, 해가 기울기 전인 저녁에 죽는다고 해도 달게 여길 것이다."

4-9

子曰: "士志於道, 而恥惡衣惡食者, 未足與議也."

직역 공자께서 말씀하셨다. "선비가 도(道)에 뜻을 두고서 나쁜 옷과 나쁜 음식을 부끄러워하는 자는 더불어 의논할 수 없다."

번안 공자가 말했다. "이미 엄숙한 학문 연구에 온 힘을 다하고서도, 오히려 자신이 거친 음식을 먹고 싸구려 의복을 입는 처지를 부끄럽게 생각하는 신사와 더불어 인간의 길을 담론한다는 것은 아무런 의미가 없는 일이다."

4-10

子曰: "君子之於天下也, 無適也, 無莫也, 義之與比."

직역 공자께서 말씀하셨다. "군자(君子)는 천하(天下)의 일에서 오로지 가는 것도 없고, 그렇게 하지 않는 것도 없으며, 의(義)를 따를 뿐이다."

번안 공자가 말했다. "명석한 사람의 세상에 대한 인식은 한 쪽에 치우침도 없고, 또 편견도 없다. 그는 단지 정의의 편에 설 뿐이다."

4-11

子曰: "君子懷德, 小人懷土. 君子懷刑, 小人懷惠."

직역 공자께서 말씀하셨다. "군자는 덕(德)을 생각하고 소인은 땅을 생각하며, 군자는 법(法)을 생각하고 소인은 시혜를 생각한다."

번안 공자가 말했다. "명석한 사람은 도덕적 품성에 주목하며, 어리석은 사람은 오직 자신의 사회적 지위에 주목한다. 명석한 사람은 공정함을 기대하며, 어리석은 사람은 오직 편을 들어 감싸기를 바란다."

4-12

子曰: “放於利而行, 多怨.”

직역 공자께서 말씀하셨다. “이익에 따라 행동하면, 원망이 많다.”

번안 공자가 말했다. “자신의 이익만을 살핀다면, 반드시 많은 적을 만들 것이다.”

4-13

子曰: “能以禮讓爲國乎? 何有! 不能以禮讓爲國, 如禮何!”

직역 공자께서 말씀하셨다. “예와 겸양으로써 능숙하게 나라를 다스린다면 무슨 어려움이 있겠는가? 예와 겸양으로써 능숙하게 나라를 다스리지 못한다면 예를 어찌하겠는가!”

번안 공자가 말했다. “진정으로 겸양하고 공경한 태도로 나라를 다스리는 사람은 그렇게 하는 것이 그다지 어렵지 않음을 알 것이다. 만약 통치자가 진정으로 겸양하고 공경한 태도를 갖지 못한다면, 예법과 예절이 겨우 남았다 하더라도 그에게 무슨 소용이 있겠는가?”

4-14

子曰: “不患無位, 患所以立; 不患莫己知, 求爲可知也.”

직역 공자께서 말씀하셨다. “자리가 없음을 걱정하지 말고 자리에 설

것을 걱정하며, 자신을 알아주는 이가 없음을 걱정하지 말고 알려질 수 있기를 구해야 한다."

번안 공자가 말했다. "지위가 없음을 걱정하지 말고 어떻게 하면 자신이 어떠한 지위에 적합할지를 걱정하라. 자신의 이름이 알려지지 못함을 걱정하지 말고, 일을 찾아 함으로써 자신이 어떠한 명성을 얻을 만한 가치가 있는 사람인지를 고민하라."

4-15

子曰: "參乎! 吾道一以貫之." 曾子曰: "唯." 子出. 門人問曰: "何謂也?" 曾子曰: "夫子之道, 忠恕而已矣."

직역 공자께서 말씀하셨다. "삼(參)아! 나의 도(道)는 하나로 꿰뚫려 있다." 증자(曾子)가 대답하였다. "예" 공자께서 나가자, 문인(門人)들이 물었다. "무슨 말씀입니까?" 증자(曾子)가 대답하였다. "선생님의 도(道)는 충서(忠恕)일 뿐이다."

번안 공자가 제자에게 말했다. "나의 모든 삶과 학설 가운데서 시작과 끝을 꿰뚫는 하나의 근본적인 원칙이 있다." 그 제자가 대답했다. "바로 그렇습니다."
이후 공자가 나가자, 다른 제자들이 공자와 대화를 나눈 제자에게 물었다. "선생님께서 방금 한 말은 무슨 뜻입니까?" 그 제자가 대답하였다. "선생님의 삶과 학설 가운데 하나의 대원칙은 양심(良心)과 박애(博愛), 이 두 단어에 함축되었다."

4-16

子曰: "君子喩於義, 小人喩於利."

직역 공자께서 말씀하셨다. "군자는 의리에서 깨닫고, 소인은 이익에서 깨닫는다."

번안 공자가 말했다. "어떤 문제에 직면했을 때, 총명한 사람은 올바름이 무엇인지 정의를 밝히지만, 어리석은 사람은 자신의 사사로운 이익만을 밝힌다."

4-17

子曰: "見賢思齊焉, 見不賢而內自省也."

직역 공자께서 말씀하셨다. "어진 이의 행동을 보고는 그와 같기를 생각하며, 어질지 못한 이의 행동을 보고는 안으로 스스로 반성해야 한다."

번안 공자가 말했다. "고상한 사람을 만나면 마땅히 어떻게 본받을 것인지를 생각하라. 비열한 사람을 만나면 마땅히 자신을 돌이켜 보고 그와 같은지를 분명히 확인하라."

4-18

子曰: "事父母, 幾諫. 見志不從, 又敬不違, 勞而不怨."

직역 공자께서 말씀하셨다. "부모를 섬기되 은미하게 간(諫)해야 한다. 부모의 뜻이 내 말을 따르지 않음을 보고서도 더욱 공경하고 어기지 않으며, 수고롭지만 원망하지 않아야 한다."

번안 공자가 말했다. "자식이 부모를 모실 때는 부모에게 자주 충고하는 소리를 하지 말아야 한다. 그러나 부득이하게 충고를 해야 하고, 또 부모님이 듣지 않을 것임을 알았다면, 부모님의 의중을 존중하여 부모님이 바라는 바를 소홀히 해서는 안 된다. 부모님이 귀찮게 굴더라도 원망하지 말아야 한다."

4-19

子曰: "父母在, 不遠遊. 遊必有方."

직역 공자께서 말씀하셨다. "부모가 살아계시거든 먼 곳에서 놀지 말며, 놀고 오더라도 반드시 일정한 장소를 두어야 한다."

번안 공자가 말했다. "부모님이 아직 모두 살아 계실 때, 자식은 다른 지방에 멀리 가지 말아야 한다. 반드시 가야 한다면, 어디로 출장을 갔는지 부모님이 알고 있도록 해야 한다."

4-20

子曰: "三年無改於父之道, 可謂孝矣."

직역 공자께서 말씀하셨다. "3년 동안을 부모가 걸었던 길을 고치지 말아야 효(孝)라 이를 수 있다."

번안 공자가 말했다. "부모님이 돌아가신 이후 3년 동안 자식이 자신의 삶에서 부모님이 살았던 삶의 원칙을 바꾸지 않았다면, 그는 곧 훌륭한 자식이라고 할 수 있다."

4-21

子曰: "父母之年, 不可不知也. 一則以喜, 一則以懼."

직역 공자께서 말씀하셨다. "부모의 나이는 알지 않으면 안 된다. 한편으로는 기쁘고 한편으로는 두렵다."

번안 공자가 말했다. "자식은 항상 부모님의 나이를 정확하게 기억해야 한다. 장수하실 경우 그것으로 인해 감격하게 되고, 노쇠해지는 모습을 보게 될 경우, 그것으로 인해 근심하게 되는, 그런 근거로 삼아야 한다."

4-22

子曰: "古者言之不出, 恥躬之不逮也."

직역 공자께서 말씀하셨다. "옛날에 말을 함부로 내지 않은 것은 실천이 미치지 못할까 부끄러워해서였다."

번안 공자가 말했다. "옛날 사람들은 말을 잘하지 않았다. 왜냐하면 말한 것이 일한 것에 부합되지 않을까 두려웠기 때문이다."

4-23

子曰: "以約失之者鮮矣."

직역 공자께서 말씀하셨다. "약(約)으로써 잃는 자가 적다."

번안 공자가 말했다. "요구하는 것이 아주 적은 사람은 잘못을 저지를 일도 매우 적다."

4-24

子曰: "君子欲訥於言而敏於行."

직역 공자께서 말씀하셨다. "군자는 말에 어눌(語訥)하고, 실행(實行)에 민첩하고자 한다."

번안 공자가 말했다. "총명한 사람은 언제나 말은 어눌하게 하고, 행실은 부지런히 하려고 애쓴다."

4-25

子曰: "德不孤, 必有鄰."

직역 공자께서 말씀하셨다. "덕(德)은 외롭지 않아, 반드시 이웃이 있다."

번안 공자가 말했다. "도덕적 품성이 있는 사람은 고립되지 않는다. 따르는 벗이 반드시 그를 에워쌀 것이다."

4-26

子游曰: "事君數, 斯辱矣; 朋友數, 斯疏矣."

직역 자유(子游)가 말하였다. "임금을 섬김에 자주 간하면 욕(辱)을 당하고, 친구 사이에 자주 충고하면 멀어진다."

번안 공자의 제자가 말했다. "군주를 섬길 때 그의 잘못을 지적하면, 당신에게 치욕을 가져오는 일이 생길 것이고, 같은 방식으로 친구를 대한다면 사이가 멀어질 것이다."

제5편 공야장(公冶長)

5-1

子謂公冶長, "可妻也. 雖在縲絏之中, 非其罪也." 以其子妻之.
子謂南容, "邦有道, 不廢; 邦無道, 免於刑戮." 以其兄之子妻之.

직역 공자께서 공야장(公冶長)을 두고 이르기를 "사위 삼을 만하다. 포승으로 묶여 옥중(獄中)에 있었으나 그의 죄가 아니었다."하고, 자기 딸을 그에게 시집보냈다. 공자께서 남용(南容)을 두고 이르기를 "나라에 도(道)가 있을 때는 버려지지 않고, 나라에 도가 없을 때는 형벌을 면할 것이다." 하고, 형의 딸을 그에게 시집보냈다.

번안 공자가 제자를 평가하여 말했다. "자신의 딸을 이러한 사람에게 시집을 보내는 것을 누구도 주저하지 않을 것이다. 그는 감옥에 갇혀 있었지만 결코 자신이 범죄를 저지르지 않은, 죄가 없는 사람이다." 그래서 공자는 자신의 딸을 그에게 시집 보냈다.
공자는 다른 제자를 평가하여 말했다. "나라에 질서가 있고 정의가 실현되고 있을 때, 그는 홀대 받지 않을 사람이고, 나라에 질서가 없고 정의가 실현되지 않을 때, 그는 또 박해를 모면할 그런 사람이다." 그래서 공자는 자신의 조카딸을 그에게 시집보냈다.

5-2

子謂子賤, "君子哉若人! 魯無君子者, 斯焉取斯?"

직역 공자께서 자천(子賤)을 두고 이르셨다. "군자답다, 이 사람이여! 노(魯)나라에 군자가 없었다면 이 사람이 어디에서 이러함을 취했겠는가?"

번안 공자가 이어서 다른 제자를 평가하여 말했다. "그는 얼마나 명석하고 착한 사람인가! 만약 이 나라에 명석하고 착한 사람이 없었더라면 이 사람이 어떻게 그러한 품성을 얻을 수 있었는지 나는 알고 싶다."

5-3

子貢問曰: "賜也何如?" 子曰: "女, 器也." 曰: "何器也?" 曰: "瑚璉也."

직역 자공(子貢)이 물었다 "저는 어떻습니까?" 공자께서 대답하셨다. "너는 그릇이다." 다시 물었다. "어떤 그릇입니까?" "호(瑚)·연(璉)이다."

번안 다른 제자가 위의 평가[5-1,2]를 듣고 공자에게 물었다. "저는 어떻습니까? 스승님께서는 저를 어떻게 보십니까?" 공자가 대답했다. "너는 예술품(藝術品)이다." 다시 그 제자가 물었다. "어떤 예술품입니까?" 공자가 대답했다. "보석을 박은 고가의 예술품이다."

5-4

或曰: "雍也仁而不佞." 子曰: "焉用佞! 禦人以口給, 屢憎於人. 不知其仁, 焉用佞!"

직역 어떤 이가 말하였다. "옹(雍)은 어질지만 말재주가 없습니다." 공자께서 말씀하셨다. "말재주를 어디에다 쓰겠는가! 약삭빠른 말주변으로 남의 말을 막아서 자주 남에게 미움만 받을 뿐이다. 그가 어진 사람인지는 모르겠으나 말재주를 어디에다 쓰겠는가!"

번안 어떤 사람이 공자의 제자를 평가하여 말했다. "그는 도덕적으로 훌륭한 사람입니다. 그러나 민첩한 지혜와 말재주가 없습니다." 공자가 이 평가를 듣고 말했다. "민첩한 지혜와 말재주가 무엇이 좋은가? 다른 사람에 대해 말재주를 부리는 사람은 언제나 적(敵)을 만들 뿐이다. 그가 도덕적인 사람인지는 모르겠지만 민첩한 지혜와 말재주가 어디에 좋은지 나는 발견하지 못했다."

5-5

子使漆雕開仕. 對曰: "吾斯之未能信." 子說.

직역 공자께서 칠조개(漆雕開)에게 벼슬을 하도록 권하였다. 그는 대답하였다. "저는 벼슬하는 것에 대해 아직 자신할 수 없습니다." 공자께서 기뻐하셨다.

번안 어느 날, 공자가 자신의 제자가 정계(政界)에 들어가기를 희망하였다. 그러나 그 제자가 대답했다. "아닙니다. 저는 아직 준비가 덜 되었고, 자신이 없습니다." 그러자 공자가 그를 칭찬하였다.

5-6

子曰: "道不行, 乘桴浮於海, 從我者其由與?" 子路聞之, 喜. 子曰: "由也好勇過我, 無所取材."

직역 공자께서 말씀하셨다. "도(道)가 행해지지 않으니, 나는 뗏목을 타고 바다나 항해하려고 한다. 이때 나를 따라올 사람은 아마 유(由)일 것이다." 자로(子路)가 이 말을 듣고 기뻐했다. 공자께서 다시 말씀하셨다. "유(由)는 용맹을 좋아함이 나보다 훌륭하지만 사리를 헤아려 맞게 하는 것이 없다."

번안 어느 날 공자가 말했다. "지금 중국의 정치는 질서도 없고 정의도 실현되지 않고 있다. 나는 배를 타고 바다를 건너 다른 나라로 가서 나의 이상을 실현하려고 한다. 내가 만약 누군가와 함께 가야 한다면, 나는 유(由: 子路)를 데리고 갈 것이다." 공자가 언급한 그 제자는 스승의 말을 듣고 매우 기뻐하며 길을 떠나고자 하였다. 공자가 그에게 말했다. "내 친구야, 너는 정말 나보다 용기가 있구나. 그런데 너는 너의 용기를 쓸 때, 먼저 신중하게 판단해 보지는 않는구나."

5-7

孟武伯問: "子路仁乎?" 子曰: "不知也." 又問. 子曰: "由也, 千乘之國, 可使治其賦也. 不知其仁也." "求也何如?" 子曰: "求也, 千室之邑, 百乘之家, 可使爲之宰也. 不知其仁也." "赤也何如?" 子曰: "赤也, 束帶立於朝, 可使與賓客言也. 不知其仁也."

직역 맹무백(孟武伯)이 물었다. "자로(子路)는 인(仁)합니까?" 공자께서 말씀하셨다. "알지 못하겠다." 다시 물었다. 공자께서 대답하셨다. "유(由)는 천승(千乘)의 나라에 그 군정(軍政)을 다스리게 할 수는 있지만 그가 인(仁)한지는 알지 못하겠다." "구(求: 冉有)는 어떻습니까?"하고 묻자, 공자께서 말씀하셨다. "구(求)는 천실(千室)의 큰 읍(邑)과 백승(百乘)의 집안에 재(宰)가 되게 할 수는 있지만 그가 인(仁)한지는 알지 못하겠다." "적(赤)은 어떻습니까?" 공자께서 말씀하셨다. "적(赤)은 띠를 매고 조정에 서서 빈객(賓客)을 맞아 대화를 나누게 할 수는 있지만 그가 인(仁)한지는 알지 못하겠다."

번안 공자의 고국에서 권세가이자 귀족가문의 사람이 공자에게 위에서 언급한 자로가 도덕적인 사람인지를 물었다. 공자가 대답했다. "저는 확신할 수 없습니다." 계속하여 묻자, 공자가 대답했다. "일류(一流) 국가에서 정치를 한다면 그는 군대를 지휘하거나 군사관련 기관에서 사무를 맡을 수 있습니다. 그러나 그가 도덕적인 사람이라고 일컬을 수 있는지 확신할 수 없습니다."

그 귀족가문의 사람은 다른 제자에 대해 같은 질문을 하였다. 공자가 대답했다. "큰 도시에서 정치를 하거나 또는 작은 공국(公國)에서 사무를 본다면, 그에게 가장 높은 직분과 권력을 위임할 수 있습니다. 그러나 그가 도덕적인 사람이라고 일컬을 수 있는지 확신할 수 없습니다."

그 귀족가문의 사람은 계속하여 다른 제자에 대해 같은 질문을 하였다. 공자가 대답했다. "조정의 큰 잔치에서 손님을 접대할 때 그는 귀빈을 접대하는 직분을 맡을 수 있습니다. 그러나 그가 도덕적인 사람이라고 일컬을 수 있는지 확신할 수 없습니다."

5-8

子謂子貢曰: "女與回也孰愈?" 對曰 : "賜也何敢望回? 回也聞一以知十; 賜也聞一以知二." 子曰: "弗如也! 吾與女弗如也."

직역 공자께서 자공(子貢)에게 말씀하셨다. "너는 안회(顏回)와 누가 낫다고 생각하느냐?" 대답하였다. "제가 어떻게 감히 안회를 바라보겠습니까? 안회는 하나를 들으면 열을 알고, 저는 하나를 들으면 둘을 압니다." 공자께서 말씀하셨다. "네가 안회만 못하다. 나는 네가 그만 못함을 인정한다."

번안 어느 날, 공자가 제자에게 말했다. "너와 안회를 비교해 볼 때, 내가 가장 아끼는 안회와 너 가운데 누구의 재능이 더 뛰어나다고 생각하느냐?" 그 제자가 대답하였다. "제가 어찌 감히 안회와 비교할 수 있겠습니까? 안회는 한 가지 일을 배우면 모든 일에서 어떻게 쓰이는지를 분명하게 알았지만, 저는 한 가지 일을 배우면 한두 가지 상황에 적용할 수 있을 뿐입니다."

5-9

宰予晝寢. 子曰: "朽木不可雕也, 糞土之牆不可杇也. 於予與何誅?" 子曰: "始吾於人也, 聽其言而信其行; 今吾於人也, 聽其言而觀其行. 於予與改是."

직역 재여(宰予)가 낮잠을 자자, 공자께서 말씀하셨다. "썩은 나무는 조각할 수 없고, 거름흙으로 쌓은 담장은 흙손질을 할 수 없다. 내 재여(宰予)에게 꾸짖을 것이 있겠는가?" 공자께서 말씀하셨다. "내가 처음에는 남에 대해 그의 말을 듣고 그의 행실을 믿었지만, 이제 나는 남에 대해 그의 말을 듣고 다시 그의 행실을 살펴보게 되었다. 나는 재여 때문에 이 버릇을 고치게 되었노라."

번안 공자의 제자가 하루 종일 거의 낮잠을 자는 것으로 대부분의 시간을 보냈다. 공자가 이를 비판하였다. "썩은 나무로 조각하면 아무런 물건도 만들 수 없고, 쓰레기로 쌓은 담장은 꾸밀 수가 없다. 이런 상황에서 꾸짖은들 무슨 소용이 있겠는가?"
공자가 이어서 말했다. "내가 예전에 다른 사람을 판단할 때, 그 사람이 어떤 말을 하면 그가 그런 행동을 할 것이라 믿었다. 그러나 지금은 한 사람을 판단할 때, 그 사람이 무엇을 하면서 사는지를 살피고 그가 무슨 말을 하는지도 들어야 하겠다. 이 젊은이와 같은 부류의 사람들로 인해, 내가 사람을 보고 판단하는 방법을 바꾸게 되었다."

5-10

子曰: "吾未見剛者." 或對曰: "申棖." 子曰: "棖也慾. 焉得剛?"

직역 공자께서 말씀하셨다. "나는 아직 강(剛)한 자를 보지 못하였다." 어떤 사람이 대답하였다. "신장(申棖)입니다." 공자께서 말씀하셨다. "신장은 욕심이 가득한 사람이다. 어찌 강(剛)일 수 있겠는가?"

번안 어느 날, 공자가 말했다. "나는 성품이 강직한 사람을 보지 못했다." 어떤 사람이 대답했다. "신장이라는 사람이 바로 그러합니다." 공자가 말했다. "그렇지 않다. 그는 욕망으로 가득 찬 사람이지 성품이 강직한 사람은 아니다."

5-11

子貢曰: "我不欲人之加諸我也, 吾亦欲無加諸人." 子曰: "賜也, 非爾所及也."

직역 자공(子貢)이 말하였다. "저는 남이 나에게 부가하기를 원하지 않는 일을 저도 남에게 부가하지 않으려고 합니다." 공자께서 말씀하셨다. "사(賜)야! 이것은 네가 미칠 바가 아니다."

번안 공자의 제자가 말했다. "저는 제가 바라지 않거나 다른 사람이 저에게 시키지 말아야 할 일을, 저 또한 다른 사람에게 시키지 않으려고 합니다." 공자가 말했다. "너는 아직 그렇게 행동할 수 있는 수준에 이르지 못했다."

5-12

子貢曰: "夫子之文章, 可得而聞也; 夫子之言性與天道, 不可得而聞也."

직역 자공(子貢)이 말하였다. "선생님의 문장(文章)은 들을 수 있으나 선생님께서 성(性)과 천도(天道)를 말씀하시는 것은 들을 수 없다."

번안 공자의 제자가 말했다. "스승님께서 항상 예술과 문학을 화두로 담론하시는 것을 들을 수 있지만, 형이상학적인 현학(玄學)과 신학(神學)을 화두로 담론하시는 것을 들을 수 없었습니다."

5-13

子路有聞, 未之能行, 唯恐有聞.

직역 자로(子路)는 좋은 말을 듣고 아직 미처 실행하지 못했으면, 행여 다른 말을 들을까 두려워하였다.

번안 공자의 용감한 제자 자로는 무엇인가를 배우면 바로 실천해야 직성이 풀리는 성격이었다. 배운 내용을 미처 실천하지 못했을 경우, 다른 새로운 내용에 대해 배우는 것을 몹시 두려워하였다.

5-14

子貢問曰: "孔文子, 何以謂之文也?" 子曰: "敏而好學, 不恥下問, 是以謂之文也."

직역 자공(子貢)이 물었다. "공문자(孔文子)에 대해 어찌하여 '문(文)'이라는 시호를 붙였습니까?" 공자께서 말씀하셨다. "명민(明敏)하면서도 배우기를 좋아했으며, 아랫사람에게 묻기를 부끄럽게 여기지 않았다. 이 때문에 '문(文)'이라 한 것이다."

번안 공자의 제자가 당시의 유명인사에 대해 담론하다가 물었다. "어찌하여 그 분이 돌아가시고 나서 그 분의 이름에 '훌륭한 학자[文]'라는 칭호를 붙여 영예로 삼았습니까?"
공자가 대답했다. "그는 매우 부지런한 사람이다. 언제나 자신을 수양하는 데 전념하였다. 자신보다 지식이 적은 사람에게 학문을 구하면서도 전혀 수치스럽게 생각하지 않았다. 그러므로 그가 돌아가신 이후에, 그의 이름에 '훌륭한 학자'라는 칭호를 붙여 영예로 삼은 것이다."

5-15

子謂子產. 有君子之道四焉: "其行已也恭, 其事上也敬, 其養民也惠, 其使民也義."

직역 공자께서 자산(子產)을 두고 이르셨다. "군자(君子)의 도(道)가 네 가지 있었다. 몸가짐이 공손하며, 윗사람을 섬김이 공경스러우며, 백성을 기름이 은혜로우며, 백성을 부림에 의로웠다."

번안 공자가 저명한 정치가를 논평하여 말했다. 자산(子産)의 경우, 루이 14세 시기에 재정 장관을 지내며 국가를 부강하게 만드는 데 큰 공을 세운 프랑스의 정치가 콜베르(Jean-Baptiste Colbert, 1619~1683)를 연상하여 비유하면 좋다. "네 가지 측면에서 그가 훌륭하고 명석한 사람임을 알 수 있다. 자신의 행위에 대해서는 진지하고 성심을 다했다. 기도자의 이익에 대해서는 엄숙하고 장엄하였다. 국민들의 요구를 들어줄 때는 대범하고 통이 컸다. 국민들을 대할 때는 공정하고 정의로웠다."

5-16

子曰: "晏平仲善與人交, 久而敬之."

직역 공자께서 말씀하셨다. "안평중(晏平仲)은 남과 사귀기를 잘하는구나! 오래되어도 공경한다."

번안 공자가 다른 정치가를 논평하여 말했다. 안평중(晏平仲)의 경우, 당시 혜성을 발견한 천문학자 빌헬름 템펠(Wilhelm Tempel, 1821~1889)의 삶과 비유하면 이해하기 쉽다. "그는 어떻게 진정한 우정을 지킬 수 있는지를 잘 알고 있었다. 다른 사람과 아무리 오랫동안 사귀었더라도 시종일관 조심스럽고 존중하는 태도를 유지하였다."

5-17

子曰: "臧文仲居蔡, 山節藻梲, 何如其知也?"

직역 공자께서 말씀하셨다. "장문중(臧文仲)이 큰 거북을 보관하되 기둥머리에는 산(山)모양을 조각하고 들보 위에는 수초(水草)를 그렸으니, 어찌 지혜롭다 하겠는가."

번안 성격이 좀 이상한 당시의 어떤 사람에 대해, 공자가 논평하여 말했다. "그는 자신이 키우는 큰 거북에게 조각으로 꾸민 작은 집을 지어주었다. 이런 사람의 행동이나 지혜에 대해 무엇이라고 말해야 하겠는가?"

5-18

子張問曰: "令尹子文三仕爲令尹, 無喜色; 三已之, 無慍色; 舊令尹之政, 必以告新令尹. 何如?" 子曰: "忠矣." 曰: "仁矣乎?" 曰: "未知. 焉得仁?" "崔子弑齊君. 陳文子有馬十乘, 棄而違之. 至於他邦, 則曰: '猶吾大夫崔子也.' 違之. 之一邦, 則又曰: '猶吾大夫崔子也.' 違之. 何如?" 子曰: "淸矣." 曰: "仁矣乎?" 曰: "未知. 焉得仁?"

직역 자장(子張)이 물었다. "영윤(令尹)인 자문(子文)이 세 번 벼슬하여 영윤이 되었지만, 기뻐하는 기색이 없었고, 세 번 벼슬을 그만두면서도 서운해 하는 기색이 없었는데, 옛날 자신이 맡아보던 영윤(令尹)의 정사를 반드시 새로 부임해온 영윤에게 알려주었습니다. 어떻습니까?" 공자께서 말씀하셨다. "충실하다." 다시 물었다. "인(仁)이라고 할 만합니까?" 대답하셨다. "모르겠다. 어찌 인(仁)이 될 수 있겠는가?" "최자(崔子)가 제(齊)나라 임금을 시해(弑害)하자, 진문자(陳文子)는 말 10승(乘)을 소유하고 있었는데, 이것을 버리고 그곳을 떠났다. 다른 나라에 이르러 말하였다. '이 사람도 우리나라 대부(大夫) 최자(崔子)와 같다.'라 하고 그곳을 떠났다. 한 나라에 이르러 또 말하였다. '이 사람 또한 우리나라 대부 최자와 같다.'라 하고 떠났다. 어떻습니까?" 공자께서 말씀하셨다. "맑은 사람이다." 다시 물었다. "인(仁)이라고 할 만합니까?" 말씀하셨다. "모르겠다. 어찌 인(仁)이 될 수 있겠는가?"

번안 공자의 제자가 당시의 어떤 유명인사에 대해 어떻게 평가해야 하는지를 물었다. "정치 생애에서 그는 세 번이나 중요한 대신으로 임명되었으나 한 번도 기고만장하여 의기양양해 하지 않았습니다. 그가 세 번 면직을 당했지만 한 번도 풀이 죽거나 의기소침해 하지 않았습니다. 매번 직무를 옮길 때마다 시행하고 있는 정부의 정책과 방침에 대해 아주 열심히 인수인계를 하였습니다."

제자가 물었다. "그렇다면, 스승님께서는 그를 어떻게 보십니까?" 공자가 대답했다. "훌륭하고 명석한 사람이다." 제자가 물었다. "그렇다면, 그를 도덕적인 사람이라고 일컬을 수 있습니까?" 공자가 대답했다. "나는 그가 도덕적인 사람이라고 일컬을 수 있는지 확신할 수 없다."

그 제자가 이어서, 당시의 또 다른 유명인사에 대해 물었다. "그 나라의 국무총리 급에 있는 사람이 최고지도자인 군주를 살해했습니다.

그 모습을 보고 그 유명인사는 많은 재산을 가지고 있었습니다만, 재산을 모두 버리고 나라를 떠났습니다. 다른 나라에 이른 이후에 그가 말하기를 '내가 보기에 여기에 사는 사람들은 모두 아버지를 시해한 자들이다. 나라 안에서 임금을 시해한 대신과 같다.'고 하였습니다. 그리고는 곧 그 나라를 떠나 도망갔습니다. 이렇게 그는 한 나라에서 다른 나라로 계속 옮겨 다니면서 살폈습니다. 그렇다면, 스승님께서는 그를 어떻게 보십니까?"
공자가 대답했다. "그는 순수하고 고결한 사람이다." 제자가 물었다. "그렇다면, 그를 도덕적인 사람이라고 일컬을 수 있습니까?" 공자가 대답했다. "나는 그가 도덕적인 사람이라고 일컬을 수 있는지 확신할 수 없다."

5-19

季文子三思而後行. 子聞之曰: "再斯可矣."

직역 계문자(季文子)가 세 번 생각한 다음에 행동하였다. 공자께서 이 말을 듣고 말씀하셨다. "두 번이면 괜찮다."

번안 당시의 유명인사 가운데, 어떤 일을 하기 이전에 세 번 자세히 고민한 이후에 일을 처리하는 사람이 있었다. 공자가 이 말을 듣고 논평하여 말했다. "두 번 생각하면 충분하다."

5-20

子曰: "甯武子邦有道則知, 邦無道則愚. 其知可及也, 其愚不可及也."

직역 공자께서 말씀하셨다. "영무자(甯武子)는 나라에 도(道)가 있을 때는 지혜롭고, 나라에 도가 없을 때는 어리석다. 그 지혜는 따를 수 있지만 그 어리석음은 따를 수 없다."

번안 공자가 당시의 한 유명인사에 대해 논평하여 말했다. "그는 이런 사람이다. 나라의 정치가 질서가 있고 정의가 실현되고 있으면, 그는 지혜가 뛰어난 걸출한 사람처럼 일을 처리한다. 그러나 나라의 정치가 질서가 없고 정의도 실현되지 않으면, 그는 지혜가 없는 어리석은 사람처럼 행동한다. 그를 본받아 지혜가 뛰어난 사람이 일을 처리하는 것처럼 하기는 쉽지만, 그를 본받아 지혜가 없는 어리석은 사람이 일을 처리하는 것처럼 하기는 쉽지 않다."

5-21

子在陳, 曰: "歸與! 歸與! 吾黨之小子狂簡, 斐然成章, 不知所以裁之."

직역 공자께서 진(陳)나라에 계시면서 말씀하셨다. "돌아가자! 돌아가자! 우리 마을의 어린이들이 뜻은 크나 일에는 소략하여 찬란하게 문장(文章)을 이루었을 뿐이고, 그것을 마름질해야 하는 까닭을 모르는구나."

번안 공자가 중국의 여러 나라를 돌아다닐 때, 제일 마지막 즈음에 머물렀던 나라에서 보낸 시간들에 대해 이렇게 말했다. "나는 반드시 돌아가야겠다! 나는 정말로 돌아가야겠다! 고향에 있는 우리의 아이들, 그 후학들은 생기발랄하고 자유롭고 독립적이다. 이 밖에도 그들은 모든 예술에 정통하지만, 아직은 그것에 대한 정확한 판단력이 없다."

5-22

子曰: "伯夷·叔齊不念舊惡, 怨是用希."

직역 공자께서 말씀하셨다. "백이(伯夷)와 숙제(叔齊)는 옛날에 저지른 잘못을 생각하지 않았다. 이 때문에 원망하는 사람이 드물었다."

번안 공자는 옛날에 삶의 태도는 물론, 인격적으로 순수하고 고결한 두 유명인사에 대해 말했다. "그들은 다른 사람이 저지른 이전의 여러 죄악을 포용하고 용서하였다. 그래서 그들은 이 세상에 대해 원망이 매우 적은 것이다."

5-23

子曰: "孰謂微生高直? 或乞醯焉, 乞諸其鄰而與之."

직역 공자께서 말씀하셨다. "누가 미생고(微生高)를 정직하다고 하는가? 어떤 사람이 그에게 식초를 빌리려고 하자, 이웃집에서 빌려다 주는구나!"

번안 공자가 당시의 어떤 사람에 대해 논평하였다. "그가 성실한 사람이라고 누가 말했는가? 어떤 사람이 그에게 일용품을 좀 달라고 하자, 그는 일용품을 이웃집에서 구해 자신의 물건인 것처럼 주었다."

5-24

子曰: "巧言, 令色, 足恭, 左丘明恥之, 丘亦恥之. 匿怨而友其人, 左丘明恥之, 丘亦恥之."

직역 공자께서 말씀하셨다. "말을 잘하고, 얼굴빛을 좋게 하고, 공손을 지나치게 함을 옛날 좌구명(左丘明)이 부끄럽게 여겼는데, 나 또한 이를 부끄러워한다. 원망을 감추고 그 사람과 사귐을 좌구명이 부끄럽게 여겼는데, 나 또한 이를 부끄러워한다."

번안 공자가 말했다. "모습이 마치 합리적인 언어를 구사하는 듯하고, 허위적인 선을 행하는 태도와 진심으로 성실한 모습을 의도적으로 보이는 것에 대해, 나의 친구는 부끄러운 일이라고 여겼는데, 나도 마찬가지로 이러한 일을 부끄럽게 여긴다. 한 사람에 대한 분노와 원망을 숨기고 그와 벗으로 사귀는 것에 대해, 나의 친구는 부끄러운 일이라고 여겼는데, 나도 이러한 일을 부끄럽게 여긴다."

5-25

顏淵·季路侍. 子曰: "盍各言爾志?" 子路曰: "願車馬 衣輕裘, 與朋友共, 敝之而無憾." 顏淵曰: "願無伐善, 無施勞." 子路曰: "願聞子之志." 子曰: "老者安之, 朋友信之, 少者懷之."

직역 안연(顏淵)과 계로(季路)가 공자를 모시고 있었다. 공자께서 말씀하셨다. "어찌 각기 너희들의 뜻을 말하지 않는가?" 자로(子路)가 말하였다. "수레와 말과 가벼운 갖옷을 친구와 함께 쓰다가 해지더라도 유감이 없고자 합니다." 안연이 말하였다. "잘하는 것에 대해 자랑함이 없고, 공로를 과시함이 없고자 합니다." 자로가 말하였다. "선생님의 뜻을 듣고 싶습니다." 공자께서 말씀하셨다. "늙은이를 편안하게 해주고, 벗에게는 믿음을 주고, 젊은이를 감싸주려고 한다."

번안 어느 날 공자의 제자 두 명, 가장 아끼는 안회와 용감한 자로가 곁에서 공자를 모시고 있었다. 공자가 그들에게 물었다. "이제 나에게 말해다오. 너희들 각자가 삶의 품격을 갖추려는 목표가 무엇이냐?"
용감하고 강직한 자로가 대답했다. "저에게 수레와 좋은 말, 그리고 값비싼 갖옷이 있다면, 친구들과 함께 쓰면서 이 물건이 친구의 것이라 여길 것입니다. 나의 소유물인 것과 마찬가지로 친구의 소유물이기도 합니다."
공자가 가장 아끼는 안회가 말했다. "저는 자신의 재능을 뽐내지 않고, 남을 위해 했던 일에 대해 겸손할 수 있고자 합니다."
용감하고 강직한 자로가 이어서 공자에게 말했다. "지금, 스승님께서 삶의 품격을 갖추려는 목표가 무엇인지 듣고 싶습니다."
공자가 대답했다. "나의 목표는 고향의 늙은이들이 위안을 받는다고 느끼게 해 주고, 진심으로 성실함으로써 나의 친구들이 내가 믿을 만한 사람이라고 느끼게 해 주며, 내 고향의 젊은이들을 아끼고 품어주려고 한다."

5-26

子曰: "已矣乎! 吾未見能見其過而內自訟者也."

직역 공자께서 말씀하셨다. "어쩔 수 없구나! 나는 아직 자신의 잘못을 보고서 마음으로 자책(自責)하는 자를 보지 못하였다."

번안 어느 날 사람들은 공자가 이렇게 말하는 것을 들었다. "그만두자! 이제는 자기 스스로 결점을 발견하고, 양심적으로 스스로를 자책하려는 사람을 볼 수가 없구나!"

5-27

子曰: "十室之邑, 必有忠信如丘者焉, 不如丘之好學也."

직역 공자께서 말씀하셨다. 10호(戶)쯤 되는 조그만 읍(邑)에도 반드시 나처럼 충실하고 신뢰를 가질만한 자는 있지만, 나처럼 배움을 좋아하는 이는 없을 것이다."

번안 공자가 어느 날 말했다. "아주 조그만 마을이라도 반드시 나 자신처럼 양심이 있으며 성실하고 정직한 사람이 있을 것이다. 그들은 단지 나처럼 자신을 수양하려고 시도하지 않을 뿐이다."

제6편 옹야(雍也)

6-1

子曰: "雍也可使南面." 仲弓問子桑伯子. 子曰: "可也, 簡." 仲弓曰: "居敬而行簡, 以臨其民, 不亦可乎? 居簡而行簡, 無乃太簡乎?" 子曰: "雍之言然."

직역 공자께서 말씀하셨다. "옹(雍)은 남면(南面)하게 할 만하다." 중궁(仲弓)이 자상백자(子桑伯子)에 대해 물었다. 공자께서 대답하셨다. "그의 간략함도 괜찮다." 중궁이 말하였다. "경(敬)에 처해 있으면서 간략함을 행하여 백성을 대한다면 괜찮지 않겠습니까? 간략함에 처하고 간략함을 행한다면 너무 간략한 것이 아니겠습니까?" 공자께서 말씀하셨다. "옹(雍)의 말이 그럴듯하다."

번안 어느 날, 공자가 제자를 칭찬하여 말했다. "옹(雍)아! 너는 마땅히 군주가 되어야 한다."

다른 날, 그 제자가 공인(公人)에 대해 묻자, 공자가 대답했다. "그는 좋은 사람이다. 그는 자유롭고 구속됨이 없다." 제자가 말했다. "한 사람이 사적인 삶에서 자신에 대해 진지하고 엄숙하지 못하다면, 공적인 삶에서 사람들을 대할 때도 자유롭고 구속됨이 없을 것입니다. 그러나 그는 사적인 삶에서 자신에 대해 자유롭고 구속됨이 없었고,

공적인 삶에서도 자유롭고 구속됨이 없었습니다. 그렇다면, 이는 지나치게 자유로운 것이 아닙니까?" 공자가 대답했다. "그렇다. 옹(雍)의 말이 옳다."

6-2

哀公問: "弟子孰爲好學?" 孔子對曰: "有顔回者好學, 不遷怒, 不貳過, 不幸短命死矣. 今也則亡, 未聞好學者也."

직역 애공(哀公) 물었다. "제자 가운데 누가 배우기를 좋아합니까?" 공자께서 대답하셨다. "안회(顔回)라는 자가 배우기를 좋아하여 성냄을 옮기지 않으며 잘못을 두 번 저지르지 않았는데, 불행히도 명(命)이 짧아 죽었습니다. 지금은 없으니, 아직 배우기를 좋아한다는 자를 듣지 못하였습니다."

번안 공자의 고국에서 집권하고 있던 정치지도자가 공자의 제자 가운데 누가 진정으로 교양이 있는지를 물었다.

공자가 대답했다. "가장 교양이 있는 사람은 안회입니다. 그는 다른 사람이 그의 분노로 인하여 고통을 받게 한 적이 한 번도 없습니다. 한 번 잘못한 일을 두 번 다시 하지 않습니다. 그러나 불행하게도 한창 젊은 나이에 죽었습니다. 지금은 진정으로 교양이 있는 사람은 아무도 없습니다."

6-3

子華使於齊, 冉子爲其母請粟. 子曰: "與之釜." 請益. 曰: "與之庾." 冉子與之粟五秉. 子曰: "赤之適齊也, 乘肥馬, 衣輕裘. 吾聞之也, 君子周急不繼富." 原思爲之宰, 與之粟九百, 辭. 子曰: "毋! 以與爾鄰里鄉黨乎!"

직역 자화(子華)가 제(齊)나라에 심부름을 가자, 염자(冉子)가 그의 어머니를 위해 곡식을 줄 것을 요청하였다. 공자께서 말씀하셨다. "부(釜)를 주어라." 더 줄 것을 요청하였다. 공자께서 말씀하셨다. "유(庾)를 주어라." 염자는 이보다 많은 5병(秉)을 주었다. 공자께서 말씀하였다. "적(赤: 子華)이 제(齊)나라에 갈 때 살찐 말을 타고 가벼운 갖옷을 입었다. 내가 들으니, '군자(君子)는 위급한 사람을 돌봐주고 부유한 사람을 계속 대주지 않는다.'" 원사(原思)가 가신(家臣)이 되었는데, 곡식 9백을 주자, 사양하였다. 공자께서 말씀하였다. "사양하지 말라! 너의 이웃집과 마을 및 향당(鄉黨)에 주게!"

번안 어느 날, 공자의 제자가 공무로 해외에 출장가게 되었다. 그는 어머니가 집에 계시지만 보살필 사람이 없었다. 공자의 다른 제자가 공자에게 그 어머니에게 식량을 보내줄 것을 요구하였다. 공자가 말했다. "그에게 이 만큼 줄 것이다." 공자가 줄 양을 정해 주었다. 그런데 그 제자는 더 많이 줄 것을 요구하였다. 그래서 공자는 좀 더 많은 양을 정해 주었다. 결국 그 제자는 공자가 정해준 양보다 더 많은 양을 주었다.

공자가 그 사실을 알고 나서 제자의 행동을 평가하여 말했다. "그 여인의 아들이 출장을 갈 적에 좋은 말이 끄는 수레를 타고 값비싼 모피 의상을 입었다. 지금 나는 믿는다. 명석하고 착한 사람은 그의 구제물품을 진정으로 가난한 사람에게 남겨주며, 넉넉하고 부유한 사람을 도와주지는 않는다."

또 하루는 다른 제자가 한 시골마을에 파견되어 행정관으로 있었는데, 공자가 그의 봉급으로 900냥의 양식을 주려고 정했다. 그 제자는 지나치게 많다고 사양하였다. 그러자 공자는 그에게 말했다. "사양하지 말거라. 네 자신에게 필요한 양을 넘거든, 고향의 친족들과 이웃에게 네가 필요하지 않은 부분을 나누어 주면 되지 않겠느냐?"

6-4

子謂仲弓曰: "犂牛之子騂且角, 雖欲勿用, 山川其舍諸?"

직역 공자께서 중궁(仲弓)을 두고 이르셨다. "얼룩소 새끼가 색깔이 붉고 또 뿔이 제대로 났다면, 비록 쓰지 않으려고 하지만 산천(山川)의 신(神)이야 어찌 그것을 버리겠는가?"

번안 공자가 부도덕한 명성으로 소문이 난 아버지를 둔 제자에 대해 평가하여 말했다. "얼룩이 있는 어미 소의 새끼가 갖추어야 할 조건들을 잘 갖추었다고 하더라도 사람들은 제사에 올릴 희생으로 쓰기를 꺼린다. 그렇다고 토지의 신은 그를 반드시 받아들이지 않는 것은 아니다." 다시 말하면, 어미가 불결하면 자식이 훌륭하더라도 사람들은 자식을 그 자체로 선뜻 인정하지 않는다. 사람들이 그의 자질을 인정하지 않더라도 토지의 신은 객관적으로 평가하여 그를 인정할 것이다.

6-5

子曰: "回也, 其心三月不違仁. 其餘則日月至焉而已矣."

직역 공자께서 말씀하셨다. "안회(顔回)는 그 마음이 3개월 동안 인(仁)을 떠나지 않았다. 그 나머지 사람들은 하루나 한 달에 한 번 인(仁)에 이를 뿐이다."

번안 공자가 가장 아끼는 제자 안회에 대해 논평하여 말했다. "그는 몇 개월 동안 정신과 행실 두 측면에서 순수한 도덕적인 삶을 살 수 있었다. 다른 사람이라면 많아야 하루 또는 한 달 정도만 가능했을 것이다."

6-6

季康子問: "仲由可使從政也與?" 子曰: "由也果, 於從政乎何有?" 曰: "賜也可使從政也與?" 曰: "賜也達, 於從政乎何有?" 曰: "求也可使從政也與?" 曰: "求也藝, 於從政乎何有?"

직역 계강자(季康子)가 물었다. "중유(仲由)는 정사에 종사하게 할 만합니까?" 공자께서 말씀하셨다. "유(由)는 과감하니 정사에 종사하는 데 무슨 어려움이 있겠는가?" 말하였다. "사(賜: 子貢)는 정사에 종사하게 할 만합니까?" 말씀하셨다. "사(賜)는 사리에 통달했으니 정사에 종사하는 데 무슨 어려움이 있겠는가?" 물었다. "염구(求)는 정사에 종사하게 할 만합니까?" 말씀하셨다. "구(求)는 다재다능하니 정사에 종사하는 데 무슨 어려움이 있겠는가?"

공자의 고국에서 권력을 잡고 있던 한 정치지도자가 저 굳세고 용감한 제자 자로[仲由]가 정부의 고위관료로 임명할 만큼 능력을 지니고 있는지 공자에게 물었다. 공자가 대답했다. "그는 과단성이 있습니다. 그가 정부에서 고위공무원이 되는 데 무슨 어려움이 있겠습니까?" 그 정치지도자가 다른 제자에 관해 같은 질문을 하였다. 공자가 대답했다. "그는 훌륭한 통찰력을 가졌습니다. 그가 고위공무원이 되는 데 무슨 어려움이 있겠습니까?" 그 정치지도자 이어서 또 다른 제자에 관해 같은 질문을 하였다. 공자가 대답했다. "그는 다재다능합니다. 그가 고위공무원이 되는 데 무슨 어려움이 있겠습니까?"

6-7

季氏使閔子騫爲費宰. 閔子騫曰: "善爲我辭焉. 如有復我者, 則吾必在汶上矣."

직역 계씨(季氏)가 민자건(閔子騫)을 비읍(費邑)의 읍재(邑宰)로 삼으려 하였다. 민자건이 말하였다. "나를 위해 잘 말해 주세요. 만일 다시 나를 부르러 온다면, 나는 반드시 문수(汶水)가에 있겠습니다."

번안 공자의 고국에서 권력을 잡고 있던 한 지도자가 사람을 시켜 공자의 제자를 모셔와 주요도시의 행정관을 맡기려고 하였다. 그 제자는 파견을 온 사람한데 말했다. "저를 대신하여 예의바르게 사절하여 주십시오. 만약 당신의 상관께서 다시 사람을 보내온다면 저는 이 나라를 떠나겠습니다."

6-8

伯牛有疾, 子問之, 自牖執其手曰: "亡之, 命矣夫! 斯人也而有斯疾也! 斯人也而有斯疾也!"

직역 백우(伯牛)가 병(病)을 앓자, 공자께서 문병하실 때 남쪽 창문으로 그의 손을 잡고 말씀하셨다. "이런 병에 걸릴 리가 없는데, 운명(運命)인가보다! 이런 사람이 이런 병에 걸리다니! 이런 사람이 이런 병에 걸리다니!"

번안 어느 날, 공자의 제자[伯牛]가 전염병으로 앓자, 공자가 문병을 갔다. 공자는 방에 들어가지 않고 창문으로 내민 환자의 손을 잡고 그와 마지막 이별을 하였다. "어이쿠! 이런 사람이 이런 병으로 죽게 생겼구나. 어이쿠! 이런 사람이 이런 병으로 죽게 생겼구나."

6-9

子曰: "賢哉, 回也! 一簞食, 一瓢飮, 在陋巷. 人不堪其憂, 回也不改其樂. 賢哉, 回也!"

직역 공자께서 말씀하셨다. "어질다, 안회(顔回)여! 한 그릇의 밥과 한 표주박의 음료로 누추한 시골에 살고 있다. 사람들은 그 근심을 견뎌내지 못하는데, 안회는 그 즐거움을 변치 않으니, 어질다, 안회여!"

번안 공자는 그가 가장 아끼는 제자 안회에 대해 논평하여 말했다. "저 사람은 얼마나 영웅적 기개가 있는가! 하루에 밥 한 끼를 먹고 물을 조금 마시며, 도시의 가장 낮고 누추한 집에 산다. 아무도 이러한 어려움을 참아내지 못하지만, 안회는 오히려 그의 유쾌함을 잃지 않았다. 저 사람은 얼마나 영웅적 기개가 있는가!"

6-10

冉求曰: "非不說子之道, 力不足也." 子曰: "力不足者, 中道而廢. 今女畫."

직역 염구(冉求)가 말하였다. "저는 선생님의 도(道)를 좋아하지 않는 것은 아니지만, 힘이 부족합니다." 공자께서 말씀하셨다. "힘이 부족한 자는 중도에 그만두니, 지금 너는 한계를 긋는 것이다."

번안 어느 날, 공자의 제자가 말했다. "제가 선생님의 가르침을 믿지 않는 것이 아니라, 저는 그것들을 실천할 능력이 없습니다." 공자가 대답했다. "반드시 갖춰야 할 필수 능력이 부족한 사람들은 실천과정에서 드러난다. 그러나 너는 처음부터 완전히 안 된다는 식으로 자기 고집만을 부리고 있는 것이다."

6-11

子謂子夏曰: "女爲君子儒, 無爲小人儒."

직역 공자께서 자하(子夏)에게 말씀하셨다. "너는 군자(君子)의 학자[儒]가 되고, 소인(小人)의 학자가 되지 말라."

번안 공자가 제자에게 말했다. "네가 문화와 학문에 박식한 사람이 되려고 한다면, 먼저 명석하면서도 착한 사람이 되어야 한다. 네가 문화와 학문에 박식한 사람이 되려고 한다면, 어리석은 사람이 되지 말아야 한다."

6-12

子游爲武城宰. 子曰: "女得人焉耳乎?" 曰: "有澹臺滅明者, 行不由徑. 非公事, 未嘗至於偃之室也."

직역 자유(子游)가 무성(武城)의 읍재(邑宰)가 되었다. 공자께서 말씀하셨다. "너는 인물(人物)을 얻었느냐?" 자유가 대답하였다. "담대멸명(澹臺滅明)이라는 사람이 있는데, 길을 다닐 때 지름길로 가지 않고, 공(公)적인 일이 아니면 일찍이 저의 집에 이른 적이 없습니다."

번안 어느 날, 공자의 제자가 주요도시의 행정관이 되었다. 공자가 그에게 말했다. "너는 적당한 사람을 찾아 부하로 삼았느냐?" 그 제자가 대답했다. "찾았습니다. 지금 저는 개인적 이익을 전혀 추구하지 않고 일을 처리하는 사람을 부하로 두고 있습니다. 처리해야 할 급한 용무가 없는 한, 그는 제가 거처하는 곳에 찾아오지도 않습니다."

6-13

子曰: "孟之反不伐, 奔而殿. 將入門, 策其馬曰: '非敢後也, 馬不進也.'"

직역 공자께서 말씀하셨다. "맹지반(孟之反)은 공(功)을 자랑하지 않았다. 패주하면서 군대 후미에 처져 있다가, 장차 도성 문을 들어가려 할 적에 말을 채찍질하며 말한다. '내 감히 용감하여 뒤에 있는 것이 아니고, 말이 전진하지 못하여 뒤에 처졌을 뿐이다.'"

번안 공자가 당시의 한 신사적 풍모를 갖춘 공인을 논평하여 말했다. "그는 한 번도 허풍을 부린 적이 없는 사람이다. 어느 날 적군이 그의 군사를 포위하였고 그는 점점 대오에서 뒤처졌다. 군사들이 성문에 거의 들어가려 할 때, 그는 말을 후려갈기면서 가장 마지막에 성문으로 후퇴한 사람이 되었다. 그는 간략하게 말했다. "제가 용감하여 뒤처진 것이 아닙니다. 보세요. 제가 타고 있는 말이 잘 달리지 못해서입니다!"

6-14

子曰: "不有祝鮀之佞, 而有宋朝之美, 難乎免於今之世矣."

직역 공자께서 말씀하셨다. "축관(祝官)인 타(鮀)의 말재주나 송(宋)나라의 조(朝)와 같은 미모를 갖고 있지 않으면, 지금 세상에서 환란을 면하기 어렵다."

번안 공자가 그가 살던 시대에 유명한 두 인물에 대해 언급하여 말했다. "미국의 군인이자 외교관으로 독일에서 활동하는 스미스(Walter Bedell Smith)처럼 변론을 잘하거나, 영국의 정치가이자 유능한 외교관이면서 저술가로도 명성을 날린 체스터필드(Philip Dormer Stanhope Chesterfield)처럼 잘생긴 외모를 가지지 않고서 지금의 사회에서 생존하기 어렵다."

6-15

子曰: "誰能出不由戶? 何莫由斯道也?"

직역 공자께서 말씀하셨다. "누구인들 밖을 나갈 적에 문(門)을 통하지 않고 나갈 수 있겠는가? 그런데 어찌하여 이 도(道)를 따르는 이가 없는가?"

번안 공자가 말했다. "누군들 밖으로 나갈 때 문으로 나가지 않을 수 있겠는가? 그런데 사람들은 어찌하여 인간의 도리를 거치지 않고 살아갈 수 없음을 모르는가?"

6-16

子曰: "質勝文則野, 文勝質則史. 文質彬彬, 然後君子."

직역 공자께서 말씀하셨다. "질(質)이 문(文)을 이기면 촌스럽고, 문이 질을 이기면 사(史)하니, 문과 질이 적당히 배합된 뒤에야 군자이다."

번안 공자가 말했다. "인간에게 천성적인 자질이 교육을 받은 이후의 효과보다 많으면 그는 거친 사람이다. 교육을 받은 이후의 효과가 천성적인 자질보다 많으면 그 사람은 곧 문인(文人)이 된다. 인간에게서 천성적인 자질과 교육을 받은 이후의 효과가 적절하게 융합되었을 때, 우리는 진정으로 명석하면서도 착한 사람이 될 수 있다."

6-17

子曰: "人之生也直; 罔之生也, 幸而免."

직역 공자께서 말씀하셨다. "사람이 살아가는 이치는 정직(正直)하니, 정직하지 않으면서도 생존하는 것은 요행히 벗어난 것이다."

번안 공자가 말했다. "사람은 천성적으로 정직하고 고결하다. 어떤 사람이 더 이상 정직하고 순수하지 않으면서도 살아갈 수 있다는 것은 완전히 요행이다."

6-18

子曰: "知之者, 不如好之者; 好之者, 不如樂之者."

직역 공자께서 말씀하셨다. "아는 사람은 좋아하는 사람만 못하고, 좋아하는 사람은 즐거워하는 사람만 못하다."

번안 공자가 말했다. "그것을 아는 사람은 그것을 좋아하는 사람만 못하고, 그것을 좋아하는 사람은 그것에서 즐거움을 찾는 사람만 못하다."

6-19

子曰: "中人以上, 可以語上也; 中人以下, 不可以語上也."

직역 공자께서 말씀하셨다. "중간 이상의 사람에게는 높은 것을 말해 줄 수 있으나 중간 이하의 사람에게는 높은 것을 말해 줄 수 없다."

번안 공자가 말했다. "인지능력이 천성적으로 일반인들보다 뛰어난 사람들과는 뜻이 깊은 일에 관해 담론할 수 있다. 그러나 인지능력이 천성적으로 일반인들보다 못한 사람들과는 그것에 관해 담론할 수 없다."

6-20

樊遲問知. 子曰: "務民之義, 敬鬼神而遠之, 可謂知矣." 問仁. 曰: "仁者, 先難而後獲, 可謂仁矣."

직역 번지(樊遲)가 지(智)에 대해 물었다. 공자께서 말씀하셨다. "사람이 지켜야 할 도리에 힘쓰고 귀신(鬼神)을 공경(恭敬)하되 멀리한다면 지(智)라 할 수 있다." 인(仁)에 대해 물었다. 말씀하셨다. "인(仁)은 어려운 일을 먼저 하고 얻는 것을 나중에 할 경우, 인(仁)이라고 말할 수 있다."

번안 공자의 제자가 어떻게 해야 이치에 밝은 것인지에 대해 물었다. 공자가 대답했다. "사람이 사회적 삶에서 지켜야할 기본적인 의무를 이해하고, 세상의 신명(神明)에 무례하게 가까이 하지 않고 경외하는 마음을 유지하면, 이치에 밝은 것이라고 볼 수 있다."
그 제자가 또 도덕적인 삶은 어떤 것인지를 물었다.

공자가 대답했다. "도덕적인 삶을 살고자 한다면, 자신에게 어려운 일이 무엇인지를 먼저 파악하고, 어려움을 극복하려고 노력해야 한다. 그것이 바로 도덕적 삶을 규정하는 잣대이자 삶의 시련이다."

6-21

子曰: "知者樂水, 仁者樂山. 知者動, 仁者靜. 知者樂, 仁者壽."

직역 공자께서 말씀하였다. "지자(智者)는 물을 좋아하고 인자(仁者)는 산을 좋아한다. 지자는 동적이고 인자는 정적이다. 지자는 낙천적이고 인자는 장수한다."

번안 공자가 말했다. "이성적 유형의 사람은 물의 경치를 좋아하고, 도덕적 유형의 사람은 산의 경치를 좋아한다. 이성적인 사람은 활달하고 열정적이며, 도덕적인 사람은 냉정하고 침착하다. 이성적인 사람은 삶을 향유하고, 도덕적인 사람은 장수한다."

6-22

子曰: "齊一變, 至於魯; 魯一變, 至於道."

직역 공자께서 말씀하셨다. "제(齊)나라가 한 번 변화하면 노(魯)나라에 이르고, 노나라가 한 번 변화하면 도(道)에 이를 것이다."

번안 공자는 그의 나라와 이웃 나라의 정치상황을 언급하여 말했다. "제(齊)나라가 개혁을 한다면 그 정치는 공자의 고국인 노(魯)나라처럼 좋아질 수 있으며, 노나라가 개혁을 한다면 그 정치는 더 완전하게 좋아질 수 있을 것이다."

6-23

子曰: "觚不觚, 觚哉! 觚哉!"

직역 공자께서 말씀하셨다. "모난 술그릇이 모나지 않으면 모난 술그릇이라고 할 수 있겠는가! 모난 술그릇이라고 할 수 있겠는가!"

번안 어느 날 어떤 사람이 공자가 이렇게 탄식하는 것을 들었다. "둥근 모양이 아닌 '술잔[觚]'을 어찌하여 여전히 그것을 '술잔'이라고 하는가? 어찌하여 여전히 그것을 '술잔'이라고 하는가?"

6-24

宰我問曰: "仁者, 雖告之曰: '井有仁焉', 其從之也?" 子曰: "何爲其然也? 君子可逝也, 不可陷也; 可欺也, 不可罔也."

직역 재아(宰我)가 물었다. "인자(仁者)는 우물에 사람이 빠졌다고 말해 준 경우, 따라 우물에 들어갈 것입니다." 공자께서 말씀하셨다. "어찌 그렇게 하겠는가? 군자(君子)는 가게 할 수는 있으나 빠지게 할 수는 없으며, 속일 수는 있으나 정말 속일 수는 없다."

번안 어느 날, 공자의 제자가 물었다. "만약 어떤 사람이 도덕적 인간에게 사람이 우물에 빠졌다고 알려준다면, 제가 추측컨대 그는 곧바로 우물에 뛰어 들겠지요?"
공자가 말했다. "어찌 그렇게 하는가? 명석하면서도 착한 사람은 이끌려 다급하게 현장에 달려가겠지만 이끌려 우물에 뛰어들지는 않을 것이다. 그는 속임을 당할 수는 있겠지만 우롱 당해서는 안 된다."

6-25(12-15와 중복)

子曰: "君子博學於文, 約之以禮, 亦可以弗畔矣夫!"

직역 공자께서 말씀하셨다. "군자(君子)가 문(文)에 대해 널리 배우고 예(禮)로써 요약한다면, 또한 어긋나지 않을 것이다!"

번안 공자가 말했다. "널리 예술과 문학을 연구하고, 판단력과 식별능력으로 자신의 연구를 추진하는 착한 사람은 잘못된 길에 들어서지 않을 것이다."

6-26

子見南子, 子路不說. 夫子矢之曰: "予所否者, 天厭之! 天厭之!"

직역 공자께서 남자(南子)를 만나시자, 자로(子路)가 기뻐하지 않았다. 공자께서 맹세하여 말씀하셨다. "내가 잘못된 짓을 하였다면 하늘이 버리시리라! 하늘이 버리시리라!"

번안 어느 날, 공자가 생활이 문란함으로 유명한 한 나라의 왕비를 만나려고 하자, 굳세고 용감한 제자 자로가 매우 화를 냈다. 그러자 공자가 맹세하여 말했다. “내가 그녀를 만나는 것에 터럭만큼이라도 비열한 의도가 있다면 하나님께 버림받을 것이다. 하나님께 버림받을 것이다.”

6-27

子曰: “中庸之爲德也, 其至矣乎! 民鮮久矣.”

직역 공자께서 말씀하셨다. “중용(中庸)의 덕(德)이 지극하구나! 백성 가운데 오래하는 이가 드물다.”

번안 공자가 말했다. “도덕 감정을 쓸 때, 감정은 평형을 유지함과 더불어 완벽하게 평정한 마음이 된다. 이럴 때 인간은 완전히 아름다운 상태가 된다. 그러나 이런 상황이 사람들에게 오래도록 유지되는 일은 매우 드물게 발견된다.” 다시 말하면, “도덕 감정에서 발현된 감정은 치우치지 않으며 완벽하게 평정심을 유지한다. 이것이 곧 인간이 완전하면서도 아름다운 상태이다. 그러나 이런 분위기를 오래도록 유지하는 사람은 드물다.”

6-28

子貢曰: “如有博施於民而能濟衆, 何如? 可謂仁乎?” 子曰: “何事於仁, 必也聖乎! 堯·舜其猶病諸! 夫仁者, 己欲立而立人, 己欲達而達人. 能近取譬, 可謂仁之方也已.”

직역 자공(子貢)이 말하였다. “만일 백성에게 은혜를 널리 베풀어 많은 사람을 구제한다면 어떻겠습니까? 인(仁)하다고 할 만합니까?" 공자께서 말씀하셨다. "어찌 인(仁)을 일삼는 데 그치겠는가. 반드시 성인(聖人)일 것이다! 요임금이나 순임금도 이런 데서는 오히려 부족하게 여기셨을 것이다. 인자(仁者)는 자신이 서려고 하는데 남도 서게 하고, 자신이 통달하려고 하는데 남도 통달하게 한다. 가까운 데서 취해 비유할 수 있으면 인(仁)을 하는 방법이라고 말할 만하다."

번안 어느 날, 공자의 제자가 말했다. "만일 어떤 사람이 국민들의 복지를 위하여 널리 착한 일을 하였고, 아울러 확실히 국민들에게 이익이 되었다면, 스승님께서는 이러한 사람에 대해 어떻게 생각하십니까? 그는 도덕적인 사람이라고 일컬을 수 있습니까?"
공자가 대답했다. "어찌 도덕적인 사람이라고만 하겠는가! 만약 이러한 사람을 일컬을 필요가 있다면 그를 신성(神聖)한 사람, 고결한 사람이라고 일컬을 것이다. 왜냐하면 그가 한 일에서 볼 때, 고대의 두 제왕인 요임금과 순임금도 오히려 부족하게 여겼을 것이다."
공자가 말했다. "도덕적인 사람은 자기의 품격을 기를 때 다른 사람의 품격도 길러준다. 자기 자신을 계발할 때 다른 사람도 계발해 준다. 한 사람이 다른 사람의 입장에서 문제를 생각하고 일을 처리한다면, 이것이 바로 도덕적인 삶을 사는 좋은 방법이다."

제7편 술이(述而)

7-1

子曰: "述而不作, 信而好古, 竊比於我老彭."

직역 공자께서 말씀하셨다. "전술(傳述)하기만 하고 창작(創作)하지 않으며, 옛것을 믿고 좋아하기를 가만히 우리 노팽(老彭)에게 비교해 본다."

번안 공자가 말했다. "나는 고대의 진리를 계승하지 새로운 이론을 발명하지 않는다. 나는 고대 문화에 대해 정밀하게 연구하여 통달하며 또 매우 좋아한다. 이런 측면에서, 외람되지만, 나는 걸출한 학자인 노팽(老彭)과 나를 비교할 수 있다고 생각한다."

7-2

子曰: "默而識之, 學而不厭, 誨人不倦, 何有於我哉."

직역 공자께서 말씀하셨다. "묵묵히 기억하고 배우기를 싫어하지 않으며 사람 가르치기를 게을리하지 않는 것, 이 가운데 어느 것이 나에게 있겠는가?"

번안 공자가 이어서 말했다. "조용하고 묵묵히 깊이 생각하고, 인내심 있게 학문을 하며, 그것을 열심히 남에게 가르친다. 이러한 일들 가운데 내가 어떤 것을 실천했다고 말할 수 있겠는가?"

7-3

子曰: "德之不修, 學之不講, 聞義不能徙, 不善不能改, 是吾憂也."

직역 공자께서 말씀하셨다. "덕(德)이 닦아지지 않고, 학문이 익혀지지 않으며, 의(義)를 듣고 옮겨가지 못하고, 불선(不善)을 고치지 못하는 것이 바로 나의 걱정거리이다."

번안 마지막으로 공자가 말했다. "일을 대함에 경건한 태도를 취하지 않고 소홀히 하면, 학문을 연구해도 이해하지 못하게 될 것이다. 그래서 자신이 정확하다고 여기는 일들을 제대로 시행하지 못하게 되며 나쁜 습관을 고칠 힘이 없게 된다. 이런 것이 나를 초조하게 만드는 일들이다." 다시 말하면, "경건한 태도로 일에 임하지 않고 소홀한 태도를 보이는 사람은 학문연구에서도 깊은 이해를 얻지 못할 것이다. 그래서 자기가 자신하는 일마저도 제대로 해내지 못하며 나쁜 습관을 고칠 힘마저 없게 된다. 나는 내가 이렇게 될까 두렵다."

7-4

子之燕居, 申申如也, 夭夭如也.

직역 공자께서 한가로이 계실 때, 그 모습은 활짝 펴시고 온화하셨다.

번안 공자가 비록 위와 같이 말했지만, 그는 여가 시간에 언제나 조용하고 온화하며 활달하고 유쾌하였다.

7-5

子曰: "甚矣吾衰也! 久矣, 吾不復夢見周公."

직역 공자께서 말씀하셨다. "심하도다. 나의 쇠함이여! 오래되었다. 내 다시는 꿈에서도 주공(周公)을 뵙지 못하였다."

번안 공자가 나이가 들었을 때, 어떤 사람이 공자가 이렇게 한 번 말하는 것을 들었다고 한다. "나의 의지력은 이미 쇠퇴해졌구나! 지금은 예전처럼 꿈속에서 주공을 본 지가 이미 오래되었구나."

7-6

子曰: "志於道. 據於德. 依於仁. 游於藝."

직역 공자께서 말씀하셨다. "도(道)에 뜻을 두며, 덕(德)을 의거하며, 인(仁)에 의지하며, 예(藝)에 놀아야 한다."

번안 공자가 그의 제자들에게 말했다. "지혜를 추구해야 하고, 경건한 마음을 유지해야 하며, 도덕적인 삶을 살아야 한다. 아울러 우아한 예술의 쾌락을 향유해야 한다."

7-7

子曰: "自行束脩以上, 吾未嘗無誨焉."

직역 공자께서 말씀하셨다. "포(脯) 한 속(束) 이상을 가지고 와서 가르침을 청한 자에게 내 일찍이 가르쳐 주지 않은 적이 없었다."

번안 공자가 말했다. "사람을 가르칠 때, 나에게는 부유한 자와 가난한 자의 차이가 없다. 나는 최소한의 선물로 성의만을 보이며 예의를 차릴 경우, 가난한 사람이라도 다른 부유한 사람들과 똑같이 가르친다."

7-8

子曰: "不憤不啓, 不悱不發. 擧一隅不以三隅反, 則不復也."

직역 공자께서 말씀하셨다. "노력하지 않으면 열어주지 않으며, 애태워하지 않으면 말해주지 않되, 한 귀퉁이를 들어주었는데 이것을 가지고 남은 세 귀퉁이를 반증하지 못하면, 더 일러주지 않는다."

번안 공자는 이어서 말했다. "나의 교육방법은 다음과 같다. 내가 학습방법을 가르쳐주기 전에, 나는 언제나 내 제자가 자신만의 방법으로 스스로 노력하여 어려운 부분에 대해 해결하기를 기다린다. 내가 정돈해 놓은 해석을 가르치기 이전에, 나는 언제나 내 제자가 자신만의 해석을 찾아내도록 고대한다. 어떤 과제가 가지는 의의에 대해 내가 하나의 측면에서 제시하였을 때, 나는 내 제자가 스스로 자신만의 안목으로 그 과제가 가지는 의의를 찾아내지 못한다면, 나는 더 이상 다시 가르쳐주지 않는다."

7-9

子食於有喪者之側 未嘗飽也. 子於是日哭, 則不歌.

직역 공자께서는 상(喪)을 당한 사람의 곁에서 음식을 먹을 때는 배부르게 먹은 적이 없으셨다. 공자께서는 이날에 곡(哭)을 하면서 노래를 부르지 않으셨다.

번안 공자는 상가(喪家)에서 음식을 먹을 때, 항상 많이 먹지 않았다. 벗의 죽음을 조문한 그 날, 평소와 달리, 그의 방에서는 음악소리가 들린 적이 없었다.

7-10

子謂顏淵曰: "用之則行, 舍之則藏, 惟我與爾有是夫!" 子路曰: "子行三軍, 則誰與?" 子曰: "暴虎馮河, 死而無悔者, 吾不與也. 必也臨事而懼, 好謀而成者也."

직역 공자께서 안연(顏淵)에게 말씀하셨다. "써주면 도(道)를 행하고 버리면 은둔하는 것을 나와 너만이 이를 지니고 있을 뿐이로다!" 자로(子路)가 말하였다. "선생님께서 삼군(三軍)을 통솔하신다면 누구와 함께 하시겠습니까?" 공자께서 말씀하셨다. "맨손으로 호랑이를 잡으려 하고 맨몸으로 강물을 건너려다가 죽어도 후회함이 없는 자와 나는 함께 하지 않을 것이다. 반드시 일에 임하여 두려워하고, 도모하기를 좋아하여 성공하는 자와 함께 할 것이다."

번안 어느 날, 공자는 그가 가장 아끼는 제자 안회에게 말했다. "공무원의 삶에서 일해야 할 때는 일을 하고, 홀대를 받을 때는 또 흔쾌히 재야에서 개인의 삶을 살아야 한다. 이것이 곧 너와 나, 우리 두 사람이 함께 해야 할 일이다."
그의 다른 제자, 굳세고 용감한 자로가 이 말을 듣고서 공자에게 말했다. "스승님께서 군사를 통솔하신다면 누구와 함께 하시겠습니까?"
공자가 대답했다. "나는 맨 손으로 호랑이를 잡거나 바다에 뛰어들며 죽음을 두려워하지 않는 사람과 함께하지 않을 것이다. 나는 눈앞에 놓인 것이 어떠한 임무이고, 어떠한 어려움이 있는지를 알며, 또 심사숙고한 이후에 일을 처리하는 사람과 함께 할 것이다."

7-11

子曰: "富而可求也, 雖執鞭之士, 吾亦爲之. 如不可求, 從吾所好."

직역 공자께서 말씀하셨다. "부유함이 구해서 될 수 있다면, 내 말채찍을 잡는 자의 짓일지라도 나 또한 그것을 하겠다. 만일 구하여 될 수 없는 것이라면, 내가 좋아하는 바를 따르겠다."

번안 어느 날, 공자가 말했다. "부자가 될 수 있는 확실한 방법이 있다면, 마부(馬夫)가 되어야 한다고 하더라도 나는 그러한 사람이 되기를 바란다. 그러나 부자가 될 수 있는 확실한 방법은 분명히 없다. 그래서 나는 차라리 나의 취향에 맞는 일에 종사할 것이다." 다시 말하면, "부자가 될 수 있는 확실한 방법이 있다면, 마부가 된다고 할지라도 나는 마다하지 않을 것이다. 그러나 부자가 될 수 있는 확실한 방법은 정말 어디에도 없다. 그래서 나는 차라리 내가 원하고 나의 적성에 맞는 일을 할 것이다."

7-12

子之所愼: 齊·戰·疾.

직역 공자께서 조심하신 것은 재계(齊戒)와 전쟁(戰爭)과 질병(疾病)이다.

번안 공자는 사람의 생애 가운데 세 가지 상황에서 반드시 신중한 태도로 임해야 한다고 여겼다. 즉 '예배'와 '전쟁'과 '질병'이다.

7-13

子在齊聞韶, 三月不知肉味, 曰: "不圖爲樂之至於斯也!"

직역 공자께서 제(齊)나라에 계실 때, 소악(韶樂)을 듣고, 3개월 동안 고기 맛을 모르며, 말씀하셨다. "음악을 만든 것이 이러한 경지에 이를 줄은 생각하지 못했다."

번안 공자가 여행 도중에 어떤 나라에 이르러, 처음으로 당시 중국에서 가장 오래된 음악이라고 알려진 고대 음악을 들었다. 그는 그 음악을 3개월간 연구하여 식음을 전폐할 정도로 빠져 있었다. 당시에 어떤 사람이 공자가 이렇게 말하는 것을 들었다. "나는 음악이 사람을 이와 같이 완벽하게 아름다운 경지에 이르게 할 수 있다고 생각해 본 적이 없다."

7-14

冉有曰: "夫子爲衛君乎?" 子貢曰: "諾. 吾將問之." 入曰: "伯夷·叔齊何人也?" 曰: "古之賢人也." 曰: "怨乎?" 曰: "求仁而得仁, 又何怨!" 出曰: "夫子不爲也."

직역 염유(冉有)가 말하였다. "선생님께서 위(衛)나라 군주(君主)를 도우실까?" 자공(子貢)이 말하였다. "좋습니다. 내 장차 여쭈어보리다." 들어가서 말하였다. "백이(伯夷)와 숙제(叔齊)는 어떤 사람입니까?" 공자께서는 말씀하셨다. "옛날의 현인(賢人)이다." 말하였다. "원망하셨습니까?" 말하셨다. "인(仁)을 구하여 인(仁)을 얻었으니, 다시 어찌 원망했겠는가!" 자공(子貢)이 나와서 말하였다. "선생님께서는 그를 돕지 않으실 것이다."

번안 공자를 따라 다른 나라에 함께 간 제자가 그 나라 집권자인 군주에 대해 논평하였다. 이 나라 군주의 아버지가 나라에서 쫓겨나 다른 지역에 있을 때, 이 나라 군주는 그의 할아버지가 돌아가시자 왕위에 올랐으나 아버지가 귀국하는 것에 반대하였다.

제자가 말했다. "스승님께서는 현재 정권을 잡은 아드님의 편이십니까?" 다른 제자가 대답했다. "그러시겠지. 내가 가서 여쭤보겠다." 그 제자가 공자가 계신 곳에 찾아가 공자에게 물었다. "백이와 숙제는 어떠한 사람입니까?" 공자가 대답했다. "그들은 고대의 훌륭한 사람이다." 그 제자가 물었다. "그렇다면, 그들은 이 세상을 원망하였습니까?" 공자가 대답했다. "아니다. 그들이 인생에서 추구한 것은 도덕적인 삶이었다. 그들은 또 고상하면서도 도덕적인 삶을 성공적으로 살았다. 그러니 그들이 어찌 이 세상을 원망하였겠느냐?" 그 제자는 나와서 질문한 제자에게 말했다. "아니다. 스승님께서는 현재의 권력자 편에 서지 않으셨다."

7-15

子曰: "飯疏食, 飮水, 曲肱而枕之, 樂亦在其中矣. 不義而富且貴, 於我如浮雲."

직역 공자께서 말씀하셨다. "거친 밥을 먹고 물을 마시며 팔을 굽혀 베더라도 즐거움 또한 그 가운데 있다. 의(義)롭지 못하고서 부(富)하고 또 귀(貴)함은 나에게 뜬구름과 같다."

번안 공자가 말했다. "가장 소략한 밥과 반찬을 먹고 냉수를 마시며, 팔을 굽혀 베개로 삼는다. 이러한 삶에서도 나는 쾌락을 찾을 수 있다. 도의(道義)를 버리면서 얻는 부귀와 명예라면 나에게 그것은 신기루처럼 비현실적인 사항이다."

7-16

子曰: "加我數年, 五十以學易, 可以無大過矣."

직역 공자께서 말씀하셨다. "하늘이 나에게 몇 년의 수명을 빌려주어 마침내 역(易)을 배우게 한다면 큰 허물이 없을 것이다."

번안 어느 날, 공자가 『역경』 연구를 시작하면서 말했다. "내가 몇 년을 더 산다면 『역경』 연구를 완성할 시간이 충분할 테고, 그렇게 되면 나의 삶은 큰 결함이 없을 것이다."

7-17

子所雅言: 詩·書·執禮, 皆雅言也.

직역 공자께서 평소 늘 말씀하시는 것은 시(詩)와 서(書)와 예(禮)를 지키는 일이었는데, 모두 평소에 늘 하는 말이었다.

번안 공자가 즐겨 말하는 주제는 시가(詩歌)·역사, 그리고 겸손하고 공손한 태도와 훌륭한 예의 규칙이었다. 그는 늘 이러한 주제에 대해 담론하였다.

7-18

葉公問孔子於子路, 子路不對. 子曰: "女奚不曰: '其爲人也, 發憤忘食, 樂以忘憂, 不知老之將至云爾.'"

직역 섭공(葉公)이 자로(子路)에게 공자의 인물됨을 물었는데, 자로가 대답하지 않았다. 공자께서 말씀하셨다. "너는 어찌 '그의 사람됨이 분발하면 먹는 것도 잊고, 즐거워 근심을 잊어 늙음이 장차 닥쳐오는 줄도 모른다'고 말하지 않았는가?"

번안 작은 나라를 집권하는 군주가 공자의 제자인 굳세고 용감한 자로에게 공자가 어떤 사람인지를 물었다. 자로는 아무런 대답도 하지 못했다. 이후 공자가 이 질문을 듣고 그에게 말했다. "너는 어찌하여 '그는 이런 사람입니다. 학문에 몰두하여 어려움을 극복하기 위해 노력하실 때는 침식을 잊고, 지식을 얻어 즐거울 때는 삶속의 근심을 잊고, 나아가 이와 같이 깊이 몰두하여 늙음이 슬그머니 찾아오는 줄도 알지 못합니다.'라고 하지 않았느냐?"

7-19

子曰: "我非生而知之者, 好古敏以求之者也."

직역 공자께서 말씀하셨다. "나는 나면서부터 아는 사람이 아니라, 옛것을 좋아하여 재빠르게 그것을 구하는 사람이다."

번안 공자가 말했다. "나는 태어나서부터 지혜가 있는 사람이 아니다. 나는 고대의 문화를 연구하여 여기에 푹 빠져 있으며, 이러한 연구로부터 지혜를 탐구하는 사람일 뿐이다."

7-20

子不語怪·力·亂·神.

직역 공자께서는 괴이한 것과 이상한 힘과 어지럽히는 일과 귀신(鬼神)의 일에 대해 말씀하지 않으셨다.

번안 공자는 언제나 '초자연적인 현상'이나 '평범하지 않은 힘과 능력', '사람의 본성에 위배되는 타락한 죄악', 그리고 '초자연적인 존재'에 대한 논의를 거절하였다.

7-21

子曰: "三人行, 必有我師焉. 擇其善者而從之, 其不善者而改之."

직역 공자께서 말씀하셨다. "세 사람이 길을 감에 반드시 나의 스승이 있다. 그 가운데 선(善)한 사람을 가려서 따르고, 선하지 못한 자를 가려서 자신의 잘못을 고쳐야 한다."

번안 공자가 말했다. "세 사람이 함께 만났을 때, 그 가운데 한 사람이 공부하기를 원하면 항상 다른 두 사람에게서 무엇인가를 배울 수 있다. 한 사람의 좋은 사례에서 유익한 것을 얻고, 또 다른 사람의 좋지 않은 사례에서 좋지 않은 부분을 피하여 오류를 벗어날 수 있을 것이다."

7-22

子曰: "天生德於予, 桓魋其如予何!"

직역 공자께서 말씀하셨다. "하늘이 나에게 덕(德)을 주었으니, 환퇴(桓魋)가 나에게 어찌 하겠는가!"

번안 어느 날, 공자가 자신을 배척하는 자들에 의해 큰 위험에 봉착하였다. 어떤 사람이 그가 이렇게 말하는 것을 들었다고 한다. "하늘이 이미 나에게 도덕과 이성적인 지혜의 힘을 주었다. 그 사람이 나에게 또 어찌 하겠는가?"

7-23

子曰: "二三子以我爲隱乎? 吾無隱乎爾. 吾無行而不與二三子者, 是丘也."

직역 공자께서 말씀하셨다. "그대들은 내가 무엇을 숨긴다고 생각하는가? 나는 그대들에게 숨기는 것이 없다. 나는 행하고서 그대들과 더불어 하지 않은 것이 없는데, 이게 바로 나[丘]다."

번안 또 어느 날, 공자가 제자들에게 말했다. "나의 벗들아! 너희들은 내가 어떤 신비로운 힘을 가지고 있다고 생각하느냐? 나는 분명히 신비로운 무엇인가를 가지고 있지 않다. 너희들, 또는 모든 사람들에게 마찬가지 일 것이다. 어떤 사람이 너희들에게 그가 한 모든 일을 전부 보여주었다면, 나의 벗들아, 너희들은 그 사람이 곧 나라는 것을 알아야 할 것이다."

7-24

子以四教: 文·行·忠·信.

직역 공자께서는 네 가지로 가르치셨으니, 문(文)·행(行)·충(忠)·신(信)이었다.

번안 공자는 그의 삶과 학설을 통해, 단지 네 가지 내용을 제자들에게 전수하였다. 즉, 문학과 예술을 중심으로 하는 '학문', '행위와 거동', 그리고 '양심(良心)'과 '성심(誠心)'이다.

7-25

子曰: "聖人, 吾不得而見之矣; 得見君子者, 斯可矣." 子曰: "善人, 吾不得而見之矣; 得見有恒者, 斯可矣." 亡而爲有, 虛而爲盈, 約而爲泰. 難乎有恒矣.

직역 공자께서 말씀하셨다. "성인(聖人)을 내가 만나볼 수 없으면, 군자(君子)만이라도 만나보면 괜찮다." 공자께서 말씀하셨다. "선인(善人)을 내가 만나볼 수 없으면, 떳떳한 마음이 있는 자만이라도 만나보면 괜찮다." 없으면서 있는 체하며, 비었으면서 가득한 체하며, 적으면서 많은 체하면, 항심(恒心)을 두기가 어렵다.”

번안 어느 날, 공자가 당시의 사람들과 사회적 상황에 대해 말했다. “고결하고 도덕적인 사람을 나는 만날 수 있기를 바라지 않는다. 단지 명석하면서도 착한 사람을 만날 수 있으면 나는 만족할 것이다.” 공자가 말했다. “완전히 성실한 사람을 나는 만날 수 있기를 바라지 않는다. 단지 신중하고 곧은 사람을 만날 수 있으면 나는 만족할 것이다. 그러나 어떠한 사회적 상황에서 사람들은 그들이 갖추지 못한 것들을 갖춘 듯이 꾸밀 수밖에 없다. 그들은 분명히 아무것도 없는데도 아주 많이 가진 것처럼 꾸민다. 그들은 분명히 부족한데도 또 풍족한 것처럼 꾸민다. 이러한 사회적 상황에서, 신중하고 곧은 사람일지라도 그 성품을 지키기는 어려운 것이다.”

7-26

子釣而不綱, 弋不射宿.

직역 공자께서는 낚시질은 하시되 큰 그물질은 하지 않으시며, 주살질은 하시되 잠자는 새를 쏘아 잡지는 않으셨다.

번안 공자께서 간혹 낚시를 했는데, 늘 낚시로 고기를 잡고 그물질하지 않았다. 간혹 사냥을 하셨는데, 나는 새를 제외하고 다른 새들은 잡지 않았다.

7-27

子曰: "蓋有不知而作之者, 我無是也. 多聞擇其善者而從之, 多見而識之. 知之次也."

직역 공자께서 말씀하셨다. "알지 못하면서 행동하는 것이 있는가, 나는 이러한 일이 없다. 많이 듣고 그 좋은 것을 가려서 따르고, 많이 보고 기억해 둔다. 아는 일은 다음이다."

번안 공자가 말했다. "간혹 자기 자신도 알지 못하는 학설을 말하는 사람이 있다. 이런 일을 나는 절대 하지 않는다. 나는 무엇을 연구하고 배우든지 언제나 가장 훌륭한 것만 골라서 하였다. 나는 무엇을 살피든지 언제나 본 것을 자세히 기록하였다. 이것이 걸출한 지혜의 버금가는 것이라고 생각된다."

7-28

互鄉難與言. 童子見, 門人惑. 子曰: "與其進也 不與其退也, 唯何甚! 人潔己以進, 與其潔也, 不保其往也."

직역 호향(互鄉) 사람과는 더불어 말하기 어려웠다. 어린 아이가 찾아와 공자를 뵈니, 문인(門人)들이 의심하였다. 공자께서 말씀하셨다. "그 찾아옴을 허여한 것이고, 물러간 뒤에 허여한 것이 아니다. 어찌 심하게 할 것이 있겠는가! 사람이 몸을 가다듬어 깨끗이 하고서 찾아올 경우, 지난날의 잘잘못을 보장할 수는 없다."

번안 어떤 지방의 사람들은 품성이 불량한 것으로 유명하였다. 공자가 그 지방의 한 젊은이를 만나자 제자들이 모두 놀라워하였다. 그러나 공자가 말했다. "사람이 어찌하여 그렇게 각박해야 하는가? 어떤 사람이건 잘못을 고치고 나를 찾아와 가르침을 구한다면, 나는 지금 개선된 모습만 받아들이고 과거의 삶이 어떠했는지를 따지지 않으려고 한다. 지금 이미 개선한 것을 내가 발견했다면 만족할 뿐, 앞으로 다시 나쁘게 변할지의 여부를 나는 보증할 방법은 없다. 그러나 사람이 어찌하여 그렇게 각박해야 하는가?"

7-29

子曰: "仁遠乎哉? 我欲仁, 斯仁至矣."

직역 공자께서 말씀하셨다. "인(仁)이 멀리 있는가? 내가 인을 하려고 하면 인이 당장 이르는 것이다."

번안 공자가 이어서 말했다. "도덕적인 삶을 사는 것이 멀고 어려운 일인가? 사람이 도덕적인 삶을 살고자 마음만 먹으면 그의 삶은 곧 도덕적인 삶으로 바뀔 것이다."

7-30

陳司敗問: "昭公知禮乎?" 孔子曰: "知禮." 孔子退, 揖巫馬期而進之曰: "吾聞君子不黨. 君子亦黨乎? 君取於吳爲同姓, 謂之吳孟子. 君而知禮, 孰不知禮?" 巫馬期以告. 子曰: "丘也幸, 苟有過, 人必知之."

직역 진(陳)나라 사패(司敗)가 물었다. "소공(昭公)이 예(禮)를 알았습니까?" 공자께서 말씀하셨다. "예를 아셨다." 공자께서 물러가시자, 사패가 무마기(巫馬期)에게 읍(揖)하여 나오게 하고 말하였다. "내가 들으니 군자는 편당하지 않는다 하였는데, 군자도 편당을 하는가? 임금께서는 오(吳)나라에서 장가 드셨으니, 같은 성(姓)이 된다. 그러므로 그 사실을 숨기기 위해 오맹자(吳孟子)라고 불렀으니, 임금께서 예를 아셨다면 누가 예를 알지 못하겠는가?" 무마기가 이것을 아뢰었다. 공자께서 말씀하셨다. "나[丘]는 다행인지, 잘못이 있으면 남들이 반드시 아는구나."

번안 공자가 여행 도중에 어떤 나라에 이르렀다. 그 나라의 법무장관이 공자의 고국에서 집권하고 있던 군주가 예의규범에 맞는 삶을 살고 있는지를 물었다. 공자가 대답했다. "그렇습니다. 그는 그러한 삶을 살고 있습니다."
잠시 후, 공자가 떠나가자, 그 장관이 공자의 제자를 불러 그에게 물었다. "내가 듣기로는 명석하면서도 착한 사람은 공정하게 남을 평가한다고 하였다. 그러나 내가 볼 때, 자네의 스승은 그렇지 않다고 생각한다. 너희 나라의 집권 군주는 다른 나라 왕실에서 같은 성씨의 여인을 왕비로 맞이하였다. 뿐만 아니라 이러한 예에 어긋난 사실을 가리기 위해 너희 군주는 여인의 성씨를 바꿔서 불러 그녀를 기쁘게 하였다. 만약 너희들 군주의 삶이 예의규범에 맞는다고 한다면 누구의 삶인들 예의규범에 맞지 않겠는가?"
훗날, 이 말을 들은 제자가 그 장관의 말을 공자에게 전했더니 공자가 말했다. "내가 잘못을 저지르면, 그때마다 사람들이 그것을 알아채니 매우 기쁘구나."

7-31

子與人歌而善, 必使反之, 而後和之.

직역 공자께서는 사람들과 함께 노래를 불러 상대방이 노래를 잘하면, 반드시 다시 부르게 하시고, 그 뒤에 서로 응하였다.

번안 공자가 어떤 사람에게 노래를 청하고 그 사람이 노래를 잘 부르면, 공자는 곧 같은 곡을 한 번 더 부르라 하고는 자신도 노래에 맞춰 함께 불렀다.

7-32

子曰: "文, 莫吾猶人也. 躬行君子, 則吾未之有得."

직역 공자께서 말씀하셨다. "문(文)은 내가 사람들과 같지 않았겠는가마는, 군자(君子)의 도리를 몸소 행함에서는 내가 아직 얻은 것이 있지 못하다."

번안 공자가 말했다. "문학과 예술을 중심으로 하는 학문에서는 나 자신을 다른 사람과 비교할 수 있다. 그러나 명석하면서도 착한 사람이 자신의 믿음을 행위에 일관시킨 그러한 품성의 차원에서 볼 때, 나는 아직 달성하지 못했다."

7-33

子曰: "若聖與仁, 則吾豈敢! 抑爲之不厭, 誨人不倦, 則可謂云爾已矣." 公西華曰: "正唯弟子不能學也."

직역 공자께서 말씀하셨다. "성(聖)과 인(仁)으로 말하면 내 어찌 감히 자처할 수 있겠는가! 그러나 행하기를 싫어하지 않으며, 남을 가르치기를 게을리하지 않는 것으로 말하면, 그렇다고 말할 수 있을 뿐이다." 공서화(公西華)가 말하였다. "바로 이것이 저희 제자(弟子)들이 배울 수 없는 점입니다."

번안 그리고 공자는 이어서 말했다. "고결하고 덕망이 높은 사람, 도덕적인 사람을 두고 볼 때, 내가 어찌 감히 이와 같다고 스스로 자랑하겠는가! 나는 그렇게 되기 위해, 있는 힘을 다하며, 다른 사람도 이를 위해 노력하도록 열심히 가르칠 뿐이다. 이 말은 나에게 하는 것이리라."
제자가 이 말을 듣고 말했다. "이런 점이 바로 저희들이 스승님을 본받기 어려운 부분입니다."

7-34

子疾病, 子路請禱. 子曰: "有諸?" 子路對曰: "有之. 誄曰: '禱爾於上下神祇.'" 子曰: "丘之禱久矣."

직역 공자께서 병환이 위중하시자, 자로(子路)가 신(神)에게 기도할 것을 청하였다. 공자께서 말씀하셨다. "이런 이치가 있는가?" 자로(子路)가 대답하였다. "있습니다. 뇌문(誄文; 祭文)에 '너를 위아래의 신명(神明)에게 기도하였다.'라는 기록이 있습니다." 공자께서 말씀하셨다. "나는 기도한 지가 오래이다."

번안 어느 날, 공자가 병에 걸렸다. 제자가 그의 건강을 위해 기도드릴 것을 청하였다. 공자가 물었다. "이것이 관례냐?" 그 제자가 대답하였다. "「죽은 자를 위한 예법서」에 말하기를 '위로는 신령님께 기도하고, 아래로는 신령님께 기도한다.'라고 하였습니다."
이에 공자가 말했다. "아, 나의 기도는 긴 기도였느니라. 평생 오래도록 기도를 올렸느니라."

7-35

子曰: "奢則不遜, 儉則固. 與其不遜也, 寧固."

직역 공자께서 말씀하셨다. "사치하면 공손하지 못하고, 검소하면 고루하니, 공손하지 못한 것보다는 차라리 고루한 것이 낫다."

번안 공자가 말했다. "사치하면 낭비하게 되고, 검소하면 인색하게 된다. 그러나 인색한 것이 낭비하는 죄보다는 낫다."

7-36

子曰: "君子坦蕩蕩, 小人長戚戚."

직역 공자께서 말씀하셨다. "군자(君子)는 평탄하여 여유가 있고, 소인(小人)은 늘 걱정스러워 한다."

번안 공자가 말했다. "명석하면서도 착한 사람은 태연하고 유쾌하게 살며, 어리석은 사람은 언제나 초조하고 근심에 싸여서 산다."

7-37

子溫而厲, 威而不猛, 恭而安.

직역 공자께서는 온화하면서도 엄숙하시며, 위엄이 있으면서도 사납지 않으시며, 공손하면서도 편안하셨다.

번안 공자는 기색이 온화하고 친근하며 또 엄숙하고 정중하였다. 사람들이 그를 존경하고 두려워하게 하였으나 오히려 준엄하고 각박하게 느껴지지 않게 하였다. 그는 열정에 넘쳐 성심을 다하며 또 편안하고 소박한 분이었다.

제8편 태백(泰伯)

8-1

子曰: "泰伯其可謂至德也已矣! 三以天下讓, 民無得而稱焉."

직역 공자께서 말씀하셨다. "태백(泰伯)은 지극한 덕(德)이 있다고 이를 만하다. 세 번 천하(天下)를 사양하였지만 백성이 그 덕을 칭송할 수 없게 하였다."

번안 공자가 주나라를 세운 오래전의 인물[태백]에 대해 논평하여 말했다. "그는 최고의 도덕성을 가진 위대한 인물이라 할 수 있다. 세 번이나 제국의 통치권을 사양하였다. 그런데도 국민들이 이 사실을 알지 못하여 그를 언급조차 하지 않았다."

8-2

子曰: "恭而無禮則勞, 愼而無禮則葸, 勇而無禮則亂, 直而無禮則絞. 君子篤於親, 則民興於仁; 故舊不遺, 則民不偸."

직역 공자께서 말씀하셨다. "공손하되 예(禮)가 없으면 수고롭고, 삼가되 예가 없으면 두렵고, 용맹스럽되 예가 없으면 혼란하고, 강직하되 예가 없으면 너무 급하다. 군자가 친척에게 두텁게 하면 백성이 인

(仁)에 흥기하고, 옛 친구를 버리지 않으면 백성의 인심이 각박해지지 않는다."

번안 공자가 말했다. "일을 처리함이 진지하나 판단력이 없으면 고리타분해지고, 신중하나 판단력이 없으면 과오를 범하게 되고, 정직하나 판단력이 없으면 사람에게 전횡을 일삼게 된다. 한 나라의 올바른 지도자들이 모두 자신의 집안사람들을 아끼고 사랑한다면, 국민들의 도덕적 품성이 좋아질 것이고, 한 나라의 올바른 지도자들이 그들의 오랜 친구를 버리지 않는다면, 국민들의 성품은 탐욕을 부리지 않을 것이다."

8-3

曾子有疾, 召門弟子曰: "啓予足! 啓予手! 『詩』云: '戰戰兢兢, 如臨深淵, 如履薄冰.' 而今而後, 吾知免夫. 小子!"

직역 증자(曾子)가 병이 위중하자, 제자들을 불러 말하였다. "나의 발을 보아라! 나의 손을 보아라! 『시경(詩經)』에 이르기를 '두려워하고 조심하여, 깊은 못에 임한 듯이 하고, 엷은 얼음을 밟는 듯이 하라'고 하였다. 이제야 나는 온전히 돌아갈 것을 알겠다. 제자들아!"

번안 공자의 제자가 임종할 무렵, 그의 제자들을 불러놓고 말했다.
"이불을 들고 나의 발을 보거라. 나의 손을 보거라.
『시경(詩經)』에서 다음과 같이 노래하였다.
'경외하여 벌벌 떨며 걸어가나니

마치 깊은 못의 변두리에 서 있는 듯이 하라.
왜냐하면 네가 밟고 있는 바닥에는
얇은 얼음이 덮여 있기 때문이니라.'
그런데 지금, 나의 젊은 벗들이여, 이제부터 나는 이 모든 것들을 벗어 던지고 자유를 얻을 것이다."

8-4

曾子有疾, 孟敬子問之. 曾子言曰: "鳥之將死, 其鳴也哀; 人之將死, 其言也善. 君子所貴乎道者三: 動容貌, 斯遠暴慢矣; 正顏色, 斯近信矣; 出辭氣, 斯遠鄙倍矣; 籩豆之事, 則有司存."

직역 증자(曾子)가 병환이 있자, 맹경자(孟敬子)가 문병을 왔다. 증자가 말하였다. "새가 죽을 무렵에는 울음소리가 애처롭고, 사람이 죽을 무렵에는 그 말이 착한 법이다. 군자(君子)가 귀중히 여기는 도(道)가 세 가지 있으니, 용모를 움직일 때는 사나움과 태만함을 멀리하고, 얼굴빛을 바룰 때는 성실함에 가깝게 하며, 말과 소리를 낼 때는 비루함과 도리에 위배되는 것을 멀리해야 하는데, 제기(祭器)를 다루는 일이라면 유사(有司) 있어야 한다.

번안 위[8-3]에서 언급한 때, 제자 가운데 궁중에 살던 젊은 귀족이 있었다. 그가 문병을 왔다가 스승을 바라보면서 물었다. "새가 죽을 때가 되면, 그 울음소리는 슬프고, 사람이 죽을 때가 되면, 그 말은 진실이라고 합니다."
"올바른 지도자는 교육에서 세 가지 일을 반드시 해야 한다. 첫째, 거동에서는 격앙되거나 가벼이 하거나 억압하거나 무례함을 저지르지 말아야 한다. 둘째, 안색에서는 믿음을 불러올 수 있도록 노력해야 한다. 셋째, 언어 선택에서는 거칠고 속된 말과 비합리적인 말을 피해야 한다. 그리고 예술과 과학에서는 기술적으로 세세한 지식들은 전문가에게 남겨주어야 한다. 자신이 할 일이 아닌 전문적인 일은 전문가에 맡겨야 한다는 말이다."

8-5

曾子曰: "以能問於不能, 以多問於寡; 有若無, 實若虛, 犯而不校. 昔者吾友嘗從事於斯矣."

직역 증자(曾子)가 말하였다. "능숙하면서도 능숙하지 못한 이에게 물으며, 학식이 많으면서도 적은 이에게 물으며, 있어도 없는 것처럼 여기고, 가득해도 빈 것처럼 여기며, 자신에게 잘못을 저질러도 따지지 않는다. 옛날에 내 벗이 일찍이 이 일에 종사하였다."

번안 공자의 제자가 말했다. "자신에게 천부적인 재능이 있으면 오히려 재능이 없는 사람에게서 배우고, 자신에게 많은 학문이 있으면 오히려 학문이 적은 사람에게서 배운다. 또 사상적 자산이 풍부하면 오히려 사상이 빈곤한 것처럼 보이게 표현하고, 이해가 깊으면 오히려 앎이 옅은 것처럼 보이게 표현한다. 나의 벗 가운데 한 사람이 이와 같은 삶을 살았다."

8-6

曾子曰: "可以託六尺之孤, 可以寄百里之命, 臨大節而不可奪也, 君子人與? 君子人也."

직역 증자(曾子)가 말하였다. "6척(六尺)의 어린 임금을 맡길 만하고, 100리(百里)의 명(命)을 부탁할 만하며, 대절(大節)에 임해서 빼앗을 수 없다면, 군자(君子)다운 사람인가? 군자다운 사람이다."

번안 공자의 제자가 말했다. "어떤 사람에게 고아가 된 왕자의 생명을 위탁하여 돌보게 할 수 있고, 한 나라의 안전을 그의 손에 맡겼을 경우 믿을 만하다면, 그는 어떤 생사가 달린 큰 위기를 만난 시기라 할지라도 자신의 직책을 배신하지 않을 것이다. 나는 이런 사람을 올바른 지도자라고 하겠다. 나는 이런 사람을 올바른 지도자라고 하겠다."

8-7

曾子曰: "士不可以不弘毅, 任重而道遠. 仁以爲己任, 不亦重乎! 死而後已, 不亦遠乎."

직역 증자(曾子)가 말하였다. "선비는 도량이 넓고 뜻이 굳세지 않으면 안 된다. 책임이 무겁고 길이 멀기 때문이다." 군자(君子)는 인(仁)으로써 자기의 책임을 삼으니 막중하지 않은가! 죽은 다음에야 끝나는 것이니 또한 멀지 않은가"

번안 공자의 제자가 말했다. "교육을 받은 올바른 사람은 굳센 의지를 지탱할 힘과 과감한 성품이 없어서는 안 된다. 그가 삶에서 짊어져야 할 책임은 무겁고 갈 길은 멀다. 그는 도덕적 삶을 살아야 할 책임이 있다. 이것이 막중한 임무 아니겠는가? 반드시 죽을 때까지 이런 일을 계속해 나가야 하니, 이러한 삶의 도정은 갈 길이 멀고, 오랜 시간이 필요한 것 아니겠는가?"

8-8

子曰: "興於詩. 立於禮. 成於樂."

직역 공자께서 말씀하셨다. "시(詩)에서 흥기(興起)시킨다. 예(禮)에 선다. 악(樂)에서 완성(完成)한다."

번안 공자가 말했다. "교육에서 정감(情感)은 시가(詩歌) 연구를 통해 깨우치며, 감별(鑑別) 능력은 예술 연구를 통해 이루어진다. 품격의 배양은 음악 연구를 통해 온전히 갖추어 진다."

8-9

子曰: "民可使由之, 不可使知之."

직역 공자께서 말씀하셨다. "백성은 따르게 할 수는 있어도, 알게 할 수는 없다."

번안 공자가 말했다. "일반 백성에게는 그들이 마땅히 무엇을 해야 하는지를 가르쳐야지, 그들이 왜 이렇게 해야 하는지를 가르치는 것이 아니다."

8-10

子曰: "好勇疾貧, 亂也. 人而不仁, 疾之已甚, 亂也."

직역 공자께서 말씀하셨다. "용맹을 좋아하고 가난을 싫어할 때 난(亂)을 일으킨다. 사람으로서 인(仁)하지 못한 것을 너무 심하게 미워할 때도 난(亂)을 일으킨다."

번안 공자가 말했다. "용기 있는 사람이 가난을 미워하면 반드시 세상에 죄를 범할 것이다. 도덕적 성품을 갖추지 못한 사람이 미움을 많이 사게 되면 또 반드시 세상에 죄를 범할 것이다."

8-11

子曰: "如有周公之才之美, 使驕且吝, 其餘不足觀也已."

직역 공자께서 말씀하셨다. "주공(周公)과 같은 아름다운 재예(才藝)를 가지고 있더라도 교만하고 인색하다면, 그 나머지는 볼 것도 없다."

번안 공자가 말했다. "어떤 사람이 주공과 같이 뛰어난 재능이 있을 수 있다. 그러나 그가 스스로 교만하고 거만하여 품성이 비루하면, 그의 재능과 지혜 가운데 여러 장점이 있다하더라도 특별히 볼만한 것이 없다."

8-12

子曰: "三年學, 不至於穀, 不易得也."

직역 공자께서 말씀하셨다. "3년을 배우고도 녹봉에 뜻을 두지 않는 자를 쉽게 얻지 못하겠다."

번안 공자가 말했다. "어떤 사람이건 스스로 3년을 배우고서 정진하여 개선하지 못하는 사람은 없다."

8-13

子曰: "篤信好學, 守死善道. 危邦不入, 亂邦不居. 天下有道則見, 無道則隱. 邦有道, 貧且賤焉, 恥也; 邦無道, 富且貴焉, 恥也."

직역 공자께서 말씀하셨다. "독실하게 믿으면서 배우기를 좋아하고, 죽음으로 지키면서 도(道)를 잘해야 한다. 위태로운 나라에는 들어가지 않고, 어지러운 나라에는 살지 않는다. 세상에 도(道)가 있으면 나타나 벼슬하고, 도(道)가 없으면 숨어야 한다. 나라에 도(道)가 있을 때는 가난하고 천한 것이 부끄러운 일이며, 나라에 도(道)가 없을 때는 부유하고 귀한 것이 부끄러운 일이다."

번안 공자가 말했다. "조심성 있고 성실하며 교양이 있는 사람은 죽음이 닥쳐도 정직한 길을 가려는 의지가 흔들리지 않는다. 이런 사람은 정치적으로 혁명이 진행 중인 나라에 들어가 직무를 맡지 말아야 하며, 정치적으로 무정부 상태인 나라에서 살지 말아야 한다. 세상의 통치가 질서 있고 정의가 실현될 때 그는 사람들에게 알려져 정치에 참여하며, 세상의 통치가 무질서하고 정의가 실현되지 않을 때 그는 세상에 이름을 드러내지 않으며 묵묵히 자신의 자리를 지키며 지낸다. 국가의 통치가 질서 있고 정의가 실현될 때 그는 자신의 가난과 명예의 결핍을 부끄럽게 생각하며, 국가의 통치가 질서 없고 정의가 실현되지 않을 때 그는 자신의 부유와 명예를 부끄럽게 생각한다."

8-14(14-27과 중복)

子曰: "不在其位, 不謀其政."

직역 공자께서 말씀하셨다. "그 지위에 있지 않으면 그 정사(政事)를 도모하지 않는다."

번안 공자가 말했다. "국가의 정부기관에서 직무를 맡지 않고 있는 사람은 정부의 정책에 대해 건의하지 말아야 한다." 정치적 업무는 담당자가 맡아 하는 것을 원칙으로 한다. 따라서 정부기관에서 아무런 지위가 없는 사람이 자의적으로 의견을 제기하여 지휘하려고 해서는 안 된다.

8-15

子曰: "師摯之始, 關雎之亂, 洋洋乎盈耳哉!"

직역 공자께서 말씀하셨다. "악사(樂師)인 지(摯)가 처음 벼슬할 때 연주하던 관저(關雎)의 끝장 악곡(樂曲)이 아직까지도 양양(洋洋)하게 귀에 가득하구나!"

번안 공자가 그 당시의 위대한 음악가의 표현형식에 대해 논평하여 말했다. "그가 고대의 민요를 연주할 때 도입부의 음량(音量)과 마지막 부분의 화음(和音)이 서로 부딪히고 섞이면서 장엄하면서도 아름다웠다. 그것이 얼마나 서서히 나의 귀를 가득 채웠던가!" 그것이 얼마나 아름답고, 얼마나 듣기 좋았는가? 아름다운 곡조가 서서히 나의 귀 속을 가득 채우는 느낌이었다.

8-16

子曰: "狂而不直, 侗而不愿, 悾悾而不信, 吾不知之矣."

직역 공자께서 말씀하셨다. "광(狂)이면서도 곧지 못하며, 무지(無知)하면서도 근후(謹厚)하지 못하며, 무능(無能)하면서도 신실(信實)하지 못한 사람을 나는 모르겠다."

번안 공자가 말했다. "정신이 숭고한 것 같지만 정직하지 않은 사람, 반응이 더딘 것 같지만 겸손하지 않은 사람, 간소하고 소박하지만 성실하지 않은 사람, 이러한 사람을 나는 어떤 사람이라고 규명해야 할지 모르겠다."

8-17

子曰: "學如不及, 猶恐失之."

직역 공자께서 말씀하셨다. "배움은 따라가지 못할 듯이 하면서도, 오히려 때를 잃을까 두려워해야 한다."

번안 공자가 말했다. "학문을 추구하고 배우는 과정에서는 항상 아직 목표에 이르지 못한 것처럼, 항상 얻은 지식을 잃을까 걱정하는 것처럼 행동해야 한다." 공부를 하는 태도에서, 항상 다 배웠다고 생각하지 말고 내가 배운 지식은 언제든지 잊어버릴 수 있음을 염두에 두고 확고한 지식이 될 수 있도록 늘 익혀야 한다.

8-18

子曰: "巍巍乎, 舜·禹之有天下也, 而不與焉!"

직역 공자께서 말씀하셨다. "위대하시다! 순(舜)임금과 우(禹)임금은 천하(天下)를 소유하고도 그것에 관여하지 않으셨다!"

번안 공자가 말했다. "고대의 제왕인 순과 우는 제국을 통치하는 길에서 도덕적으로 얼마나 고상하고 탁월하며 위대한가, 그러나 그들은 자신의 위대함을 의식하지 못했다."

8-19

子曰: "大哉! 堯之爲君也. 巍巍乎! 唯天爲大, 唯堯則之. 蕩蕩乎! 民無能名焉. 巍巍乎其有成功也! 煥乎其有文章!"

직역 공자께서 말씀하셨다. "위대하시다. 요(堯)의 임금노릇 하심이여! 높고 크다. 오직 저 하늘이 가장 크거늘, 요임금만이 그와 같으셨다. 넓고 넓어 백성들이 무어라 형용하지 못하는구나. 높고 높은 그 성공이여! 찬란한 그 문장이여!"

번안 공자가 말했다. "아! 통치자로서 요임금은 얼마나 위대한 제왕인가! 아! 얼마나 숭고하고 얼마나 위대한가, 요임금의 위대한 도덕은 오직 하나님의 위대함에 비춰볼 수 있다. 얼마나 넓고 두터운가, 끝이 없구나. 국민들은 이러한 위대한 도덕을 이름을 붙여 표현할 수 없었다. 그가 이룩한 사업은 얼마나 탁월하게 위대한가! 그가 창건한 예술은 얼마나 성대하고 빛나는가!"

8-20

舜有臣五人而天下治. 武王曰: "予有亂臣十人." 孔子曰: "才難, 不其然乎! 唐虞之際, 於斯爲盛. 有婦人焉, 九人而已. 三分天下有其二, 以服事殷. 周之德, 其可謂至德也已矣."

직역 순(舜)임금이 신하 다섯 사람을 두어 천하(天下)가 다스려졌다. 무왕(武王)이 말하였다. "나는 다스리는 신하 열 사람을 두었다." 공자께서 말씀하셨다. "'인재 얻기가 어렵다'라고 했는데, 맞는 말이 아니겠는가! 당우(唐虞)의 즈음만이 주(周)나라보다 성하였다. 부인이 들어 있으니, 아홉 사람일 뿐이다. 천하(天下)를 세 부분으로 나누어 그 둘을 소유하고도 복종하여 은(殷)나라를 섬겼다. 주(周)나라 덕(德)은 지극한 덕(德)이라 말할 만하다."

번안 위대한 제왕인 순에게는 5명의 걸출한 참모가 있었기에 제국은 평화로울 수 있었다. 무왕(武王)이 말했다. "나는 10명의 걸출한 참모의 도움으로 제국의 질서를 다시 세웠다."
공자는 이 말에 대해 논평하여 말했다. "옛날에는 재능이 있는 걸출한 인물을 찾아내기가 매우 어려웠다고 늘 말한다. 이는 정말로 천만번 지당한 말이다. 요임금[唐]의 시기와 순임금[虞]의 시기에 살았던 걸출한 인물들은 그 어떤 인물과도 비길 수 없다. 위에서 언급한 10명의 걸출한 참모 가운데 한 사람은 여인이다. 그러므로 참으로 걸출한 남성 인사는 9명인 것이다. 이후, 주 왕조가 제국의 3분의 2를 소유하였을 때, 은 왕조의 권위를 여전히 인정해 주었다. 주 왕조 초기의 왕들의 위대한 덕성은 그야말로 완전무결한 것이라고 할 수 있다."

8-21

子曰: "禹, 吾無間然矣! 菲飮食而致孝乎鬼神, 惡衣服而致美乎黻冕, 卑宮室而盡力乎溝洫. 禹, 吾無間然矣."

직역 공자께서 말씀하셨다. "우(禹)임금은 내가 비난할 데가 없다. 평소의 음식은 간략하게 하면서도 귀신(鬼神)에게 효도를 다하고, 의복은 검소하게 하면서도 제복(祭服; 黻·冕)에는 아름다움을 다하고, 궁실

(宮室)은 낮게 하면서도 치수(治水) 사업에는 힘을 다하였다. 우(禹)임금은 내가 비난할 데가 없다."

번안 공자가 말했다. "나는 고대의 제왕이었던 위대한 우임금의 품성과 행실에서 전혀 흠결을 찾아내지 못했다. 그는 자신이 먹고 마시는 데는 극단적으로 소박하였지만, 제사에 쓰는 음식에서는 통이 크고 대범하였다. 그는 평소에 거칠고 낡은 의복을 입었지만, 예배를 올릴 때는 몸에 맞는 화려하고 아름다운 예복을 입었다. 그가 사는 궁전은 간소하고 낡았지만, 국민들에게 이로운 공용 건물을 짓는 데는 투자를 아끼지 않았다. 이 모든 점으로 볼 때, 나는 위대한 우임금의 품성과 행실에서 전혀 흠결을 찾아내지 못했다."

제9편 자한(子罕)

9-1

子罕言利與命與仁.

직역 공자께서는 이(利)와 명(命)과 인(仁)을 드물게 말씀하셨다.

번안 공자는 '이익'이나 '종교', 그리고 '도덕'에 대해 매우 적게 언급하였다.

9-2

達巷黨人曰: "大哉孔子! 博學而無所成名." 子聞之, 謂門弟子曰: "吾何執? 執御乎? 執射乎? 吾執御矣."

직역 달항당(達巷黨)의 사람이 말하였다. "위대하구나, 공자여! 박학(博學)하였으나 이름을 낸 것이 없구나." 공자께서 이를 들으시고 문하(門下)의 제자(弟子)들에게 말씀하셨다. "내 무엇을 잡아야 하겠는가? 말 모는 일을 잡아야 하겠는가? 아니면 활 쏘는 일을 잡아야 하겠는가? 나는 말 모는 일을 잡겠다."

번안 다른 지역의 어떤 사람이 말했다. "공자는 분명히 위대한 사람이다. 그는 박식하지만, 어떠한 영역에서든지 자신의 이름을 드날려 명성과 명예를 얻으려고 하지 않았다."
공자가 이 말을 듣고 제자들에게 말했다. "그렇다면, 나는 마땅히 무엇을 가지고 나의 명성을 드날려야 할까? 말을 모는 기술일까? 아니면 활을 쏘는 기술일까? 나는 말 모는 기술을 쓸 것이다."

9-3

子曰: "麻冕, 禮也; 今也純, 儉. 吾從衆. 拜下, 禮也; 今拜乎上, 泰也. 雖違衆, 吾從下."

직역 공자께서 말씀하셨다. "베로 만든 면류관이 예(禮)이지만 지금은 관(冠)을 생사(生絲)로 만드니, 검소하다. 나는 여러 사람을 따르겠다. 아래에서 절하는 것이 예(禮)인데, 지금은 위에서 절하니, 이는 교만하다. 비록 사람들과 어긋난다 하더라도 나는 아래에서 절하겠다."

번안 공자가 말했다. "두터운 삼베로 만든 모자는 직위가 높은 것으로 여겨진다. 그러나 지금 사람들은 대부분 얇은 생실로 만든 모자를 쓴다. 생실로 만든 모자가 비용이 더욱 적게 든다. 그래서 나는 이 방법을 따르겠다. 방의 낮은 쪽으로 들어갈 때는 허리를 굽혀 절하는 것이 예의에 맞는 방법이라고 여긴 때가 있었다. 그러나 지금은 높은 쪽으로 들어갈 때도 허리를 굽혀 절한다. 높은 쪽으로 들어갈 때도 허리를 굽히고 읍하는 것은 지나치게 방자하다. 그러므로 나는 낮은 쪽으로 들어갈 때는 허리를 굽혀 절하는 방식을 계속 지키겠다."

9-4

子絕四: 毋意, 毋必, 毋固, 毋我.

직역 공자는 네 가지의 마음이 전혀 없었는데, 사사로운 뜻이 없었고, 기필코 하는 마음이 없었으며, 집착하는 마음이 없었고, 이기심이 없었다.

번안 공자는 네 가지를 완전히 끊으라고 하였다. 이기주의를 끊고, 편견과 선입견을 끊고, 좁은 식견과 고집을 끊고, 주관주의를 끊어야 한다.

9-5

子畏於匡. 曰: "文王既沒, 文不在兹乎! 天之將喪斯文也, 後死者不得與於斯文也; 天之未喪斯文也, 匡人其如予何!"

직역 공자께서 광(匡)땅에서 경계심을 품고 계셨다. 공자께서 말씀하셨다. "문왕(文王)이 이미 돌아가셨으니, 문(文)이 여기에 있지 않겠는가! 하늘이 이 문(文)을 없애려 하셨다면, 나중에 죽는 사람이 이 문(文)에 참여하지 못했을 것이고, 하늘이 이 문(文)을 없애려 하지 않으셨으니, 광(匡)땅 사람들이 나를 어떻게 하겠는가!"

번안 어느 날, 공자가 어떤 지방에서 폭도들에 의해 안전이 위협 당했을 때, 그들의 행위에 대해, 자신을 논평하여 말했다. "걱정하지 말라. 문왕께서 돌아가시고 난 후 그 영향이 현재 남아 있는 이 문명의 시작이 아니겠는가? 하나님께서 이 세상의 문명을 모두 없애려고 하신다면 후배 가운데 평범한 사람이 이 문명을 알게 하지는 않으셨을 것이다. 하나님이 이 세상의 모든 문명을 없애려고 하지 않으신다면, 이 지방의 사람들이 또 나를 어찌하겠는가?"

9-6

太宰問於子貢曰: "夫子聖者與? 何其多能也?" 子貢曰: "固天縱之將聖, 又多能也." 子聞之曰: "太宰知我乎! 吾少也賤, 故多能鄙事. 君子多乎哉? 不多也." 牢曰: "子云: "吾不試, 故藝."

직역 태재(大宰)가 자공(子貢)에게 물었다. "공자는 성자(聖者)이신가? 어찌 그렇게도 능숙한 것이 많으신가?" 자공(子貢)이 말하였다. "진실로 하늘이 풀어놓은 성인(聖人)이고 또 능숙한 것이 많다." 공자께서 이 말을 듣고 말씀하셨다. "태재(大宰)가 나를 아는구나. 내 젊었을 적에 미천했기 때문에 비천(鄙賤)한 일에 능숙함이 많다. 군자(君子)는 능숙한 것이 많은가? 많지 않다." 뇌(牢)가 말하였다. "선생님께서 말하기를 '내가 세상에 등용되지 못했기 때문에 재주를 익혔다.'라고 하였다."

번안 어떤 나라의 고위관료가 공자의 제자에게 물었다. "당신의 스승께서는 성스러운 사람이시지요? 그는 매우 박식한 듯합니다." 제자가 대답했다. "하나님께서는 스승께서 성스러운 사람이 되도록 아주 제대로 허락하셨습니다. 스승께서는 많은 일을 하시면서 지식을 배우셨습니다."

이후에 공자가 이 말을 듣고 말했다. "그 고위관료께서는 나를 아느냐? 내가 젊었을 때, 나는 지위가 낮은 삶을 살았다. 그래서 나는 아주 많을 일을 하면서 지식을 배웠다. 그러한 지식들은 단지 삶에서 얻어진 자질구레한 것들이다. 네가 생각하기에, 명석하면서도 착한 사람은 많은 지식을 배워서 이와 같이 되었다고 생각하느냐? 아니다. 그는 많은 것을 배우지 못했다."
공자의 다른 제자가 이렇게 말한 적이 있다. "내가 스승님에게 들었는데, '나는 공적인 삶의 직무를 맡지 못했다. 그래서 나는 여유시간에 예술을 즐기면서 이를 통해 내 자신을 알게 되었다.'라고 하셨다."

9-7

子曰: "吾有知乎哉? 無知也. 有鄙夫問於我, 空空如也, 我叩其兩端而竭焉."

직역 공자께서 말씀하셨다. "내가 아는 것이 있는가? 나는 아는 것이 없다. 그러나 어떤 비천한 사람이 나에게 묻되, 그가 아무리 무식할지라도 나는 그 양쪽을 다 말해준다."

번안 공자가 어떤 사람에게 이렇게 말한 적이 있다. "너는 내가 뛰어난 지혜를 가졌다고 생각하느냐? 나는 뛰어난 지혜를 가지지 못했다. 일반사람이 나에게 어떤 문제에 대해 의견을 물으면, 나는 그 문제에 대해 아무런 해결책도 생각해내지 못했다. 그러나 옳은 것과 그른 것이라는 두 측면에서 문제를 제기하고, 나는 곧 그 본질을 찾아내곤 하였다."

9-8

子曰: "鳳鳥不至, 河不出圖, 吾已矣夫!"

직역 공자께서 말씀하셨다. "봉황새가 오지 않으며, 황하(黃河)에서 하도(河圖)가 나오지 않으니, 나는 이제 그치려 한다!"

번안 공자가 이렇게 한탄한 적이 있다. "아! 나는 정말로 불행하구나. 하늘에서나 땅에서나, 나는 어떠한 결과도 아직 보지 못했다. 현재의 이러한 혼란과 무정부 시대를 끝내고, 모든 사물이 새로운 질서를 얻는, 세상의 흔적을 열 것이다."

9-9

子見齊衰者, 冕衣裳者與瞽者, 見之, 雖少必作; 過之, 必趨.

직역 공자께서는 자최(齊衰)를 입은 자와 관(冠)을 쓰고 의상(衣裳)을 차린 자와 맹인을 보면, 그들이 나이가 적더라도 반드시 일어났고, 그 곁을 지나실 때는 반드시 종종걸음을 하였다.

번안 공자는 상복을 입은 사람, 제복을 입은 관원, 그리고 시각장애인을 만나면, 자신보다 젊더라도 가까이 있을 때면 언제나 일어서고, 곁을 걸어서 지날 때는 공손하게 걸음을 빨리하였다.

9-10

顔淵喟然歎曰: "仰之彌高, 鑽之彌堅; 瞻之在前, 忽焉在後. 夫子循循然善誘人, 博我以文, 約我以禮. 欲罷不能, 旣竭吾才, 如有所立, 卓爾. 雖欲從之, 末由也已."

직역 안연(顔淵)이 크게 탄식하며 말하였다. "우러러볼수록 더욱 높고, 뚫을수록 더욱 견고하며, 바라볼 때는 앞에 있더니 홀연히 뒤에 있다. 선생님께서는 차근차근 사람을 잘 이끌어 문(文)으로써 나를 넓혀주고, 예(禮)로써 나를 요약하게 해주었다. 그만두려고 해도 그만둘 수 없어, 이미 나의 재주를 다하니, 내 앞에 우뚝 서 있는 듯하다. 비록 그를 따르려 할지라도 어디부터 해야할지를 모르겠다."

번안 공자가 가장 아끼는 제자 안회가 공자의 가르침에 대해 찬탄하여 말했다. "우러러 볼수록 그것은 더욱 높아 보였습니다. 통찰하려고 노력할수록 그것은 더욱 잡히지 않았습니다. 여기서 그것을 이미 잡았다고 생각했는데, 보세요! 그것은 저기에 있습니다. 그러나 스승께서는 어떻게 한 걸음 한 걸음 인도할 수 있는지를 분명히 아십니다. 스승님께서는 예술의 넓은 지식으로 사유를 넓혀 주고, 아울러 저의 판단력과 심미능력을 지적해주고 인도하여 바로 잡아 주었습니다. 이렇게 저는 정진하는 노력을 멈추려고 해도 멈출 수가 없었습니다. 그러나 제가 모든 정력을 소진하고 사상이 그것에 닿았다고 생각될 때, 다시 보면 그 목표는 여전히 먼 그곳에 분명히 서 있었습니다. 어떠한 방법으로 어떠한 노력을 하든지 그것에 가까이 갈 수 없었습니다."

9-11

子疾病, 子路使門人爲臣. 病間, 曰: "久矣哉, 由之行詐也! 無臣而爲有臣, 吾誰欺? 欺天乎? 且予與其死於臣之手也, 無寧死於二三子之手乎! 且予縱不得大葬, 予死於道路乎?"

직역 공자께서 병이 심해지자, 자로(子路)가 문인(門人)을 시켜 가신(家臣)을 삼았다. 병이 좀 덜하자 말씀하셨다. "오래되었구나, 유(由)가 거짓을 행함이여! 나는 가신이 없어야 하는데 가신을 두었으니, 내 누구를 속였는가? 하늘을 속였구나? 또 내가 가신의 손에서 죽기보다는 차라리 자네들 손에서 죽는 것이 낫지 않겠는가! 또 내가 큰 장례는 얻지 못할지라도 내가 길거리에서 죽겠느냐?"

번안 어느 날, 공자가 심한 병으로 앓고 있었다. 굳세고 용감한 제자 자로가 스승이 돌아가실까 염려하여 제자들을 배치하여 마치 귀족가문처럼 직책을 주고 관원이 되어 집안일을 맡아 하게 하였다. 공자가 제자들이 한 일을 알고 나서 병이 조금 나아졌을 때 말했다. "나는 많이 살펴보았다. 자로의 행실을 보면 자주 스스로를 속이는 사람이다. 나는 분명히 집안일을 맡아 하는 관리를 두지 않았는데, 오히려 있는 것처럼 꾸몄으니, 내가 누구를 속이겠는가? 하늘을 속이겠는가? 나의 벗들아, 이 밖에도 내가 너희들의 품에 안겨서 죽는 것이 저 인정도 없는 냉정한 관원의 품에 안겨서 죽는 것보다는 낫지 않겠는가? 거듭 말하자면, 나는 영원히 국가에서 치르는 명예로운 장례식을 원하지 않는다. 나를 큰 길에 버린다고 묻어 줄 사람이 없겠는가?" 다시 말하면, 공무원이란 자신에 맡겨진 일을 의무적으로 해야 하는 사람이다. 그래서 일하는 자가 전혀 원하지 않는 일을 할 수도 있다. 공자는 의무보다는 진심으로 자신의 죽음을 슬퍼하는 제자가 곁에서 지켜주기를 바랐다.

9-12

子貢曰: "有美玉於斯, 韞匵而藏諸? 求善賈而沽諸?" 子曰: "沽之哉! 沽之哉! 我待賈者也."

직역 자공(子貢)이 말하였다. "여기에 아름다운 옥(玉)이 있을 경우, 이것을 궤 속에 넣어 감추어 두겠습니까? 아니면 좋은 값을 구하여 팔겠습니까?" 공자께서 말씀하셨다. "팔아야지, 팔아야지. 나는 좋은 값을 기다리는 자이다."

번안 제자가 공자에게 말했다. "여기에 좋은 옥이 있다면, 그것을 상자에 보관하는 것이 좋을까요? 아니면 높은 값을 받고 파는 것이 좋을까요?"
공자가 대답했다. "반드시 팔아야 한다. 내가 너라면 어떤 사람이 먼저 찾아와서 값이 얼마나 나가는지 제시하기를 기다릴 것이다."

9-13

子欲居九夷. 或曰: "陋, 如之何?" 子曰: "君子居之, 何陋之有?"

직역 공자께서 구이(九夷)에 살고 싶어 하였다. 어떤 사람이 말하였다. "누추한데, 어떻게 하시렵니까?" 공자께서 말씀하셨다. "군자(君子)가 그곳에 산다면 무슨 누추함이 있겠는가?"

번안 어느 날, 공자가 동방의 야만 국가에서 살 것이라고 말했다. 어떤 사람이 물었다. "어디로 가실 건가요? 아마 그곳 사람들은 교양이 없다고 느끼실 것입니다."
공자가 대답했다. "명석하면서도 착한 사람이 사는 곳이라면, 그곳이 어디라도 교양이 없을 수 없다."

9-14

子曰: "吾自衛反魯, 然後樂正, 雅·頌各得其所."

직역 공자께서 말씀하셨다. "위(衛)나라로부터 노(魯)나라로 돌아온 뒤로 음악이 바르게 되어, 아(雅)와 송(頌)이 각기 제자리를 찾게 되었다."

번안 공자가 말했다. "내가 여행도중 마지막으로 나의 고국으로 돌아왔을 때, 나는 국가의 음악 개혁을 완성하고, 여러 민요와 시가, 찬양시를 포함한 문학의 고전 문헌 가운데, 시가와 찬양시를 모두 책에 편집해 마땅한 위치에 넣었다.

9-15

子曰: "出則事公卿, 入則事父兄, 喪事不敢不勉, 不爲酒困, 何有於我哉!"

직역 공자께서 말씀하셨다. "나가서는 공경(公卿)을 섬기고, 들어와서는 부형(父兄)을 섬기며, 상사(喪事)를 감히 힘쓰지 않음이 없고, 술에게 괴로움을 당하지 않는 것, 이 가운데 어느 것이 내게 있겠는가!"

번안 공자가 말했다. "공무원의 삶에서는 자신이 섬기는 귀족과 군주를 위해 책임을 다하며, 개인의 삶에서는 가정의 구성원을 위해 책임을 다해야 한다. 죽은 자를 위해 장례를 치를 때는 힘을 아끼지 말고, 해야 할 일을 빠뜨리지 말아야 한다. 술을 마실 때는 유혹을 이기지 못하여 주량을 넘지 않도록 해야 한다. 이러한 일들 가운데 어떤 것을 내가 이미 해냈다고 말할 수 있겠는가?"

9-16

子在川上曰: "逝者如斯夫! 不舍晝夜."

직역 공자께서 시냇가에 계시면서 말씀하셨다. "가는 것이 이 물과 같구나! 밤낮을 그치지 않는다."

번안 공자가 일찍이 강가에 서서 이렇게 말했다. "대자연에서 모든 사물은 이와 같이 흘러가며 사라지는구나! 밤낮을 그치지 않는구나."

9-17(15-12와 중복)

子曰: "吾未見好德如好色者也."

직역 공자께서 말씀하셨다. "나는 덕(德)을 좋아하기를 색(色)을 좋아하듯이 하는 사람을 보지 못하였다."

번안 공자가 일찍이 이렇게 말했다. "나는 여인의 미모를 사랑하듯이 도덕적 품격을 좋아하는 사람을 현실에서 한 사람도 보지 못했다."

9-18

子曰: "譬如爲山, 未成一簣, 止, 吾止也. 譬如平地, 雖覆一簣, 進, 吾往也."

직역 공자께서 말씀하셨다. "비유하면 산을 만드는 데 마지막 흙 한 삼태기를 이루지 못해 중지하는 것도 내가 중지하는 것과 같다. 비유하면 평지에 흙 한 삼태기를 덮는 일이라 하더라도 나아감은 내가 나아가는 것과 같다."

번안 공자가 말했다. "어떤 사람이 흙으로 하나의 산을 쌓고자 하는데, 한 삼태기 흙만을 갖다 놓고 갑자기 멈췄다. 이때 멈추느냐의 여부는 완전히 자신에게 달려 있다. 또 어떤 사람이 길을 평평하게 닦으려고 하는데, 한 삼태기 흙만을 갖다 놓았다. 이를 펴고 계속하느냐의 여부는 완전히 자신에게 달려 있다."

9-19

子曰: "語之而不惰者, 其回也與!"

직역 공자께서 말씀하셨다. "말해주었을 때 게을리하지 않는 자는 그 안회(顔回)일 것이다!"

번안 공자가 가장 아끼는 제자 안회에 대해 논평하여 말했다. "그는 나와 대화를 나눌 때, 유일하게 싫증내지 않고 게으르지 않은 사람이다."

9-20

子謂顔淵曰: "惜乎! 吾見其進也, 未見其止也."

직역 공자께서 안연(顔淵)을 두고 평하셨다. "애석하구나! 나는 그가 나아가는 것을 보았고 중지하는 것을 보지 못하였다."

번안 공자가 위에서 언급한 제자를 논평하여 말했다. "그의 죽음이 아쉽구나! 나는 그의 성장과정을 지켜보면서, 그가 나아감을 멈추는 것은 보지 못했다."

9-21

子曰: "苗而不秀者有矣夫! 秀而不實者有矣夫!"

직역 공자께서 말씀하셨다. "싹이 났으나 꽃을 피우지 못하는 경우도 있다! 꽃은 피었으나 열매를 맺지 못하는 경우도 있다."

번안 공자가 제자들의 사업을 논평하여 말했다. "일부는 단지 싹이 텄을 뿐 아직 꽃을 피우지 못했고, 일부는 단지 꽃을 피웠을 뿐 아직 결실을 맺지 못했다."

9-22

子曰: "後生可畏, 焉知來者之不如今也? 四十五十而無聞焉, 斯亦不足畏也已."

직역 공자께서 말씀하셨다. "나중에 태어난 사람이 두려울 만하니, 오는 자들이 나의 지금보다 못할 줄을 어찌 알겠는가? 40~50세가 되어도 알려짐이 없으면, 이 또한 크게 두려울 것이 없다."

번안 공자가 말했다. "젊은 사람들은 마땅히 존중받아야 한다. 그들이 장래에 지금의 우리보다 나을지 어찌 알겠는가? 그러나 나이가 40세 또는 50세를 넘었는데도, 여전히 어떠한 일로도 자신의 이름을 드날리지 못했다면, 그는 존중받을 가치가 없는 사람이다."

9-23

子曰: "法語之言, 能無從乎? 改之爲貴. 巽與之言, 能無說乎? 繹之爲貴. 說而不繹, 從而不改, 吾末如之何也已矣."

직역 공자께서 말씀하셨다. "법으로 해주는 말에 따르지 않을 수 있겠는가?" 잘못을 고치는 것이 중요하다. 완곡하게 해주는 말에 기뻐하지 않을 수 있겠는가? 그 실마리를 찾는 것이 중요하다. 기뻐하기만 하고 실마리를 찾지 않으며, 따르기만 하고 잘못을 고치지 않는다면, 내가 어떻게 할 수 없다."

번안 공자가 말했다. "당신이 누군가에게 엄격한 법규에 맞게 말해

주면, 그는 당신의 뜻을 따를 것이다. 그러나 여기서 핵심은 당신의 말에서 그는 힌트를 얻어 자신의 행실을 바꾸는 작업이다. 당신이 누군가에게 우언(寓言)으로 이야기를 들려주면, 그는 당신의 이야기를 듣고 기뻐할 것이다. 그러나 여기서 핵심은 이야기를 통해 그가 응용하는 일이다. 지금 어떤 사람이 나의 말에 공감하였지만, 그 말에서 그는 힌트를 얻어 행실을 바꾸지는 못하였다. 또는 내가 들려준 이야기가 그를 기쁘게 하였지만, 그 이야기를 통해 그가 응용하지는 못했다. 나는 이러한 사람에 대해 어찌할 방법이 없다."

9-24

子曰: "主忠信, 毋友不如己者, 過則勿憚改."

직역 공자께서 말씀하셨다. "충(忠)·신(信)을 주장하며, 자기보다 못한 사람을 벗 삼으려 하지 말고, 잘못이 있으면 고치기를 꺼려하지 말아야 한다."

번안 공자가 말했다. "양심과 성심을 제1의 원칙으로 삼으라. 당신과 같지 않은 벗과 어울리지 말라. 당신에게 나쁜 습관이 있으면 주저하지 말고 고쳐라."

9-25

子曰: "三軍可奪帥也, 匹夫不可奪志也."

직역 공자께서 말씀하셨다. "삼군(三軍)의 장수(將帥)는 빼앗을 수 있지만, 필부(匹夫)의 뜻은 빼앗을 수 없다."

번안 공자가 말했다. "군사의 대오(隊伍) 가운데서 가장 공략하기 어려운 부분인 장군의 목숨은 빼앗을 수 있다. 하지만 일반인으로서 살아가는 한 사람의 자유의지는 빼앗지 못하는 것이다."

9-26

子曰: "衣敝縕袍, 與衣狐貉者立而不恥者, 其由也與! '不忮不求, 何用不臧!' 子路終身誦之. 子曰: "是道也, 何足以臧!"

직역 공자께서 말씀하셨다. "해진 솜옷을 입고, 여우나 담비가죽으로 만든 갖옷을 입은 자와 같이 서 있으면서도 부끄러워하지 않는 사람은 유(由)일 것이다! '남을 해치지 않으며, 남의 것을 탐하지 않는다면 어찌 착하지 않겠는가!'" 자로(子路)가 이 시를 종신(終身)토록 외우려 하였다. 공자께서 말씀하셨다. "이 도(道)가 어찌 충분히 착하다 하겠는가!"

번안 공자가 굳세고 용감한 제자 자로를 논평하여 말했다. "촌스럽고 해진 의복을 입고서 값비싼 가죽 털옷을 입는 사람과 더불어 서 있으면서도 부끄러워 않는 사람, 그 사람은 바로 자로이다! '질투하지 않고, 탐욕부리지 않고, 그는 참으로 착한 사람이다.'"
이후, 굳세고 용감한 제자 자로가 이 두 마디 시구를 끊임없이 외우자 공자가 말했다. "그렇게만 해서 진정으로 착한 사람이 되는 것은 아니다."

9-27

子曰: "歲寒, 然後知松柏之後彫也."

직역 공자께서 말씀하셨다. "날씨가 추워진 뒤에야 소나무와 잣나무가 뒤늦게 시듦을 알 수 있다."

번안 공자가 말했다. "겨울의 추위가 찾아 왔을 때에야 소나무와 잣나무가 맨 마지막으로 초록색 빛을 잃는 것임을 알 수 있다."

9-28

子曰: "知者不惑, 仁者不憂, 勇者不懼."

직역 공자께서 말씀하셨다. "지혜로운 자는 의혹하지 않고, 어진 자는 근심하지 않고, 용맹한 자는 두려워하지 않는다."

번안 공자가 말했다. "지혜로운 사람은 미혹되지 않고, 덕이 있는 사람은 근심하지 않으며, 용감한 사람은 두려워하지 않는다."

9-29

子曰: "可與共學, 未可與適道; 可與適道, 未可與立; 可與立, 未可與權."

직역 공자께서 말씀하셨다. "더불어 배울 수는 있어도 함께 도(道)에 나아갈 수는 없으며, 더불어 도(道)에 나아갈 수는 있어도 함께 설 수는 없으며, 더불어 설 수는 있어도 함께 권도(權道)를 행할 수는 없다."

번안 공자가 말했다. "일부 사람들은 당신과 더불어 사실적 지식을 공유할 수 있다. 그러나 그들은 당신과 함께 그 원리를 아는 정도에 이르지는 못한다. 일부 사람들은 당신과 더불어 특정 원리를 아는 정도에 이를 수 있다. 그러나 그들은 당신과 함께 그 보편원리를 아는 정도에 이르지는 못한다. 일부 사람들은 당신과 더불어 보편원리를 알 수 있다. 그러나 그들은 특수한 상황에서 이러한 보편원리를 활용하지는 못한다."

9-30

唐棣之華, 偏其反而. 豈不爾思, 室是遠而. 子曰: "未之思也, 夫何遠之有!"

직역 당체(唐棣)의 꽃이여! 바람에 펄럭이는구나. 어찌 그대를 생각하지 않겠는가마는 집이 멀기 때문이다. 공자께서 말씀하셨다. "생각하지 않을지언정 어찌 멀겠는가!"

번안 공자가 이 몇 구의 시를 읊었다.
꽃은 이같이 하늘하늘 춤을 추며,
무성하게 활짝 핀 도금양(桃金娘: myrtles)이 이와 같이 빛나네.
내 어찌 너를 그리워하지 않아서겠는가마는,
당신의 집이 멀어서일세.
공자가 말했다. "이는 사람들이 생각하지 않은 것이지 어찌 멀어서이겠는가?"

◗ 제10편 향당(鄕黨)

10-1

孔子於鄕黨, 恂恂如也, 似不能言者. 其在宗廟·朝廷, 便便言, 唯謹爾.

직역 공자께서 향당(鄕黨)에 계실 때는 공손하고 성실하여 말을 잘하지 못하는 것처럼 하였다. 공자께서 종묘(宗廟)와 조정(朝廷)에 계실 때는 분명하게 말하되, 다만 삼갔다.

번안 공자는 집에 계실 때는 어색해하고 부끄러워하여 말하는 것을 좋아하지 않는 사람 같았다. 그러나 밖에서 조정에서 회의할 때나 공적인 일을 할 때는 말하는 것을 좋아하였고 매우 신중하였다.

10-2

朝, 與下大夫言, 侃侃如也; 與上大夫言, 誾誾如也. 君在, 踧踖如也, 與與如也.

직역 조정(朝廷)에서 하대부(下大夫)와 말할 때는 강직하게 하며, 상대부(上大夫)와 말할 때는 화락한 태도로 하셨다. 임금이 계실 때는 공경하는 태도로 엄숙하게 위의를 차리셨다.

번안 조정에서 하급 관리와 이야기를 나눌 때는 솔직하고 성실하였으며, 상급 관리와 이야기를 나눌 때에는 침착하였다. 군주 앞에서는 경건하고 두려워하는 것 같았으나 차분하였다.

10-3

君召使擯, 色勃如也, 足躩如也. 揖所與立, 左右手. 衣前後, 襜如也. 趨進, 翼如也. 賓退, 必復命曰: "賓不顧矣."

직역 임금이 불러 국빈(國賓)을 접대하게 하면 낯빛을 바꾸며 발걸음을 조심하였다. 함께 서 있는 동료에게 읍(揖)하되 손을 좌우(左右)로 하였다. 옷은 앞뒤자락이 가지런하였다. 빨리 나가실 때는 새가 날개를 편 듯이 하였다. 손님이 물러가면, 반드시 복명(復命)하였다. "손님이 돌아보지 않고 잘 갔습니다."

번안 군주께서 빈객(賓客)을 전송하라고 하면, 그는 곧 침착하게 군주에게 인사를 올리고 명령을 받았다. 그런 이후 좌우에 앉아 있는 관리들에게 인사를 올리고, 그가 입고 있는 예복의 옷매무새를 정리하고는 재빨리 걸어 나갔는데, 고귀하면서도 태연하여 전혀 서투르지 않았다. 빈객들이 떠나간 이후, 그는 원래 자리로 돌아와서 "빈객들이 이미 떠나 가셨습니다."라고 간략하게 알렸다.

10-4

入公門, 鞠躬如也, 如不容. 立不中門, 行不履閾. 過位, 色勃如也, 足躩如也, 其言似不足者. 攝齊升堂, 鞠躬如也, 屛氣似不息者. 出, 降一等, 逞顔色, 怡怡如也. 沒階趨進, 翼如也. 復其位, 踧踖如也.

직역 궁궐 문에 들어갈 때는 몸을 굽혀 용납하지 못하는 듯이 하였다. 서 있을 때는 문 가운데 서지 않고, 다닐 때는 문의 한계를 밟지 않았다. 자리를 지날 때는 낯빛을 바꾸고, 발걸음을 조심하며, 말씀을 부족한 듯이 하였다. 옷자락을 잡고 당(堂)에 오를 때 몸을 굽히며, 숨을 죽이어 숨을 쉬지 않는 것처럼 하였다. 나와서 한 층계를 내려서서는 낯빛을 펴서 화평하게 하고, 층계를 다 내려와서는 빨리 걷되 새가 나래를 편 듯이 하며, 자기 자리에 돌아와서는 신중하고 공손하였다.

번안 궁전에 들어올 때는 문 앞에서 마치 문이 낮아 들어가지 못할 것처럼 몸을 낮추었다. 궁전 안에서는 문을 정면으로 마주하고 서지 않았고, 문을 들어설 때는 문지방을 밟지 않았다. 대청에 들어왔을 때는 침착하게 낮은 목소리로 말을 하였다. 그런 다음, 예복 주름 부분을 들고 군주의 좌석이 있는 계단을 향해 올라갔는데, 몸을 낮추고 숨을 죽이고, 감히 숨을 쉬지 못하는 것처럼 하였다.
군주를 뵌 이후에는, 군주가 앉아계신 좌석의 계단 하나를 내려오면, 바로 가벼운 표정을 지으며 평소의 모습으로 돌아갔다. 마지막 몇 개의 계단을 다 내려오면, 태연하면서도 고귀하게 재빨리 걸어 관리들 가운데 자신의 자리에 돌아와서 경건하고 침착하게 행동하며, 전혀 두려워하는 모습은 없었다.

10-5

執圭, 鞠躬如也, 如不勝. 上如揖, 下如授. 勃如戰色, 足蹜蹜, 如有循. 享禮有容色. 私覿, 愉愉如也.

직역 명규(命圭)를 잡을 때는 몸을 굽혀 이기지 못하는 듯이 하였고, 위로는 서로 읍(揖)할 때의 위치와 같게 하고 아래로는 물건을 줄 때의 위치와 같게 하며, 낯빛을 바꾸어 두려워하는 빛을 띠며, 발걸음을 좁고 낮게 떼었다. 잔치를 하는 자리에서는 온화한 낯빛을 하였다. 사사로이 만나볼 때는 화평하게 하였다.

번안 손에 군주의 권력 지팡이인 명규(命圭)를 잡았을 때는, 몸을 굽혀 매우 무거운 것처럼 하여 이마 위를 넘지 않았고 가슴 아래로 내려가지 않을 정도로 들었으며, 표정은 온통 경건함과 침착함으로 천천히 리듬 있게 걸었다. 외국에 파견되어 외국 궁전의 공개 접견이 있는 회견 장소에서는 매우 고귀하고 장엄한 모습을 드러냈다. 그러나 외국 궁전의 사적으로 만나는 장소에서의 거동은 친절하면서도 사람들의 이목을 끌었다.

10-6

君子不以紺緅飾. 紅紫, 不以爲褻服. 當暑 袗絺綌, 必表而出之. 緇衣羔裘, 素衣麑裘, 黃衣狐裘. 褻裘長, 短右袂. 必有寢衣, 長一身有半. 狐貉之厚以居. 去喪, 無所不佩. 非帷裳, 必殺之. 羔裘·玄冠, 不以弔. 吉月, 必朝服而朝.

직역 군자(君子)는 감색과 붉은 빛으로 옷의 선을 두르지 않았다. 다홍색과 자주색으로 평상복을 만들어 입지 않았다. 더위를 당해서는 가는 갈포와 굵은 갈포로 만든 홑옷을 반드시 겉에다 입었다. 검은 옷에는 염소 가죽으로 만든 갖옷을 입고, 흰옷에는 사슴 가죽으로 만든 갖옷을 입으며, 누른 옷에는 여우 가죽으로 만든 갖옷을 입었다. 평상시에 입는 갖옷은 옷을 길게 하되, 오른쪽 소매를 짧게 하였다. 반드시 잠옷이 있었으니, 길이가 한 길하고 반이 있었다. 여우와 담비의 두터운 가죽옷으로 거처하였다. 상을 마친 뒤에는 패물을 차지 않는 것이 없었다. 유상(帷裳)이 아니면, 반드시 줄여서 꿰매었다. 염소 가죽으로 만든 갖옷과 검은 관(冠)으로 조문(弔問)하지 않았다. 초하룻날에는 반드시 조복(朝服)을 입고 조회하였다.

번안 공자는 다음과 같이 세세한 부분에서, 신사는 옷매무새에 유의해야 한다고 여겼다.

신사는 그의 의복 어디에서라도 짙은 붉은 색, 또는 붉은 색이 보이도록 해서는 안 된다.

내의라고 할지라도 어느 부분에나 붉은 색 또는 붉은 색조를 띠는 색깔을 피해야 한다. 여름에 얇은 비단이나 천으로 지은 옷 한 겹을 입을 때도 피부에 밀착되는 내의를 입어야 한다. 겨울에는 새끼 양가죽으로 만든 겉옷에는 검정 내의, 어린 사슴 가죽으로 만든 겉옷에는 옅은 색의 내의, 여우 가죽으로 만든 겉옷에는 노란 색 내의를 받쳐 입어야 한다. 가죽 털로 만든 내의는 좀 길어야 하고, 오른 팔 소매는 좀 짧아야 한다.

잠옷을 자주 갈아입어야 하고, 잠옷은 키의 반만큼 길어야 한다. 겨울에 집에 있을 때는 여우가죽이나 담비가죽으로 만든 옷을 입어야 한다. 장례를 치를 일이 없으면 의복의 띠에 어떠한 장식을 달아도 괜찮다.

국가의 중대한 일이 있는 장소에서는 내의를 앞치마 입듯이 한다. 18세기 초의 프리메이슨(Freemason)을 생각하면 이해하기 쉽다. 프리메이슨은 영국에서 시작된 세계시민주의·인도주의적 우애를 목적으로 하는 단체이다. 계몽주의 사조에 호응하여 세계시민주의 의식과 함께 자유주의·개인주의·합리주의적 입장을 취했다. 종교적으로는 관용을 중시하며, 그리스도교 조직은 아니지만 도덕성과 박애정신 및 준법을 강조하는 등 종교적 요소를 포함한다. 내의를 앞치마 입듯이 하지 않으면 의복의 윗부분을 분명하게 잘라야 한다.

조문을 할 때는 어린 양가죽으로 만든 옷을 입지 않으며 짙은 푸른색의 모자를 쓰지 않는다. 매 달의 첫 날 조정에 갈 때는 언제나 예복을 차려입는다.

10-7

齊必有明衣, 布. 齊必變食, 居必遷坐.

직역 재계할 때는 반드시 명의(明衣)가 있었는데, 베로 만들었다. 재계할 때는 반드시 음식을 바꾸며, 거처할 때는 반드시 자리를 옮겼다.

번안 재계하고 기도하는 날에는 간소한 천으로 만든 밝고 깨끗한 옷을 입었다. 이런 날에는 평소에 드시던 음식도 바꾸고 평소에 거주하던 방에 거주하지 않고 나왔다.

10-8

食不厭精, 膾不厭細. 食饐而餲, 魚餒而肉敗, 不食. 色惡, 不食. 臭惡, 不食. 失飪, 不食. 不時, 不食. 割不正, 不食. 不得其醬, 不食. 肉雖多, 不使勝食氣. 唯酒無量, 不及亂. 沽酒市脯, 不食. 不撤薑食. 不多食. 祭於公, 不宿肉. 祭肉不出三日; 出三日, 不食之矣. 食不語, 寢不言. 雖疏食菜羹瓜祭, 必齊如也.

직역 밥은 쌀을 깨끗이 벗겨낸 것을 싫어하지 않으며, 회(膾)는 가늘게 썬 것을 싫어하지 않았다. 밥이 상하여 쉰 것과 생선이 상하고 고기가 부패한 것을 먹지 않았다. 빛깔이 나쁜 것을 먹지 않았다. 냄새가 나쁜 것을 먹지 않았다. 요리가 잘못된 것을 먹지 않았다. 때가 아닌 것을 먹지 않았다. 자른 것이 바르지 않으면 먹지 않았다. 간장을 얻지 못하면 먹지 않았다. 고기가 비록 많으나 밥 기운을 이기게 하지 않았다. 술은 일정한 양이 없었지만 어지러운 지경에 이르지 않게 하였다.

시장에서 산 술과 포를 먹지 않았다. 생강을 먹는 것을 거두지 않았다. 많이 잡수지 않았다. 나라에서 제사지내고 받은 고기는 밤을 재우지 않았다. 집에서 제사지낸 고기는 3일을 넘기지 않았는데, 3일이 지나면 먹지 못하기 때문이다. 음식을 먹으면서 말하지 않고, 잠을 자면서 말하지 않았다. 비록 거친 밥과 나물국이라도 반드시 먹기 전에 신에게 바치되, 경건하게 하였다.

번안 다음은 공자가 음식을 먹을 때 유의하던 자세한 내용이다. 음식 습관은 다음과 같다.

쌀은 깨끗하게 씻으셨고, 고기요리는 고기를 작은 조각으로 잘게 썰었다. 쌀이 습하고 높은 온도에서 변하여 신 냄새가 나거나 썩으면 먹지 않았다. 생선이나 고기가 변하면 마찬가지로 먹지 않았다. 어떠한 음식이든지 색이 변하거나 냄새가 변하면 먹지 않았다. 어떠한 것도 요리할 때 문제가 있거나 제철 음식이 아니면 마찬가지로 먹지 않았다.

고기를 적절한 크기로 자르지 않으면 먹지 않았고, 고기는 접시에 담지 않거나 적당한 간을 하지 않으면 먹지 않았다. 식탁에 많은 양의 고기가 차려져 있어도 밥의 양과 적절하게 비례를 맞춰 먹고, 고기의 양을 초과하여 먹지 않았다. 술을 마실 때는 자신의 주량을 미리 정하지는 않았으나 많이 마신적은 없었다. 바깥에 노출시켜 파는 술과 고기는 먹지 않았다. 항상 식탁에 생강을 갖춰놓았으나 많이 먹지는 않았다.

국가에서 치르는 제사가 끝나면 자신이 받아오신 고기는 밤을 넘겨 보관하지 않았다. 집에서 제사할 때 사용한 고기는 3일을 넘겨 보관

했으면 먹지 못하게 하였다. 식탁에서 식사할 때는 말을 하지 않았다. 침대에 누워서도 말을 하지 않았다. 식탁에는 가장 소박한 밥상이 차려졌지만 식사하기 전에 항상 기도를 하였다.

10-9

席不正, 不坐.

직역 자리가 바르지 않으면 앉지 않았다.

번안 평소에 방석이 반듯하게 제자리에 놓이지 않으면 앉지 않았다.

10-10

鄕人飮酒, 杖者出, 斯出矣. 鄕人儺, 朝服而立於阼階.

직역 지방 사람들이 함께 술을 마실 때 지팡이를 짚은 분이 나가면 따라 나갔다. 지방 사람들이 굿을 할 때는 조복(朝服)을 입고 동쪽 섬돌에 서 있었다.

번안 고향에서 열리는 잔치에 윗사람이 자리를 뜨면, 항상 따라서 자리를 떴다. 고향에서 열리는 청소하는 축제에 마을 사람들의 대오가 집 앞을 지날 때면 항상 예복을 차려 입고 방의 좌측 계단에 서 있었다.

10-11

問人於他邦, 再拜而送之. 康子饋藥, 拜而受之曰: "丘未達, 不敢嘗."

직역 사람을 다른 나라에 보내 안부를 물을 때는, 두 번 절하고 보냈다. 계강자(季康子)가 약을 보내오자 공자께서 절하고 받으면서 말씀하셨다. "나는 이 약의 성분을 알지 못하기 때문에 감히 맛보지 못합니다."

번안 다른 사람에게 부탁하여 타국의 벗에게 문안을 전할 때, 문안을 전할 사람이 떠날 때면 두 번 인사를 올리고 문 밖까지 전송하였다. 어느 날, 공자 고국의 권력가인 귀족이 그에게 약을 선물로 보내오자 공손하게 받았다. 그러나 심부름을 온 사람에게 말했다. "이 약품이 어떠한 성능이 있는지를 알지 못하므로 감히 쓰지 않을 것이라고 주인님께 알리시오."

10-12

廄焚. 子退朝曰: "傷人乎?" 不問馬.

직역 마구간에 불이 났다. 공자께서 퇴근하여 말씀하셨다. "사람이 상했느냐?" 말에 대해서는 묻지 않았다.

번안 어느 날, 공자가 궁전에 조회하러 갔다가 집에 돌아온 이후, 정부의 마구간에 불이 났다고 들었다. 그는 제일 먼저 "다친 사람이 있느냐?"라고 물었고, 말에 대해서는 묻지 않았다.

10-13

君賜食, 必正席先嘗之. 君賜腥, 必熟而薦之. 君賜生, 必畜之. 侍食於君, 君祭, 先飯. 疾, 君視之, 東首, 加朝服, 拖紳. 君命召, 不俟駕行矣 入太廟, 每事問.

직역 임금이 음식을 주면 반드시 자리를 바루고 먼저 맛보았다. 임금이 날고기를 주면 반드시 익혀서 조상께 올렸다. 임금이 살아있는 것을 주면 반드시 길렀다. 임금을 모시고 밥을 먹을 때 임금이 음식을 신에게 바치면, 먼저 맛보았다. 병이 있을 때에 임금이 문병 오면, 머리를 동쪽으로 두고, 조복(朝服)을 몸에 걸치고 띠를 그 위에 걸쳐놓았다. 임금이 명하여 부르면 수레에 멍에하기를 기다리지 않고, 도보로 걸어갔다. 태묘(太廟)에 들어가서는 모든 일을 물었다.

번안 군주가 그에게 익은 고기 한 접시를 선물로 보내오면 항상 식탁에 올려놓고 다른 사람이 먹기 전에 자신이 먼저 맛보았다. 군주가 그에게 생고기를 선물로 보내오면 익힌 이후 먼저 제사상을 차리고 조상에게 올렸다. 군주가 그에게 살아 있는 동물을 선물로 보내오면 그 동물을 길렀다. 영광스럽게 군주와 함께 식사할 때는 군주의 기도가 끝나면, 먼저 음식을 맛보았다.

공자가 병으로 아플 때 군주가 병문안을 오면, 머리를 동쪽에 두고 누워서 조복으로 자신의 몸을 덮고 띠를 몸 위에 가로로 올려놓았다. 군주의 부름을 받으면, 곧바로 걸어서 갔고 수레를 기다리지 않았다.

큰 사당[재위하고 계신 군주의 조상 사당]의 제사 의식에 참석하면, 항상 의식의 모든 절차를 마땅히 어떻게 해야 하는지 물었다.

10-14

朋友死, 無所歸, 曰: "於我殯." 朋友之饋, 雖車馬, 非祭肉, 不拜.

직역 붕우(朋友)가 죽어서 돌아갈 곳이 없으면, "우리 집에 빈소를 차리라"고 하셨다. 붕우의 선물은 수레와 말일지라도 제사지낸 고기가 아니면 절하지 않았다.

번안 벗이 죽었는데 장례 치를 사람이 없으면, 항상 말했다. "내가 그를 위해 장례를 치를 것이다."
벗들이 그에게 선물을 주면, 수레나 말을 받아도 절을 하지 않았다. 유일하게 받고 절을 하는 선물은 제사에서 사용한 고기였다.

10-15

寢不尸, 居不容. 見齊衰者, 雖狎, 必變. 見冕者與瞽者, 雖褻, 必以貌. 凶服者, 式之. 式負版者. 有盛饌, 必變色而作. 迅雷, 風烈, 必變.

직역 잠잘 때는 죽은 사람처럼 하지 않았고, 집에 거처할 때는 모양을 내지 않았다. 상복(喪服) 입은 사람을 보면 비록 절친한 사이라도 반드시 낯빛을 바꾸었다. 면류관을 쓴 자와 맹인을 보면 사석(私席)일지라도 반드시 예모(禮貌)로 대하였다. 상복 입은 사람을 만나면 공경하였다. 지도(地圖)와 호적(戶籍)을 짊어진 사람에게 공경하였다. 성찬(盛饌)을 받으면 반드시 낯빛을 바꾸고 일어났다. 빠른 우뢰와 맹렬한 바람이 일면 반드시 낯빛을 바꾸었다.

번안 침대에서 시체처럼 반듯하게 누워 계신 적이 없었다. 평소 집에서는 예절에 구애되지 않았다.

짙은 색의 상복을 입은 사람을 만나면, 그 사람이 친한 사이라도 항상 엄숙하고 정중하게 대했다. 예복을 입은 관리나 장님을 만나면, 그가 예복을 입지 않고 평복을 입었더라도 예의를 갖추고 신중하게 대했다.

말을 몰고 가다가 장례의 대오를 만나면, 항상 머리를 수레 밖으로 내밀고 허리를 굽혀 인사를 하였다. 사람이 죽은 숫자를 적은 판을 운송하는 대오를 만나도 위와 같이 하였다.

잔치에서 성대한 예식을 치르며 음식이 식탁에 오르면, 정중한 안색으로 일어나 주인에게 감사의 인사를 드렸다.

갑자기 번개치고 우레 소리가 들리거나 폭풍우가 생기면 낯빛을 엄숙하고 정중하게 바꾸었다.

10-16

升車, 必正立執綏. 車中不內顧, 不疾言, 不親指.

직역 수레에 오를 때는 반드시 바르게 서서 끈을 잡았다. 수레 안에서 돌아보지 않으며, 말을 빨리 하지 않으며, 손가락으로 가리키지 않았다.

번안 수레에 오를 때는 적당한 위치에 서서 줄을 잡았다. 수레에 앉으면 앞쪽을 똑바로 주시하고 뒤를 돌아보지 않았다. 말을 빨리 하지 않았으며, 손가락으로 여기저기를 가리키지 않았다.

10-17

色斯擧矣, 翔而後集. 曰: "山梁雌雉, 時哉! 時哉!" 子路共之, 三嗅而作.

직역 새는 사람의 나쁜 표정을 보면 날아서 빙빙 돌며 관찰한 다음에 내려앉는다. 말씀하셨다. "산 교량의 암꿩이여, 때에 맞는구나! 때에 맞는구나!" 자로가 그 꿩을 잡아 바치니, 세 번 냄새를 맡고 일어났다.

번안 공자께서 머리를 돌려 보시면, 새는 곧 날아 올라 빙빙 돌다가 내려앉았다. 어떤 사람이 말했다. "아, 산 꿩이여! 아, 산 꿩이여! 너는 때를 아는 구나! 너는 때를 아는 구나!" 굳세고 용감한 제자 자로가 이것을 세 번 넘게 외운 이후, 갑자기 이 말의 뜻을 깨닫고 감탄하며 일어나 떠나갔다.

제11편 선진(先進)

11-1

子曰: "先進於禮樂, 野人也 ; 後進於禮樂, 君子也. 如用之, 則吾從先進."

직역 공자께서 말씀하셨다. "선배들이 예악(禮樂)에 대해 한 것을 야인(野人)이라 하고, 후배들이 예악에 대해 하는 것을 군자(君子)라고 한다. 만일 예악을 쓴다면 나는 선배를 따르겠다."

번안 공자가 말했다. "선인들은 예술이나 교양과 관련되는 일에 대해서는 소박하고 원시적이었지만, 지금 사람들은 이러한 일에 관해서는 우아하고 세련되었다. 그러나 나의 습관은 선인들에 가깝다."

11-2

子曰: "從我於陳·蔡者, 皆不及門也. 德行: 顏淵·閔子騫·冉伯牛·仲弓. 言語: 宰我·子貢. 政事: 冉有·季路. 文學: 子游·子夏."

직역 공자께서 말씀하셨다. "나를 진(陳)나라와 채(蔡)나라에서 따르던 자들이 모두 문하(門下)에 있지 않다. 덕행(德行)에는 안연(顏淵)·민자건(閔子騫)·염백우(冉伯牛)·중궁(仲弓)이었다. 언어(言語)에는 재아(宰

我)·자공(子貢)이었다. 정사(政事)에는 염유(冉有)·계로(季路)였다. 문학(文學)에는 자유(子游)·자하(子夏)였다."

번안 만년에 공자가 말했다. "내가 옛날에 해외에서 유랑하고 있을 때 나를 따라 고난을 함께하던 사람들은 지금은 나의 문 앞에 오는 이가 없다. 신앙이 있고 품성이 뛰어난 제자는 안회와 민자건과 염백우와 중궁이다. 언어에 뛰어난 제자는 재아와 자공이다. 행정능력이 뛰어난 제자는 염유와 자로다. 문학 연구에 뛰어난 제자는 자유와 자하다."

11-3

子曰: "回也非助我者也, 於吾言無所不說."

직역 공자께서 말씀하셨다. "안회(顏回)는 나를 돕는 사람이 아니다. 나의 말에 대해 기뻐하지 않는 바가 없다."

번안 공자가 가장 아끼는 제자 안회에 대해 논평하여 말했다. "안회는 나에게 도움을 준 적이 없다. 내가 안회와 함께 이야기를 할 때마다 그는 조금이라는 만족해하지 않음이 없었다."

11-4

子曰: "孝哉閔子騫! 人不間於其父母昆弟之言."

직역 공자께서 말씀하셨다. "효성스럽다. 민자건(閔子騫)이여! 사람들이 그 부모·형제의 말에 트집을 잡지 못한다."

번안 공자가 다른 제자에 대해 논평하여 말했다. "그는 분명히 훌륭한 아들이다. 사람들이 그의 행실에서 부모님이 한 말씀과 같지 않은 부분을 조금이라도 발견하지 못했다."

11-5

南容三復「白圭」, 孔子以其兄之子妻之.

직역 남용(南容)이 「백규(白圭)」란 내용의 시(詩)를 세 번 반복해 외우니, 공자께서 형님의 딸을 그에게 시집보내셨다.

번안 공자의 제자가 다음과 같은 시구를 반복적으로 외우기를 좋아했다. "돌에 있는 반점은 갈아서 없앨 수 있고, 잘못 말한 내용은 영원히 남아서 전해지도다." 이런 자세로 살아가려는 모습을 보고, 공자가 조카딸을 그에게 시집보냈다.

11-6

季康子問: "弟子孰爲好學?" 孔子對曰: "有顔回者好學, 不幸短命死矣. 今也則亡."

직역 계강자(季康子)가 물었다. "제자(弟子) 가운데 누가 배우기를 좋아합니까?" 공자께서 대답하셨다. "안회(顔回)라는 사람이 배우기를 좋아했는데 불행히도 명(命)이 짧아 죽었다. 지금은 없다."

번안 공자의 고국에서 권세가이자 귀족이었던 고위관료가 제자 가운데 누가 가장 교양이 있는지를 물었다.
공자가 대답했다. "안회(顏回)라는 제자가 가장 교양이 있습니다. 그러나 불행히도 젊은 나이에 죽었습니다. 지금은 그와 같은 제자는 없습니다."
앞의 제6편[6-2]에도 유사한 내용이 나온다. "공자의 고국에서 집권하고 있던 정치지도자[애공]가 공자의 제자 가운데 누가 진정으로 교양이 있는 지를 물었다.
공자가 대답했다. "가장 교양이 있는 사람은 안회입니다. 그는 다른 사람이 그의 분노로 인하여 고통을 받게 한 적이 한 번도 없습니다. 한 번 잘못한 일을 두 번 다시 하지 않습니다. 그러나 불행하게도 한창 젊은 나이에 죽었습니다. 지금은 진정으로 교양이 있는 사람은 아무도 없습니다."

11-7

顏淵死, 顏路請子之車以爲之槨. 子曰: "才不才, 亦各言其子也. 鯉也死, 有棺而無槨. 吾不徒行以爲之槨. 以吾從大夫之後, 不可徒行也."

직역 안연(顏淵)이 죽자 안로(顏路)가 공자의 수레를 팔아 곽(槨)을 만들 것을 청하였다. 공자께서 말씀하셨다. "재주가 있건 재주가 없건, 또한 각각 자기의 아들이라 말할 것이다. 리(鯉)가 죽었을 때에 관(棺)만 있었고 곽(槨)은 없었다. 나는 걸어 다니면서까지 곽(槨)을 만들어 주지는 못한다. 내가 대부(大夫)의 뒤를 따르기 때문에 걸어 다닐 수 없어서이다."

번안 공자가 가장 아끼는 제자 안회가 죽은 후, 그의 아버지가 공자를 찾아와 요청했다. 안회를 묻을 수 있도록 공자가 타고 다니던 수레를 팔아 관에 덧씌울 재료를 사고 싶다고 했다.
공자가 대답했다. "재능이 있든지 재능이 없든지 저의 아들은 저에게는 타인의 아들과는 같지 않습니다. 저의 아들이 죽었을 때, 덧씌울 재료를 쓰지 않은 누추하고 소략한 관을 사용하여 묻었습니다. 지금 저는 걸어 다니면서 당신의 아들을 위해 관에 덧씌울 재료를 살 수 없습니다. 저는 아직 국회(國會)에서 맡은 일이 있기에 외출할 때 걸어 다니면 안 되기 때문입니다."

11-8

顔淵死, 子曰: "噫! 天喪予! 天喪予!"

직역 안연(顔淵)이 죽자, 공자께서 말씀하셨다. "아! 하늘이 나를 망하게 하였구나! 하늘이 나를 망하게 하였구나!"

번안 공자는 그가 가장 아끼는 제자 안회가 죽었다는 소식을 들었을 때, 너무나 비통하여 소리를 질렀다. "아! 아! 하나님께서 나를 버리셨도다! 하나님께서 나를 버리셨도다!"

11-9

顔淵死, 子哭之慟. 從者曰: "子慟矣." 曰: "有慟乎? 非夫人之爲慟而誰爲?"

직역 안연(顔淵)이 죽자, 공자께서 통곡하며 애통해 하셨다. 따라간 제자가 말하였다. "선생님께서 지나치게 애통해 하십니다." 공자께서 말씀하셨다. "지나치게 애통했느냐? 저 사람을 위해 애통해 하지 않고 누구를 위해 애통해 하겠는가?"

번안 공자가 가장 아끼는 제자 안회가 죽었을 때, 공자는 비통한 마음을 금할 수 없었다. 주변의 사람들이 말했다. "선생님께서는 지나치게 슬퍼하십니다."
공자가 대답했다. "그랬는가? 내가 그를 위해 슬퍼하지 않는다면, 누구를 위해 슬퍼하겠는가?"

11-10

顔淵死, 門人欲厚葬之. 子曰: "不可." 門人厚葬之. 子曰: "回也視予猶父也, 予不得視猶子也. 非我也, 夫二三子也."

직역 안연(顔淵)이 죽자, 문인(門人)들이 후하게 장사를 지내려고 하였다. 공자께서 말씀하셨다. "옳지 않다." 문인들이 후하게 장사를 지냈다. 공자께서 말씀하셨다. "안회는 나 보기를 아버지처럼 여겼는데, 나는 자식처럼 보지 못했다. 나의 잘못이 아니라 저희들이 한 짓이다."

번안 공자가 가장 아끼는 제자 안회가 죽었을 때, 공자의 다른 제자들이 그를 위해 크게 장례를 치르고자 하였다. 그러자 공자가 말했다. "나를 위해서 그렇게 하지 말아다오."
제자들은 여전히 그를 위해 크게 장례를 치렀다.
그래서 공자는 제자들에게 말했다. "안회는 나를 아버지처럼 대했다. 그러나 나는 그를 아들처럼 대하지 못했다. 이는 나의 잘못이 아니다. 아! 선생들, 이것은 그대들의 잘못이다."

11-11

季路問事鬼神. 子曰: "未能事人, 焉能事鬼?" "敢問死." 曰: "未知生, 焉知死?"

직역 계로(季路)가 귀신을 섬기는 일에 대해 물었다. 공자께서 말씀하셨다. "사람을 잘 섬기지 못한다면 어떻게 귀신을 섬기겠는가?" "감히 죽음에 대해 묻겠습니다." 공자께서 말씀하셨다. "삶을 모르는데 어떻게 죽음을 알겠는가?"

번안 공자의 굳세고 용감한 제자 자로가 죽은 자의 영혼을 어떻게 대해야 하는지 물었다.
공자가 대답했다. "우리는 아직 살아 있는 사람을 위해 책임을 다하지 못하고 있다. 그런데 어찌하여 죽은 자를 위한 책임을 묻는 것이냐?"
그 제자는 이어서 죽음에 대해 물었다. 공자가 대답했다. "우리는 아직 삶에 대해서도 제대로 알지 못한다. 그런데 어찌하여 죽음에 대해 묻는 것이냐?"

11-12

閔子侍側, 誾誾如也; 子路, 行行如也; 冉有·子貢, 侃侃如也; 子樂. "若由也, 不得其死然."

직역 민자건(閔子騫)은 옆에서 모시는데 온화하였고, 자로(子路)는 굳세었고, 염유(冉有)와 자공(子貢)은 강직하게 하자, 공자께서 즐거워하셨다. "유(由: 子路)로 말하면, 온당한 죽음을 얻지 못할 듯하구나."

번안 어느 날, 공자의 일부 제자들이 공자를 모시고 있었다. 그 가운데 한 사람은 차분하고 침착하였다. 굳세고 용감한 자로가 꼿꼿이 서 있는데 그 기세가 호방하였다. 다른 두 사람은 솔직하고 친절해 보였다. 공자는 그들을 바라보면서 매우 기뻐했다.
그러나 공자는 말했다. "유[자로]야, 나는 네가 너무 용감하여 불의를 참지 못하고 열심히 일하다가 제명에 죽지 못할까 걱정된다."

11-13

魯人爲長府. 閔子騫曰: "仍舊貫, 如之何? 何必改作!" 子曰: "夫人不言, 言必有中."

직역 노(魯)나라 사람이 장부(長府)라는 창고를 지었다. 민자건(閔子騫)이 말하였다. "옛 것을 그대로 쓰면 어떻겠는가? 무엇 때문에 고쳐 지어야 하는가!" 공자께서 말씀하셨다. "저 사람은 말을 하지 않는데,

말을 하면 반드시 맞음이 있다."

번안 공자의 고국에서 사람들이 정부에서 국사(國事)를 논의하기 위해 사용할 큰 건물을 새로 짓자고 제안하였다.

공자의 제자가 말했다. "어찌하여 낡은 건물을 지금의 상황에 알맞게 수리하지 않는가? 어찌하여 새로운 건물을 지으려고 하는가?"

공자가 그 제자를 언급하여 말했다. "말수는 적으나 입만 열면 핵심을 맞히는 구나."

11-14

子曰: "由之瑟, 奚爲於丘之門?" 門人不敬子路. 子曰: "由也升堂矣. 未入於室也."

직역 공자께서 말씀하셨다. "유(由)의 비파가락을 어찌 내 문(門)에서 연주하는가?" 문인(門人)들이 자로(子路)를 공경하지 않았다. 공자께서 말씀하셨다. "유(由)는 당(堂)에는 올랐다. 아직 실(室)에 들어오지 못한 것이다."

번안 어느 날, 공자가 굳세고 용감한 제자 자로를 질책하여 말했다. "거문고를 연주하는 저 사람이 나의 방에 들어오지 못하게 하라."

이후, 다른 제자들이 자로를 업신여기기 시작하였다.

그러자 공자가 말했다. "저 사람을 교육하고 함양한 결과, 이미 문안에 들어왔으나 아직 방에는 들어오지 못한 것이다." 상당한 실력을 갖추기는 했으나 아직 온전하지는 않은 상황이다.

11-15

子貢問: "師與商也孰賢?" 子曰: "師也過, 商也不及." 曰: "然則師愈與?" 子曰: "過猶不及."

직역 자공(子貢)이 물었다. "사(師: 子張)와 상(商: 子夏)은 누가 낫습니까?" 공자께서 말씀하셨다. "사(師)는 지나치고, 상(商)은 미치지 못한다." 말하였다. "그렇다면 사(師)가 낫습니까?" 공자께서 말씀하셨다. "지나침은 미치지 못함과 같다."

번안 공자의 제자가 다른 두 제자 가운데 누가 더 우수한 사람인지를 물었다.
공자가 대답했다. "한 사람은 요구를 지나쳐 초월했고, 다른 한 사람은 아직 요구에 미치지 못했다." 그 제자가 말했다. "그렇다면, 앞 사람이 뒤 사람보다 우수한 것이네요."
공자가 대답했다. "아니다. 요구를 초월한 것과 요구에 미치지 못한 것은 마찬가지로 일을 그르치는 사안이다."

11-16

季氏富於周公, 而求也爲之聚斂而附益之. 子曰: "非吾徒也. 小子鳴鼓而攻之可也."

직역 계씨(季氏)가 주공(周公)보다 부유하였는데도 구(求: 冉有)가 그를 위해 세금을 거두어 재산을 더 늘려주었다. 공자께서 말씀하셨다. "우리 무리가 아니니, 소자(小子)들아! 북을 울려 죄를 성토함이 옳다."

공자의 고국에서 권세가이자 귀족가문의 주인이 재물을 많이 모아 부유해졌다. 귀족을 위해 일하는 공자의 제자가 세금을 거둘 때, 사회적 지위를 이용하여 국민에게 엄격하게 했고, 이로써 그의 주인을 위해 많은 재물을 불려줬다.
공자는 권문세가를 위해 일하던 그 제자에 대해 큰 소리로 말했다. "그는 내 제안을 거절했으므로 나의 제자가 아니다. 엄중하게 나아가라고 선포한다. 나의 제자들아! 가서 그를 꾸짖어라!"

11-17

柴也愚. 參也魯. 師也辟. 由也喭.

직역 시(柴)는 어리석다. 삼(參)은 소박하다. 사(師)는 한 쪽만 잘한다. 유(由)는 거칠다.

번안 공자는 네 명의 제자들을 논평하여 말했다. "한 사람[柴: 子羔]은 아둔하고, 다른 한 사람[參: 曾參]은 무디고, 또 다른 한 사람[師: 子張]은 얼굴값 못할 정도로 헛되이 외모를 가졌으며, 마지막 한 사람[由: 子路]은 거칠고 속되다.
자고(子羔)는 머리가 총명하지 못하여 아둔하며, 증삼(曾參)은 성품은 성실하나 반응이 느리며, 자장(子張)은 잘 생겼으나 헛되이 그 외모를 가졌을 뿐 내실이 없으며, 자로(子路)는 용감하나 성격이 거칠고 고귀한 취향이 없어 촌스럽다.

11-18

子曰: "回也其庶乎! 屢空. 賜不受命, 而貨殖焉, 億則屢中."

직역 공자께서 말씀하셨다. "안회(顔回)는 가까웠구나! 자주 끼니를 굶었다. 사(賜: 子貢)는 천명(天命)을 받아들이지 않고 재화를 늘렸는데, 추측하면 자주 맞았다."

번안 공자는 그가 가장 아끼는 제자 안회와 다른 제자를 논평하여 말했다. "안회는 인격적으로 거의 완벽하다. 그러나 가난에 시달려 어려움을 겪었다. 다른 제자 자공은 신앙조차 없지만, 그의 재산은 끊임없이 늘어났다. 그런데 안회와 달리 자공은 일을 판단할 때 항상 정확했다."

11-19

子張問善人之道. 子曰: "不踐迹, 亦不入於室."

직역 자장(子張)이 선인(善人)의 도(道)를 물었다. 공자께서 말씀하셨다. "성인(聖人)의 자취를 밟지 않더라도, 또한 방에는 들어가지 못한다."

번안 공자의 제자가 어떻게 해야 성실하고 정직한 사람이라고 할 수 있는지에 대해 물었다.
공자가 대답했다. "성실한 사람은 거짓으로 위장한 선으로 설교를 하지 않으며, 밀교(密敎)를 믿지도 않는다." 즉, 모든 신앙의 은밀함과 관계되는 일이다.

11-20

子曰: "論篤是與, 君子者乎? 色莊者乎?"

직역 공자께서 말씀하셨다. "논의를 잘하는 사람을 추켜세운다면 군자(君子)다운 자인가? 얼굴만 엄숙하게 꾸미는 자인가?"

번안 공자가 이어서 말했다. "지금 사람들은 그들의 신앙을 진심으로 믿는 것 같다. 그들은 참으로 명석하면서도 착한 사람들인가? 아니면 겉보기로만 진지하고 엄숙한 존재들인가? 나는 그것이 알고 싶다."

11-21

子路問: "聞斯行諸?" 子曰: "有父兄在, 如之何其聞斯行之." 冉有問: "聞斯行諸?" 子曰: "聞斯行之." 公西華曰: "由也問聞斯行諸, 子曰"有父兄在"; 求也問聞斯行諸, 子曰"聞斯行之." 赤也惑, 敢問." 子曰: "求也退, 故進之; 由也兼人, 故退之."

직역 자로(子路)가 물었다. "들으면 실행해야 합니까?" 공자께서 말씀하셨다. "부형(父兄)이 계시니, 어찌하여 듣는다고 실행할 수 있겠는가?" 염유(冉有)가 물었다. "들으면 실행해야 합니까?" 공자께서 말씀하셨다. "들으면 실행해야 한다." 공서화(公西華)가 말하였다. "유(由: 子路)가 '들으면 실행해야 합니까?'라고 묻자, 선생님은 '부형(父兄)이 계시다'라고 하셨고, 구(求: 冉有)가 '들으면 실행해야 합니까?'라고 묻자, 선생님은 '들으면 실행해야 한다'라고 대답하셨는데, 저는 좀 의심스러워 감히 묻습니다." 공자께서 말씀하셨다. "구(求)는 물러남으로 나아가게 한 것이고, 유(由)는 일반인보다 나음으로 물러가게 한 것이다."

번안 공자의 굳세고 용감한 제자, 자로가 획득한 앎의 원리를 바로 실천할 수 있는지에 대해 물었다.
공자가 대답했다. "그렇게 하면 안 된다. 너는 집에 있는 부모님이나 윗사람들과 논의해야 한다. 네가 어찌 멋대로, 대담하게, 획득한 앎의 원리를 바로 실천해도 되는 것이겠느냐."
어느 날, 다른 제자[冉有]가 같은 질문을 하였다. 공자가 대답했다. "그렇게 하면 된다. 바로 실천하라."
이후, 또 다른 제자가 어찌하여 스승님께서 같은 질문에 완전히 다른 대답을 하는지에 대해 조심스레 물었다.
공자가 대답했다. "왜냐하면, 그 가운데 한 사람은 지나치게 겁이 많다. 그래서 내가 그렇게 대답하여 격려하였다. 그러나 다른 한 사람은 지나치게 급하다. 그래서 나는 그렇게 대답하여 그가 거두어들이도록 하였다."

11-22

子畏於匡, 顔淵後. 子曰: "吾以女爲死矣." 曰: "子在, 回何敢死!"

직역 공자께서 광(匡)땅에서 경계하는 마음을 품고 있을 때 안연(顔淵)이 뒤처져 있었다. 공자께서 말씀하셨다. "나는 네가 죽은 줄로 생각했다." 말하였다. "선생님께서 계신데 제가 어찌 감히 죽겠습니까!"

번안 어느 날, 공자와 그의 제자들이 여행 도중에 어떤 지역에서 폭도들의 위협을 당했다. 공자가 가장 아끼는 제자 안회가 뒤처져 공자와 헤어졌다.
이후, 그 제자와 다시 만났을 때, 공자가 말했다. "나는 네가 살해되었을까봐 마음 졸이며 걱정했다." 그 제자가 대답했다. "저는 아직 살아 있습니다. 제가 어찌 감히 스스로를 죽게 할 수 있겠습니까?"

11-23

季子然問: "仲由 · 冉求可謂大臣與?" 子曰: "吾以子爲異之問, 曾由與求之問! 所謂大臣者, 以道事君, 不可則止. 今由與求也, 可謂具臣矣." 曰: "然則從之者與?" 子曰: "弑父與君, 亦不從也."

직역 계자연(季子然)이 물었다. "중유(仲由)·염구(冉求)는 대신(大臣)이라 이를 만합니까?" 공자께서 말씀하셨다. "나는 그대가 특이한 질문을 하리라고 생각했는데, 마침내 유(由)와 구(求)에 대한 질문이로구나! 이른바 대신(大臣)이란 도(道)로써 임금을 섬기다가 불가능하면 그만둔다. 지금 유(由)와 구(求)는 구신(具臣)이라 할 만하다." 말하였다. "그렇다면 따르기만 하는 자들입니까?" 공자께서 말씀하셨다. "아버지와 임금을 시해하는 일은 또한 따르지 않을 것이다."

번안 공자의 고국에서 권세를 누리던 어떤 귀족이 그의 가문에서 일하고 있는 공자의 두 제자가 정치가라고 할 수 있는지에 대해 물었다.
공자가 대답했다. "아, 당신은 특별히 묻고 싶은 것이 있겠지요? 이 두 사람에 대해 제 생각을 듣고 싶으신 건가요? 그것이 당신이 알고 싫은 전부 인가요? 저는 그들을 정치가라고 합니다. 그들은 책임감을 철저히 갖고 주인을 위해 복무하지요. 그러나 그들이 주인을 위해 자신의 책임감을 일관시킬 수 없을 경우, 사직서를 제출합니다. 당신이 말한 그 두 사람, 그들은 행정 관료가 될 수는 있으나 정치가는 아닙니다."
그 귀족이 계속하여 물었다. "그러나 그 두 사람은 그들에게 요구하는 어떠한 일이라도 할까요?" 공자가 대답했다. "부모를 죽인다든지, 군주를 죽이는 임무를 준다면, 그들은 그 임무를 집행하지 않겠지요."

11-24

子路使子羔爲費宰. 子曰: "賊夫人之子." 子路曰: "有民人焉, 有社稷焉. 何必讀書, 然後爲學?" 子曰: "是故惡夫佞者."

직역 자로(子路)가 자고(子羔)에게 비읍(費邑)의 읍재(邑宰)를 삼았다. 공자께서 말씀하셨다. "남의 아들을 해치는구나!" 자로가 말하였다. "백성이 있고 사직(社稷)이 있습니다. 어찌 반드시 글을 읽은 다음에야 학문을 하는 것이겠습니까?" 공자께서 말씀하셨다. "이러므로 말재주 있는 자를 미워하는 것이다."

번안 어느 날 굳세고 용감한 제자 자로가 아주 젊은 사람을 중요한 도시의 주요 행정관으로 임명하였다. 공자가 그에게 말했다. "너는 지금 훌륭한 사람의 아들 인생을 망치고 있다."
그 제자가 대답했다. "어째서 그렇게 생각하십니까? 그는 많은 사람들을 다스려야 합니다. 그는 국가의 이익에 관련된 문제를 해결해야 합니다. 어찌하여 사람이 반드시 책을 읽어야 스스로 배우는 것이라고 합니까?"
공자가 대답했다. "그래서 내가 언제나 논쟁할 준비를 하는 사람을 싫어하는 것이다."

11-25

子路·曾皙·冉有·公西華侍坐. 子曰: "以吾一日長乎爾, 毋吾以也. 居則曰: '不吾知也.' 如或知爾, 則何以哉?" 子路率爾而對曰: "千乘之國, 攝乎大國之間, 加之以師旅, 因之以饑饉; 由也爲之, 比及三年, 可使有勇, 且知方也." 夫子哂之. "求! 爾何如?" 對曰: "方六七十, 如五六十, 求也爲之, 比及三年, 可使足民. 如其禮樂, 以俟君子." "赤! 爾何如?" 對曰: "非曰能之, 願學焉. 宗廟之事, 如會同, 端章甫, 願爲小相焉." "點! 爾何如?" 鼓瑟希, 鏗爾, 舍瑟而作, 對曰: "異乎三子者之撰." 子曰: "何傷乎! 亦各言其志也." 曰: "莫春者, 春服旣成. 冠者五六人, 童子六七人, 浴乎沂, 風乎舞雩, 詠而歸." 夫子喟然嘆曰: "吾與點也!" 三子者出, 曾皙後. 曾皙曰: "夫三子者之言何如?" 子曰: "亦各言其志也已矣." 曰: "夫子何哂由也?" 曰: "爲國以禮. 其言不讓, 是故哂之." "唯求則非邦也與?" "安見方六七十如五六十而非邦也者?" "唯赤則非邦也與?" "宗廟會同, 非諸侯而何? 赤也爲之小, 孰能爲之大?"

직역 자로(子路)·증석(曾皙)·염유(冉有)·공서화(公西華)가 공자를 모시고 앉아 있었다. 공자께서 말씀하셨다. "내 나이가 너희들보다 조금 많다고 하여 나 때문에 어렵게 여기지 말라. 너희들이 평소에 말하기를 '나를 알아주지 못한다'라고 하는데, 혹시라도 너희들을 알아준다면 어찌 하겠느냐?" 자로(子路)가 경솔히 대답하였다. "천승(千乘)의 제후국(諸侯國)이 대국(大國)의 사이에서 속박을 받아 전란(戰亂)이 심해지고 기근(饑饉)이 들어도, 제가 다스릴 경우, 3년에 이르면 백성을 용맹하게 할 수 있고, 또 의리를 드러내는 것을 알게 할 수 있습니다." 공자께서 빙그레 웃으셨다. "구(求)야! 너는 어떻게 하겠느냐?" 대답하였다. "방(方) 60~70리(里), 또는 50~60리쯤 되는 나라를 제가 다스릴 경우, 3년에 이르면 백성을 풍족하게 할 수 있습니다. 그 예악(禮樂)으로 말하면 군자(君子)를 기다리겠습니다." "적(赤)아! 너는 어떻게 하겠느냐?" 대답하였다. "제가 능숙하다는 말이 아니라 배우기를 원합니다. 종묘(宗廟)의 일과 또는 제후(諸侯)들이 회동(會同)할 때 현단복(玄端服)을 입고 장보관(章甫冠)을 쓰고 작은 집례자(執禮者)가 되기를 바랍니다." "점(點)아! 너는 어떻게 하겠느냐?" 그는 비파 타기를 드문드문 하더니, 쨍그렁 하고 비파를 놓으며 일어나 대답하였다. "세 사람이 갖고 있는 생각과는 다릅니다." 공자께서 말씀하셨다. "무엇이 나쁘겠는가! 또한 각기 자기의 뜻을 말하는 것이다." 말하였다. "늦봄에 봄옷이 이미 이루어졌습니다. 관(冠)을 쓴 어른 5~6명과 어린이 6~7명과 함께 기수(沂水)에서 목욕하고 무우(舞雩)에서 바람 쐬고 노래하면서 돌아오겠습니다." 공자께서 아! 하고 감탄하며 말씀하셨다. "나는 점(點)을 허여(許與)한다." 세 사람이 나가자, 증석(曾晳)이 남았다. 증석이 말하였다. "저 세 사람의 말이 어떻습니까?" 공자께서 말씀하셨다. "또한 각각 제 뜻을 말했을 뿐이다." 말하였다. "선생님께서는 어찌하여 유(由)를 비웃었습니까?" "나라를 다스리는 일은 예(禮)로써 해야 하는데, 그의 말이 겸손하지 않았으므로 웃은 것이다." "구(求)가 말한 것은 나라를 다스리는 일이 아닙니까?" "방(方)60~70리(里), 또는 50~60리가 되고서 나라가 아닌 것을 어디서 보겠느냐?" "적(赤)은 나라를 다스리는 일이 아닙니까?" "종묘(宗廟)의 일과 회동(會同)하는 일이 제후(諸侯)의 일이 아니고 무엇이겠느냐? 적(赤)의 재주로 소(小)가 된다면 누가 대(大)가 될 수 있겠는가?"

번안 어느 날 공자의 다섯 제자가 공자를 모시고 앉아 있었다.
공자가 말했다. "나는 너희들보다 나이가 조금 많을 뿐이니 개의치 말거라. 너희들 개인의 삶에서 모두 권세가들로부터 인정받지 못했다고 말하는데, 만약 그들에게 인정을 받았다면, 너희들은 무엇을 할 수 있는지 나에게 말해 보거라."
굳세고 용감한 자로가 곧바로 대답했다. "제가 실력이 가장 강한 일류(一流) 국가의 사무를 관리하게 되고, 이 나라는 두 개의 강대국에 의해 포위되어 전쟁의 위기에 놓여 있으며, 이 때문에 기근과 가난으로 백성들이 어려움을 겪고 있다고 가정할 경우, 제가 이 나라의 사무를 3년만 관리한다면 국민이 용감해지고 자신들의 책임이 무엇인지 이해하도록 만들 수 있습니다."
이 말을 듣고 공자는 웃을 뿐이었다.
공자는 다른 제자에게 물었다. "너는 무엇을 말할 것이냐?" 그 제자가 대답했다. "제가 만약 한 나라의 정치를 관리한다면, 예컨대, 3류(三流) 또는 4류(四流) 실력의 국가라면, 저는 3년 이후에 국민들이 부유한 삶을 살 수 있게 만들겠습니다. 더욱 높은 단계의 교육은 제 다음의 적임자인 명석하면서도 착한 사람에게 남겨두고자 합니다."

공자는 또 다른 제자에게 물었다. "너는 무엇을 말할 것이냐?" 그 제자가 대답했다. "저는 확신할 수 없습니다. 제가 맡아서 할 수 있을지 저는 확신할 수 없습니다. 저는 단지 시험 삼아 해볼 뿐입니다. 예를 들어, 궁전에서 잔치가 있을 때 손님을 접견하는 일이나 일반적인 모임에서 알맞은 예복을 입고 저는 부주지관(副主持官)의 역할은 할 수 있을 것 같습니다."

공자가 네 번째 제자에게 마지막으로 물었다. "너는 무엇을 말할 것이냐?" 그 제자는 방금까지 연주하고 있던 거문고를 내려놓고 일어서서 대답했다. "제 생각은 세 사람의 전혀 다릅니다." 공자가 대답했다. "그게 무슨 문제가 되겠느냐? 우리 모두 자기 생각을 말하는 것일 뿐이다." 그 제자가 대답했다. "지금이 봄날의 마지막 며칠이라고 한다면, 저희는 겨울옷을 벗고 따뜻하고 시원한 날씨에 가벼운 새 옷을 갈아입겠습니다. 그리고 5, 6명의 성년이 다 된 벗과 나이가 더 어린 6, 7명의 사람들과 함께 저 낭만적인 강에서 목욕을 한 이후, 또 무우제를 지내던 노천 제단이 있는 산 정상에 올라 바람을 쐬고, 마지막으로 산책하면서 집으로 돌아올 때 길에서 노래를 부를 것입니다."

공자가 감탄하여 말했다. "아! 나도 너의 생각에 찬성한다."

이후, 네 제자 가운데 세 제자가 나가자, 마지막에 말했던 제자가 남게 되었다. 그가 공자에게 말했다. "스승님께서는 저 세 사람이 한 말을 어떻게 생각하십니까?" 공자가 대답했다. "그들도 각자 자기의 생각을 말했을 뿐이다."

그 제자가 물었다. "그러나 첫 번째 사람의 발언에 대해 스승님께서는 어찌하여 웃으셨습니까?"

공자가 대답했다. "나라를 관리하려면 판단력이 필요하고, 겸허하고 침착한 태도를 가져야 한다. 그러나 첫 번째 발언한 사람은 겸허하거나 침착하지 못했다. 그래서 내가 그에게 웃음을 지은 것이다."

그 제자가 이어서 물었다. "그럼, 두 번째 사람이 한 말에 대해서는 어떻게 생각하십니까? 그는 한 국가의 사무와 무관한 말을 한 것입니까?" 공자가 대답했다. "네가 생각하기에 3류 또는 4류 실력의 국가는 국가라고 할 수 없는 것이냐?"

그 제자가 계속하여 물었다. "세 번째 사람이 한 말 또한 큰 국가의 사무를 말한 것이 아닙니까?" 공자가 대답했다. "궁전에서 공무원으로서 손님을 접견하고 일반 모임이라고 하였는데, 제후국의 군주가 사는 궁전에서 어찌 이러한 일거리를 찾을 수 있겠느냐? 세 번째 사람은 또 겸손하게 이러한 모임에서조차 부주지관(副主持官)의 역할을 맡는다고 하는구나. 그와 같은 사람이 단지 부주지관의 역할을 맡는다면 누가 주지관(主持官)이 되기에 적합하다는 말이냐?"

◗ 제12편 안연(顔淵)

12-1

顔淵問仁. 子曰: "克己復禮爲仁. 一日克己復禮, 天下歸仁焉. 爲仁由己, 而由人乎哉?" 顔淵曰: "請問其目." 子曰: "非禮勿視, 非禮勿聽, 非禮勿言, 非禮勿動." 顔淵曰: "回雖不敏, 請事斯語矣."

직역 안연(顔淵)이 인(仁)에 대해 물었다. 공자께서 말씀하셨다. "자기를 이기고 예(禮)에 돌아감이 인(仁)을 하는 것이다. 하루 동안이라도 자기를 이기고 예(禮)에 돌아가면 천하(天下)가 인(仁)에 돌아간다. 인(仁)을 하는 것은 자기에게 달렸지, 남에게 달려있겠는가?" 안연이 말하였다. "그 조목을 묻겠습니다." 공자께서 말씀하셨다. "예(禮)가 아니면 보지 말며, 예가 아니면 듣지 말며, 예가 아니면 말하지 말며, 예가 아니면 움직이지 말라." 안연이 말하였다. "제가 비록 재빠르지는 않지만, 청컨대 이 말씀에 따르겠습니다."

번안 공자가 가장 아끼는 제자 안회가 어떤 것이 도덕적 삶인지에 대해 물었다. 공자가 대답했다. "자아를 버리고 고상하고 우아한 삶과 훌륭한 인지능력을 가진 이상적인 삶을 사는 것이다."
공자가 이어서 말했다. "만약 인간이 단지 하루라도 도덕적인 삶을 산다면, 즉 자아를 버리고 고상하고 우아한 삶과 훌륭한 인지능력을 가진 이상적인 삶을 산다면, 세계가 도덕적으로 바뀔 것이다. 다시 말하면, 모든 사람이 하루라도 도덕적인 삶을 살고자 노력한다면 세계는 이상적인 사회가 될 것이다. 도덕적으로 바뀌려는 노력은 완전히 자신에게 달려 있는 것이지, 다른 사람에게 달려 있는 것이 아니다."

그 제자가 또 도덕적인 삶을 살려면 어떠한 규칙들을 실천해야 하는지를 물었다.

공자가 대답했다. "고상하고 우아한 삶과 훌륭한 인지능력을 가진 이상적인 삶에 위배되는 모든 일에 대해 보지 말며, 고상하고 우아한 삶과 훌륭한 인지능력을 가진 이상적인 삶에 위배되는 모든 일에 대해 듣지 말며, 고상하고 우아한 삶과 훌륭한 인지능력을 가진 이상적인 삶에 위배되는 모든 일에 대해 말하지 말며, 마지막으로 네가 어떤 일을 하든지 고상하고 우아한 삶과 훌륭한 인지능력을 가진 이상적인 삶에 위배되지 말도록 해야 한다."

그러자 그 제자가 말했다. "제가 비록 영리하지 못하여 세세하게 신경을 쓰지 못할 수도 있습니다만, 스승님께서 방금 하신 말씀을 저의 삶의 준칙으로 삼을 것입니다."

12-2

仲弓問仁. 子曰: "出門如見大賓, 使民如承大祭. 己所不欲, 勿施於人. 在邦無怨, 在家無怨." 仲弓曰: "雍雖不敏, 請事斯語矣."

직역 중궁(仲弓)이 인(仁)에 대해 물었다. 공자께서 말씀하셨다. "문을 나갔을 때는 큰 손님을 뵌 듯이 하며, 백성에게 일을 시킬 때는 큰 제사(祭祀)를 받들 듯이 한다. 자신이 하고 싶지 않는 일은 남에게 베풀지 말아야 한다. 이렇게 하면 나라에서도 원망함이 없으며, 집안에서도 원망함이 없을 것이다." 중궁이 말하였다. "제[雍]가 비록 재바르지는 않지만, 청컨대 이 말씀에 따르겠습니다."

번안 공자의 다른 제자가 다른 상황에서 어떤 것이 도덕적 삶인지에 대해 물었다.

공자가 대답했다. "사회생활을 시작한 이후에 사람을 만날 때는 항상 최고지도자를 만나듯이 하며, 국민을 다스릴 때는 하나님을 숭배하듯이 한다. 어떤 일이건 내가 하기 싫은 일을 다른 사람이 나에게 해주기를 바라지 말고, 그들에게 강요하지도 말아야 한다. 국가 공무원 생활에서나 가문의 사적인 삶에서 사람들이 불만을 가질 일을 만들지 말아야 한다."

그러자 그 제자가 말했다. "제가 비록 영리하지 못하여 세세하게 신경을 쓰지 못할 수도 있습니다만, 스승님께서 방금 하신 말씀을 저의 삶의 준칙으로 삼을 것입니다."

12-3

司馬牛問仁. 子曰: "仁者其言也訒." 曰: "其言也訒, 斯謂之仁已乎?" 子曰: "爲之難, 言之得無訒乎?"

직역 사마우(司馬牛)가 인(仁)에 대해 물었다. 공자께서 말씀하셨다. "인자(仁者)는 그 말을 참아서 하는 것이다." 말하였다. "그 말을 참아서 하면 이 인(仁)이라 이를 수 있습니까?" 공자께서 말씀하였다. "행하기가 어려우니, 말을 참아서 하지 않을 수 있겠는가?"

번안 공자의 또 다른 제자가 어떤 것이 도덕적인 성품인지에 대해 물었다. 공자가 대답했다. "도덕적인 사람은 말을 아낀다."
그 제자가 물었다. "단지 말을 아끼는 것이 곧 도덕적인 품성인가요?" 공자가 대답했다. "어찌하여 그렇게 묻는 것이냐? 도덕적인 삶을 사는 것이 어렵다는 사실을 아는 사람이라면, 그가 어찌 말을 아끼지 않을 수 있겠느냐?"

12-4

司馬牛問君子. 子曰: "君子不憂不懼." 曰: "不憂不懼, 斯謂之君子已乎?" 子曰: "內省不疚, 夫何憂何懼?"

직역 사마우(司馬牛)가 군자(君子)에 대해 물었다. 공자께서 말씀하셨다. "군자는 걱정하지 않으며 두려워하지 않는다." 말하였다. "근심하지 않으며 두려워하지 않으면, 이것이 군자라 이를 수 있습니까?" 공자께서 말씀하셨다. "안으로 반성하여 조그마한 하자도 없으니, 어찌 근심하며 어찌 두려워하겠는가?"

번안 위에서 물은 그 제자가 어떤 사람을 명석하면서도 착한 사람이라고 할 수 있는지에 대해 물었다.
공자가 대답했다. "명석하면서도 착한 사람은 근심하는 일도 없고 두려워하는 일도 없다." 그 제자가 물었다. "단지 근심하는 일이 없고 두려하는 일이 없이, 이렇게만 하면 명석하면서도 착한 사람이라고 할 수 있습니까?"
공자가 대답했다. "인간이 자신의 마음을 성찰하여 스스로 자책할 만 것이 없으면, 무엇을 근심하고 무엇을 두려워하겠느냐?"

12-5

司馬牛憂曰: "人皆有兄弟, 我獨亡!" 子夏曰: "商聞之矣: 死生有命, 富貴在天. 君子敬而無失, 與人恭而有禮, 四海之內皆兄弟也. 君子何患乎無兄弟也!"

직역 사마우(司馬牛)가 걱정하면서 말하였다. "사람들은 모두 형제(兄弟)가 있는데 나만이 홀로 없구나." 자하(子夏)가 말하였다. "나는 들었다. 죽음과 삶은 명(命)에 달려 있고, 부유함과 귀함은 하늘에 달려 있다. 군자가 공경하고 잃음이 없으며, 사람과 더불어 함에 공손하고 예(禮)가 있으면, 사해(四海)의 안이 모두 형제이다. 군자가 어찌 형제가 없음을 걱정하겠는가!"

번안 공자의 제자가 즐거워하지 않으면서 항상 탄식하여 말했다. "모든 사람들이 형제가 있는데 나만 형제가 없구나."
이 말을 듣고 다른 제자가 말했다. "이런 말을 들은 적이 있다. 삶과 죽음은 정해지고, 부유함과 명예는 하나님께서 주시는 것이다. 명석하면서도 착한 사람은 엄숙하고 장엄하여 질책을 받지 않는다. 그가 다른 사람을 대하는 언행에는 성의를 다하는 태도와 합리적인 판단력이 드러나는 것이다. 그렇다면 명석하면서도 착한 사람이 무슨 이유로 형제가 없다고 원망하겠는가?"

12-6

子張問明. 子曰: “浸潤之譖, 膚受之愬, 不行焉, 可謂明也已矣; 浸潤之譖, 膚受之愬, 不行焉, 可謂遠也已矣.”

직역 자장(子張)이 밝음[明]에 대해 물었다. 공자께서 말씀하셨다. “서서히 무젖어 드는 참소와 피부로 받는 하소연이 행해지지 않는다면 밝다고 이를 만하다. 서서히 무젖어 드는 참소와 피부로 받는 하소연이 행해지지 않는다면 멀다고 이를 만하다.”

번안 공자의 제자가 밝게 통달하는 일에 대해 물었다.
공자가 대답했다. “오랜 기간 동안 편견을 만들려는 의도를 가진 사람들의 공격을 이겨낼 수 있는 사람, 갑자기 닥치는 위기에 자신의 안전을 우려하여 우왕좌왕하지 않는 사람, 이런 사람을 밝게 통달한 사람이라 할 수 있다.
실제로 여러 가지 영향을 이겨낼 수 있는 사람, 즉 사람들의 마음을 사로잡는 이러한 사람은 반드시 훌륭한 사람일 것이다.”

12-7

子貢問政. 子曰: “足食, 足兵, 民信之矣.” 子貢曰: “必不得已而去, 於斯三者 何先?” 曰: “去兵.” 子貢曰: “必不得已而去, 於斯二者何先?” 曰: “去食, 自古皆有死, 民無信不立.”

직역 자공(子貢)이 정사(政事)에 대해 물었다. 공자께서 말씀하셨다. “양식을 풍족히 하고, 군대를 튼튼하게 만들면 백성이 믿을 것이다.”

자공(子貢)이 말하였다. "반드시 부득이해서 버린다면, 이 세 가지 가운데 무엇을 먼저 해야 합니까?" 공자께서 말씀하셨다. "군대를 버려야 한다." 자공이 말하였다. "반드시 부득이해서 버린다면, 이 두 가지 가운데 무엇을 먼저 해야 합니까?" 공자께서 말씀하셨다. "양식을 버려야 하니, 예로부터 누구나 죽음이 있는데, 백성은 신의가 없으면 설 수 없다."

번안 어느 날, 공자의 제자가 나라를 다스리는 데 가장 필수적인 사항이 무엇인지에 대해 물었다.
공자가 대답했다. "반드시 국민들에게 풍족한 음식을 줄 수 있어야 하고, 강력한 군사가 있어야 하며, 국민에게 통치자를 믿는 마음이 있어야 할 것이다."
그 제자가 이어서 물었다. "그러나 이 세 가지 가운데서 마지못해 한 가지를 버려야 한다면, 어느 것을 먼저 버려야 합니까?"
공자가 대답했다. "군사를 버릴 것이다."
그 제자가 계속하여 물었다. "남은 두 가지 가운데서 마지못해 한 가지를 버려야 한다면, 어느 것을 먼저 버려야 합니까?"
공자가 대답했다. "음식을 버릴 것이다. 왜냐하면, 옛날부터 사람은 죽게 마련이나 국민에게 통치자를 믿는 마음이 없다면 다스릴 수 없기 때문이다."

12-8

棘子成曰: “君子質而已矣, 何以文爲?” 子貢曰: “惜乎! 夫子之說, 君子也. 駟不及舌. 文猶質也, 質猶文也. 虎豹之鞟猶犬羊之鞟.”

직역 극자성(棘子成)이 말하였다. “군자(君子)는 질(質)뿐이니, 문(文)을 어디에 쓰겠는가?” 자공(子貢)이 말하였다. “애석하다! 선생[극자성]의 말씀이 군자다우나 사두마차도 혓바닥을 따라잡지는 못한다.” 문(文)이 질(質)과 같으며, 질(質)이 문(文)과 같은 것이니, 호표(虎豹)의 털 없는 가죽이 견양(犬羊)의 털 없는 가죽과 같다.”

번안 어느 날, 어떤 나라의 한 관리가 공자의 제자에게 물었다. “명석하면서도 착한 사람은 마음이 착하면 되지, 어찌하여 겉모습에 신경 써야 하는가? 근본이 질박하면 되지, 형식적인 것에 고민해야 하는가?”
공자의 제자가 말했다. “당신에게서 이런 말을 듣다니, 안타깝습니다. 당신의 말이 잘못된 것은 아니지만, 이런 방식으로 말하면 사람들이 당신의 뜻을 오해할 수 있습니다. 의심할 나위 없이 겉모습은 마음에서 나오는 것이고 마음 또한 겉모습에서 생겨나지요. 호랑이나 표범 가죽의 본질과 개나 양가죽의 본질이 같지 않는 것처럼, 이와 마찬가지 이치입니다.”

12-9

哀公問於有若曰: "年饑, 用不足, 如之何?" 有若對曰: "盍徹乎?" 曰: "二, 吾猶不足, 如之何其徹也?" 對曰: "百姓足, 君孰與不足? 百姓不足, 君孰與足?"

직역 애공(哀公)이 유약(有若)에게 물었다. "올해는 흉년 들어 재용(財用)이 부족하니, 어찌하겠는가?" 유약이 대답하였다. "어찌하여 철법(徹法)을 쓰지 않습니까?" 애공이 말하였다. "2/10도 내 오히려 부족한데, 어떻게 철법(徹法)을 쓰겠는가?" 유약이 대답하였다. "백성이 풍족하면 임금께서 누구와 더불어 부족할 것이며, 백성이 풍족하지 못하다면 임금께서 누구와 더불어 풍족하겠습니까?"

번안 어느 날, 공자의 고국에서 집권하고 있던 군주가 공자의 제자에게 물었다. "올해는 농사가 잘 되지 않았다. 올해의 재정수입으로 국가의 공적 지출을 감당하지 못할 것 같다. 어떻게 하면 좋겠는가?" 그 제자가 대답했다. "어찌하여 국민들에게 십일조의 법[1/10]을 쓰지 않으십니까?" 그 군주가 말했다. "2/3를 거두는데도 우리는 만족하지 못하고 있다. 우리가 어찌 십일조의 법을 쓰겠는가?" 이 말에 그 제자가 대답했다. "국민들이 풍족한 삶을 살면 군주께서는 부족한 삶을 살지 않을 것이나 국민들이 부족한 삶을 살면 군주 또한 풍족하게 살 수 없습니다."

12-10

子張問崇德·辨惑. 子曰: "主忠信·徙義, 崇德也. 愛之欲其生, 惡之欲其死; 旣欲其生, 又欲其死, 是惑也. '誠不以富, 亦祇以異.'"

직역 자장(子張)이 덕(德)을 높이며, 의혹을 분별하는 일에 대해 물었다. 공자께서 말씀하셨다. "충(忠)·신(信)을 주장하고, 의(義)에 옮김이 덕을 높이는 일이다. 사랑할 때는 그 살기를 바라고, 미워할 때는 그 죽기를 바라니, 이미 그 살기를 바라고 또 그 죽기를 바라는 일, 이것이 의혹이다. 진실로 부유하게 만들지도 못하고, 또한 다만 이상한 일만을 취할 뿐이다."

번안 공자의 제자가 삶에서 어떻게 도덕적 감정을 촉발시켜 의혹을 풀어낼 수 있는지에 대해 물었다.
공자가 대답했다. "양심(良心)에 따라 처신하고 성실함을 제1원칙으로 삼으라. 정의(正義)의 원칙에 따라 처신하라. 이렇게 하면, 너는 도덕적 감정을 촉발시킬 수 있을 것이다. 사람들은 살기를 바라지 죽기를 바라지는 않는다. 그러나 삶에 미련이 있으면서 오히려 생명을 단축하는 일들을 갈망한다. 이것이 삶에서 가장 풀기 어려운 난해한 의혹이다. '부유함과 금전은 참으로 너에게는 헛되고 무익한 것이다. 다른 사람에게 부족한 것을 가지려는 열정이 바로 너의 동기다.'"

12-11

齊景公問政於孔子. 孔子對曰: "君君, 臣臣, 父父, 子子." 公曰: "善哉! 信如君不君, 臣不臣, 父不父, 子不子, 雖有粟, 吾得而食諸?"

직역 제(齊)나라 경공(景公)이 공자에게 정사(政事)에 대해 물었다. 공자께서 대답하셨다. "임금은 임금답게, 신하는 신하답게, 부모는 부모답게, 자식은 자식답게 그 노릇을 하는 것입니다." 공(公)이 말하였다. "좋습니다! 진실로 임금이 임금답지 못하고, 신하가 신하답지 못하며, 부모가 부모답지 못하고, 자식이 자식답지 못하다면, 비록 곡식이 있다고 해도, 내가 그것을 먹을 수 있겠습니까?"

번안 어떤 나라의 집권 군주가 나라를 다스리는데 가장 필수적인 것이 무엇인지를 공자에게 물었다.
공자가 대답했다. "군주는 군주다워야 하고, 공무원은 공무원다워야 하며, 부모는 부모다워야 하고, 자식은 자식다워야 합니다."
그 군주가 말했다. "매우 지당한 말씀입니다. 군주가 군주답지 않고, 공무원이 공무원답지 않으며, 부모가 부모답지 않고, 자식이 자식답지 않다면, 이런 상태로 내가 국가의 재정수입을 소유한들 어찌 쓸 수 있겠는가?"

12-12

子曰: "片言可以折獄者, 其由也與!" 子路無宿諾."

직역 공자께서 말씀하셨다. "반 마디 말에 옥사(獄事)를 결단할 수 있는 사람은 아마 유(由)일 것이다!" 자로(子路)는 승낙함을 묵힘이 없었다.

번안 공자가 굳세고 용감한 제자 자로를 논평하여 말했다. "한 사람이 한마디 말로 논쟁을 해결할 수 있다면, 그것은 바로 유[자로]일 것이다."
이 말은 그 제자가 약속한 일을 신속히 처리하여, 하루를 넘긴 적이 없었다는 평가다.

12-13

子曰: "聽訟, 吾猶人也. 必也使無訟乎!"

직역 공자께서 말씀하셨다. "송사(訟事)를 결단함은 나도 다른 사람과 같다. 반드시 사람들에게 송사를 없게 하겠다!"

번안 어느 날, 공자가 수석 법관 관직에 있을 때, 다음과 같이 말했다. "내가 법정에 앉아 있을 때, 내가 판정해야 할 소송사건들을 받으면, 나도 다른 사람보다 잘하지는 못했다. 그러나 나는 줄곧 사람들이 소송할 일이 없도록 노력해 왔다."

12-14

子張問政. 子曰: "居之無倦, 行之以忠."

직역 자장(子張)이 정사(政事)에 대해 물었다. 공자께서 말씀하셨다. "자리에 있으면 게으름이 없도록 하고, 행하기를 충실하게 해야 한다."

번안 공자의 제자가 나라를 다스리는 정치에서 무엇이 가장 필수적인 일인지에 대해 물었다.
공자가 대답했다. "인내심 있게, 너의 계획을 신중하게 생각해 보라. 그런 이후, 양심에 따라 그 일을 시행하라."

12-15(6-25와 중복)

子曰: "博學於文, 約之以禮, 亦可以弗畔矣夫!"

직역 공자께서 말씀하셨다. "군자(君子)가 문(文)에 대해 널리 배우고 예(禮)로써 요약한다면, 또한 어긋나지 않을 것이다!"

번안 공자가 말했다. "널리 예술과 문학을 연구하고, 판단력과 식별 능력으로 자신의 연구를 추진하는 착한 사람은 잘못된 길에 들어서지 않을 것이다."

12-16

子曰: "君子成人之美, 不成人之惡. 小人反是."

직역 공자께서 말씀하셨다. "군자(君子)는 남의 아름다움을 이루어주고, 남의 악을 이루어주지 않는다. 소인(小人)은 이와 반대다."

번안 공자가 말했다. "명석하면서도 착한 사람은 사람들의 본성에서 훌륭한 성품을 발전시키도록 격려하고, 나쁜 습관을 발전시키지 않도록 한다. 그러나 악랄한 사람과 어리석은 사람은 오히려 이와 완전히 반대다."

12-17

季康子問政於孔子. 孔子對曰: "政者, 正也. 子帥以正, 孰敢不正!"

직역 계강자(季康子)가 공자에게 정사(政事)에 대해 물었다. 공자께서 대답하셨다. "정사란 바로잡는다 뜻이다. 그대가 바름으로써 앞장서면 누가 감히 바르지 않겠는가!"

번안 공자의 고국에서 권세가이자 귀족이던 고위관료가 공자에게 정치에 대해 물었다.
공자가 대답했다. "당신 자신이 질서를 지킨다면, 누가 감히 질서를 지키지 않겠습니까?"

12-18

季康子患盜, 問於孔子. 孔子對曰: "苟子之不欲, 雖賞之不竊."

직역 계강자(季康子)가 도둑을 걱정하여 공자에게 대책을 물었다. 공자께서 대답하셨다. "만일 그대가 탐욕을 부리지 않는다면, 상을 준다고 해도 도둑질하지 않을 것이다."

번안 앞에서 언급한 귀족[계강자]의 나라에 절도 사건이 자주 발생하여 골치 아파하고 있었다. 그는 공자에게 어떻게 하면 도적을 막을 수 있을지에 대해 물었다.
공자가 대답했다. "당신 자신이 재산과 부유함을 갈구하지 않는다는 것을 보여주십시오. 당신이 그들에게 도적질하라고 상을 준다고 해도 국민들은 도적질을 하지 않을 것입니다."

12-19

季康子問政於孔子曰: "如殺無道, 以就有道, 何如?" 孔子對曰: "子爲政, 焉用殺! 子欲善, 而民善矣. 君子之德風, 小人之德草; 草上之風必偃."

직역 계강자(季康子)가 공자에게 정사(政事)를 물으며 말하였다. "만일 무도(無道)한 자를 죽여서 도(道)가 있는 데로 나아가게 하면 어떻습니까?" 공자께서 대답하셨다. "그대가 정사를 함에 어찌 죽임을 쓰겠는가! 그대가 선(善)하고자 하면 백성들이 선해지는 것이다. 군자(君子)의 덕(德)은 바람이고, 소인(小人)의 덕(德)은 풀이다. 풀에 바람이 가

해지면 풀은 반드시 쓰러진다."

번안 위에서 언급한 귀족이 다시 또 정치에 대해 물었다. "착한 사람의 이익을 위하여 악한 사람을 죽이면 어떠합니까?"
공자가 대답했다. "나라를 다스리면서 어찌하여 반드시 사형(死刑)을 써야 한다고 생각하십니까? 당신이 정직함을 지향하면 국민들이 곧 정직해집니다. 통치자의 도덕적인 힘은 마치 바람과 같고, 국민들의 도덕은 마치 풀과 같아서, 바람이 어디를 향해 불면 풀은 반드시 그 방향으로 눕는 법입니다."

12-20

子張問: "士何如斯可謂之達矣?" 子曰: "何哉爾所謂達者?" 子張對曰: "在邦必聞, 在家必聞." 子曰: "是聞也, 非達也. 夫達也者, 質直而好義, 察言而觀色, 慮以下人. 在邦必達, 在家必達. 夫聞也者, 色取仁而行違, 居之不疑. 在邦必聞, 在家必聞."

직역 자장(子張)이 물었다. "선비가 어떠해야, 이렇게 달(達)이라 이를 수 있습니까?" 공자께서 말씀하셨다. "무엇인가? 네가 말하는 달(達)이란 것이" 자장(子張)이 대답하였다. "나라에 있어도 반드시 소문이 나며, 집안에 있어도 반드시 소문이 나는 것입니다." 공자께서 말씀하셨다. "이는 문(聞)이지 달(達)이 아니다. 달(達)이란 질박하며 정직하고 의(義)를 좋아하며, 말을 살피고 얼굴빛을 관찰하며, 생각해서 사람에게 낮추는 것이다. 나라에 있어도 반드시 달(達)이 되고, 집안에 있어도 반드시 달(達)이 된다. 문(聞)이란 얼굴빛은 인(仁)을 취하나 행실은 실제 위배되고, 그대로 머물면서 의심하지 않는 것이다. 나라에 있어도 반드시 소문이 나고, 집안에 있어도 반드시 소문이 난다."

번안 공자의 제자가 물었다. "걸출한 사람이 되려면 교양이 있는 군자는 반드시 어떻게 해야 합니까?"
공자가 물었다. "네가 말하는 걸출한 것이란 무엇을 말하느냐?"
그 제자가 대답했다. "개인적으로나 사회적으로 삶속에서 세상 사람들에게 널리 알려진 것을 말합니다."
공자가 대답했다. "세상 사람들에게 널리 알려진 경우, 그것은 유명한 것이지 걸출한 것이 아니다. 참으로 걸출한 사람은 정직한 삶을 유지하며, 아울러 정의로운 일을 좋아한다. 사람들이 어떻게 하는지를 잘 관찰하고, 그들이 무엇을 말하는지를 잘 듣고, 이와 같은 방법으로 사람들에게 정확하게 평가된 사람이다. 깊게 생각하면 자신을 평가할 때, 남을 평가하는 것보다 더욱 겸손하게 된다. 이러한 사람은 사회적으로나 개인적으로나 삶속에서 걸출한 것이다.
유명한 사람은 도덕적인 것처럼 보이지만, 실제 삶에서 이와 같지는 않다. 유명한 사람은 이와 같이 보이게 되는 것에 대해 의문과 고민이 없다. 이러한 사람은 사회적으로나 개인적으로나 삶속에서 당연히 많이 알려지고 이름이 들리게 되는 것이다."

12-21

樊遲從遊於舞雩之下曰: "敢問崇德·修慝·辨惑." 子曰: "善哉問! 先事後得, 非崇德與? 攻其惡, 無攻人之惡, 非修慝與? 一朝之忿, 忘其身以及其親, 非惑與?"

직역 번지(樊遲)가 공자를 따라서 무우(舞雩)의 아래에 놀면서 말했다. "감히 덕(德)을 높이며, 간특함을 닦으며, 의혹을 분별함에 대해 묻겠습니다." 공자께서 말씀하셨다. "좋다! 네 질문이여." 일을 먼저하고 얻음을 뒤에 함이 덕을 높이는 것이 아니겠는가? 악(惡)함을 다스리고 남의 악함을 다스리지 않음이 간특함을 닦는 것이 아니겠는가? 하루 아침의 분노로 자신을 잊어 화가 부모에게까지 미치게 함이 의혹함이 아니겠는가?"

번안 어느 날, 공자가 종교를 위해 세워진 노천 제단 근처에서 산책하고 있을 때, 제자와 같이 있었다. 그 제자는 이 기회에 인간의 도덕적 감정을 고양시키고, 정신의 가장 깊은 곳에 숨겨져 있는 단점을 발견하며, 삶에서 마주하게 되는 풀기 어려운 의혹들을 없애려면 어떻게 해야 하는지에 대해 물었다.

공자가 대답했다. "좋은 질문이다. 이것을 규칙으로 세워야겠다."

그리고 이어서 말했다. "어떠한 일이든지, 네가 아직 특별한 성과를 내기 이전에는, 있는 힘을 다해서 실천하라. 아마 이것이 도덕적 감정을 높이는 가장 좋은 방법일 것이다. 이런 방식으로 습관화하면 다른 사람의 약점과 단점을 지적하기 이전에, 먼저 자신의 약점과 단점을 지적하게 된다. 아마 이런 태도가 정신의 가장 깊은 곳에 숨겨져 있는 약점과 단점을 발견하는 좋은 방법일 것이다.
만약 어떤 사람이 아침에 화를 내면서 자신마저도 잊는다면, 그리고 이런 방식으로 살아갈 경우, 자신의 안전은 물론 부모님과 친구의 안전마저도 전혀 돌보지 않게 된다. 이것이 삶에서 마주하게 되는 풀기 어려운 의혹의 한 사례가 아니겠는가?"

12-22

樊遲問仁. 子曰: "愛人." 問知. 子曰: "知人." 樊遲未達. 子曰: "擧直錯諸枉, 能使枉者直." 樊遲退, 見子夏曰: "鄕也吾見於夫子而問"知", 子曰: "擧直錯諸枉, 能使枉者直."何謂也? 子夏曰: "富哉言乎! 舜有天下, 選於衆, 擧皐陶, 不仁者遠矣. 湯有天下, 選於衆, 擧伊尹, 不仁者遠矣."

직역 번지(樊遲)가 인(仁)에 대해 물었다. 공자께서 말씀하셨다. "사람을 사랑하는 일이다." 지(智)에 대해 물었다. 공자께서 말씀하셨다. "사람을 아는 일이다." 번지가 그 내용을 통달하지 못했다. 공자께서 말씀하셨다. "정직한 사람을 들어 쓰고 모든 부정한 사람을 버리면, 부정한 자를 곧게 할 수 있다." 번지가 물러가서 자하(子夏)를 만나보고 물었다. "지난번에 선생님을 뵙고 지(智)에 대해 물었더니, 선생님께서 '정직한 사람을 들어 쓰고 모든 부정한 사람을 버리면, 부정한 자를 곧게 할 수 있다.'라고 했는데, 무슨 말씀인가?" 자하가 말하였다. "풍부하다. 그 말씀이여! 순(舜)임금이 천하(天下)를 소유함에 여러 사람 가운데 선발해서 고요(皐陶)를 들어 쓰니, 불인(不仁)한 자들이 멀리 사라졌다. 탕(湯)임금이 천하(天下)를 소유함에 여러 사람 가운데 선발하여 이윤(伊尹)을 들어 쓰니, 불인(不仁)한 자들이 멀리 사라졌다."

번안 위에서 언급한 그 제자가 물었다. "도덕적인 삶은 어떤 것을 가리키는 겁니까?" 공자가 대답했다. "도덕적인 삶은 사람을 사랑하는 데 있다."

그 제자가 이어서 물었다. "총명함이란 무엇을 말하는 것입니까?" 공자가 대답했다. "총명함은 사람을 이해하는 데 있다."

그러나 그 제자는 이 말의 뜻을 이해하지 못한 듯했다. 그래서 공자가 계속 말했다. "정의를 주장하고 의롭지 못함을 억제한다. 이렇게 하면 의롭지 못함은 정의로움으로 바뀔 것이다."

그 제자가 스승을 뵙고 나서, 귀가하는 길에 다른 제자를 만나자, 말했다. "방금 전에 내가 스승님을 뵙고 이해력이란 무엇을 말하는 것인지를 물었더니, 스승께서 '정의를 주장하고 의롭지 못함을 억제한다. 이렇게 하면 의롭지 못함은 정의로움으로 바뀔 것이다'라고 대답하셨는데, 이 말씀은 무슨 뜻인가요?"

다른 제자가 대답했다. "말씀에 숨겨진 뜻은 확실히 그 의미가 매우 넓다. 고대의 제왕인 순임금이 제국을 다스릴 때, 국민 가운데서 사람을 뽑았고 고요(皐陶)를 법무장관으로 승진시켰다. 그 이후로 모든 부도덕한 사람들이 사라져 보이지 않았다. 그리고 고대의 제왕인 위대한 탕임금이 제국을 다스릴 때는 국민 가운데서 인재를 뽑았고, 이윤(伊尹)을 수석 장관으로 승진시켰다. 그 이후로 모든 부도덕한 사람들이 사라져 보이지 않았다."

12-23

子貢問友. 子曰: “忠告而善道之, 不可則止. 毋自辱焉.”

직역 자공(子貢)이 교우(交友)에 대해 물었다. 공자께서 말씀하셨다. “충심으로 말해주고 잘 인도하되, 불가능하면 그만둔다. 스스로 욕되지 말게 해야 한다.”

번안 공자의 제자가 사람은 어떻게 벗을 대해야 하는지를 물었다. 공자가 대답했다. “그에게 말을 할 때는 양심에 근거해야 한다. 네가 바라는 바른 모습으로 그를 부드럽게 이끌어 주거라. 네가 만약 이렇게 할 수 없음을 깨달으면 곧 멈춰라. 그와 다투지 말거라. 그렇게 되면, 자신만 모욕감을 느낄 뿐이다.”

12-24

曾子曰: “君子以文會友, 以友輔仁.”

직역 증자(曾子)가 말하였다. “군자(君子)는 문(文)으로써 벗을 모으고, 벗으로써 인(仁)을 돕는다.”

번안 공자의 제자가 말했다. “명석하면서도 착한 사람은 예술과 문학적 성품을 통해 벗을 사귄다. 그는 벗들이 도덕적인 삶을 살도록 돕는다.”

◗ 제13편 자로(子路)

13-1

子路問政. 子曰: "先之, 勞之." 請益曰: "無倦."

직역 자로(子路)가 정사(政事)에 대해 물었다. 공자께서 말씀하셨다. "먼저 하고, 부지런해야 한다." 더 자세히 말씀해 주시기를 청하자, "게을리하지 말아야 한다"라고 하셨다.

번안 공자의 제자가 어떻게 나라를 다스리는지를 물었다.
공자가 대답했다. "먼저 본보기가 되어 국민들보다 앞서야 하며, 그들에게 네가 힘쓰는 바를 보여 주어야 한다." 그 제자가 마땅히 무엇을 해야 하는지에 대해, 또 물었다. 공자가 대답했다. "게을리 하지 말고, 지속적으로 견지하는 것이다."

13-2

仲弓爲季氏宰, 問政. 子曰: "先有司, 赦小過, 擧賢才." 曰: "焉知賢才而擧之?" 曰: "擧爾所知. 爾所不知, 人其舍諸?"

직역 중궁(仲弓)이 계씨(季氏)의 가신(家臣)이 되어 정사(政事)에 대해 물었다. 공자께서 말씀하셨다. "유사(有司)에게 먼저 시키고, 작은 허물을 용서해주며, 어진 이와 유능한 이를 등용해야 한다." 말하였다. "어떻게 어진 이와 유능한 이를 알아 등용합니까?" 말씀하셨다. "네가 아는 자를 등용하였다. 네가 모르는 자를 사람들이 내버려두겠느냐?"

번안 공자의 다른 제자가 고국의 권세가문의 귀족을 위해 일하고 있었는데, 나라를 다스리는 정치에 대해 물었다.
공자가 대답했다. "정치적으로 세세한 문제들을 해결하는 권한은 관련 부문의 책임자에게 맡겨야 한다. 작은 단점은 너그럽게 이해해주고, 능력이 있는 사람과 아름다운 덕이 있는 사람을 등용해야 한다." 그 제자가 물었다. "그런데 누가 능력이 있으며 누가 아름다운 덕이 있는 사람인지를 어떻게 압니까?" 공자가 대답했다. "그러한 사람을 등용하였다면, 너는 이미 알고 있는 것이다. 네가 발견하지 못하여 누락된 사람이 있을까 걱정하지 말거라."

13-3

子路曰: "衛君待之而爲政, 子將奚先?" 子曰: "必也正名乎!" 子路曰: "有是哉! 子之迂也, 奚其正?" 子曰: "野哉, 由也! 君子於其所不知, 蓋闕如也. 名不正, 則言不順; 言不順, 則事不成; 事不成, 則禮樂不興; 禮樂不興, 則刑罰不中; 刑罰不中, 則民無所措手足. 故君子名之必可言也, 言之必可行也. 君子於其言, 無所苟而已矣."

직역 자로(子路)가 말하였다. "위(衛)나라 임금이 선생님을 기다려 정사를 하려고 하십니다. 선생님께서는 장차 무엇을 우선 하시렵니까?"

공자께서 말씀하셨다. "반드시 명분을 바로잡겠다." 자로가 말하였다. "이러하십니다. 선생님의 우활(迂闊)하심이여! 어떻게 바로잡을 수 있겠습니까?" 공자께서 말씀하셨다. "비속(鄙俗)하구나, 유(由)여! 군자(君子)는 자기가 알지 못하는 것은 말하지 않고 가만히 있다. 명분이 바르지 못하면 말이 순하지 못하고, 말이 순하지 못하면 일이 이루어지지 못하며, 일이 이루어지지 못하면 예악(禮樂)이 일어나지 못하고, 예악이 일어나지 못하면 형벌(刑罰)이 알맞지 못하며, 형벌이 알맞지 못하면 백성이 손발을 둘 곳이 없어진다. 그러므로 군자가 명분을 붙이면 반드시 말할 수 있고, 말할 수 있으면 반드시 행할 수 있다. 군자는 그 말에 대하여 구차히 함이 없을 뿐이다."

번안 어느 날, 어떤 나라의 군주가 공자를 그 정부의 직무를 맡기고자 협상을 청해 왔을 때, 굳세고 용감한 제자 자로가 공자에게 물었다. "스승님, 저 군주가 그 나라의 정치를 스승님께 기탁하려 합니다. 그럼 스승님께서는 먼저 무엇부터 해야 한다고 생각하십니까?"
공자가 대답했다. "반드시 먼저 해야 할 것이 있다면, 사물과 일들의 본래 목적에 맞게, 그 이름부터 바로잡을 것이다."
그 제자가 말했다. "아! 정말요? 그러나 그것은 현실적이지 않습니다. 이름을 바로잡아서 무엇을 하시렵니까?"
공자가 대답했다. "자로 선생, 너는 정말로 예의가 없구나. 신사라면 자신이 알지 못하는 말을 들었을 때는 상대방이 해석하기를 기다리는 법이다. 만약 사물과 일들의 이름이 적절하게 확립되지 않으면, 언어와 사실이 부합하지 않게 된다. 언어[명칭]와 사실이 맞아 떨어지지 않는데, 어떤 일을 완벽하게 처리한다는 것은 불가능하다. 어떤 일도 완벽하게 처리할 수 없으면, 예술과 문명 제도는 번영을 가져올 수 없다. 예술과 문명 제도가 번영을 가져오지 못하면, 법률과 사법기관은 그 목적을 이루지 못한다. 법률과 사법기관이 목적을 이루지 못하면, 국민들은 무엇을 해야 할지를 멍하게 모르게 된다.

그러므로 명석하면서도 착한 사람은 언제나 그가 명명(命名)한 사물과 일들에 대해 자세히 설명할 수 있다. 그가 자세히 설명한 사물과 일들에 대해 그는 시행할 수 있다. 명석하면서도 착한 사람은 언제나 정확한 용어에 신경을 쓴다."

13-4

樊遲請學稼, 子曰: "吾不如老農." 請學爲圃, 曰: "吾不如老圃." 樊遲出, 子曰: "小人哉, 樊須也! 上好禮, 則民莫敢不敬; 上好義, 則民莫敢不服; 上好信, 則民莫敢不用情. 夫如是, 則四方之民襁負其子而至矣. 焉用稼!"

직역 번지(樊遲)가 농사일을 배우기를 청하자, 공자께서 말씀하셨다. "나는 늙은 농부(農夫)만 못하다." 채전(菜田)을 가꾸는 것을 배우기를 청하자, 말씀하셨다. "나는 늙은 원예사만 못하다." 번지가 나가자, 공자께서 말씀하셨다. "소인(小人)이구나! 번수(樊須)여! 윗사람이 예(禮)를 좋아하면 백성이 윗사람을 공경하지 않는 이가 없고, 윗사람이 의(義)를 좋아하면 백성이 복종하지 않는 이가 없고, 윗사람이 신(信)을 좋아하면 백성이 감히 실정대로 하지 않는 이가 없다. 이렇게 되면, 사방(四方)의 백성이 자식을 포대기에 업고 올 것이니, 어찌 농사일을 쓸 필요가 있겠는가!"

번안 공자의 제자가 농사짓는 법을 가르쳐주기를 청하였다. 공자가 대답했다. “이 방면에서 나는 숙련된 농부만 못하다.” 그러자 그 제자는 정원 가꾸는 일을 가르쳐주기를 청하였다. 공자가 대답했다. “이 방면에서 나는 숙련된 원예사[정원사]만 못하다.”
그 제자가 나가자 공자가 말했다. “그는 그릇이 작은 사람구나!” 이어서 말했다. “한 나라의 통치자가 교육과 좋은 예의(禮儀)를 격려하면 국민들은 그를 존경하지 않을 수 없다. 통치자가 정의(正義)를 열렬히 사랑하고 갈망하면 국민들은 그에게 복종하지 않을 수 없다. 통치자가 좋은 신의(信義)를 격려하면 국민들은 성실하지 않을 수 없다. 이러한 상황이 되면, 사방팔방에서 사람들이 이 나라에 몰려올 것이다. 그렇게 되면, 통치자가 어찌 농사짓는 법을 알 필요가 있겠는가?”

13-5

子曰: “誦詩三百, 授之以政, 不達; 使於四方, 不能專對; 雖多, 亦奚以爲!”

직역 공자께서 말씀하셨다. “『시경(詩經)』 300편을 외우면서도 정치를 맡겼을 때 제대로 해내지 못하고, 사방(四方)에 사신(使臣)으로 나가 혼자서 처리하지 못한다면, 비록 많이 외운다고 해도, 또한 어디에 쓰겠는가!”

번안 공자가 말했다. “시 300편을 외우면 나라의 사무를 맡아 처리할 때, 어떠한 일이라도 잘 해낼 수 있다. 공무를 맡아 외국에 사신으로 파견되었을 때, 스스로를 위해 변호할 방법을 찾지 못했다면, 이런 사람의 경우, 아무리 박식하게 많은 학문을 가진들 무슨 소용이 있겠는가?"

13-6

子曰: "其身正, 不令而行; 其身不正, 雖令不從."

직역 공자께서 말씀하셨다. "자기 자신이 바르면 명령하지 않아도 행해지고, 자신이 바르지 못하면 명령하더라도 따르지 않는다."

번안 공자가 말했다. "어떤 사람이 자신의 언행이 질서에 부합된다면, 힘들여 명령을 전달하지 않아도, 사람들은 그의 명을 따르므로 효과를 달성할 수 있을 것이다. 어떤 사람이 자신의 언행이 질서에 부합되지 않다면, 그가 명령을 전달하더라도 사람들은 그의 명령에 복종하지 않을 것이다."

13-7

子曰: "魯衛之政, 兄弟也."

직역 공자께서 말씀하셨다. "노(魯)나라와 위(衛)나라의 정사는 형제간이로구나."

번안 공자가 자신의 나라와 같은 시대의 다른 나라 정치가 어떠한지에 대해 말했다. "이 나라의 정치와 저 나라의 정치는 대체적으로 같다."

13-8

子謂衛公子荊善居室. "始有, 曰: '苟合矣.' 少有曰: '苟完矣.' 富有曰: '苟美矣.'"

직역 공자께서 위(衛)나라의 공자(公子) 형(荊)을 두고 다음과 같이 논평하셨다. "그는 집에 거처하기를 잘하였다. 처음 소유했을 때 말하였다. '그런대로 이만하면 모여졌다.' 다소 갖추어졌을 때 말하였다. '그런대로 이만하면 갖추어졌다.' 많이 가지고 있을 때 말하였다. '그런대로 이만하면 아름답다.'"

번안 공자가 그 시대에 유명한 인물에 대해, 가문의 재산 관리를 아주 잘한다고 논평하였다. 공자가 말했다. "그가 번 돈을 저축할 수 있자, 말하기를 '나는 수입과 지출을 겨우 맞아떨어지게 할 수 있었다.' 이후, 저축이 많아지자, 말하기를 '나는 내가 필요한 모든 것을 살 수 있었다.' 마지막으로, 많은 돈을 저축하자, 말하기를 '지금 나는 좋은 삶을 계속 이어나갈 수 있다.'"

13-9

子適衛, 冉有僕. 子曰: "庶矣哉!" 冉有曰: "旣庶矣, 又何加焉?" 曰: "富之." 曰: "旣富矣, 又何加焉?" 曰: "敎之."

직역 공자께서 위(衛)나라에 가실 때, 염유(冉有)가 수레를 몰았다. 공자께서 말씀하셨다. "백성들이 많기도 하구나!" 염유가 말하였다. "이미 백성이 많으면 또 무엇을 더해야 합니까?" 말씀하셨다. "부유하게 해주어야 한다." 말하였다. "이미 부유해지면 또 무엇을 더해야 합니까?" 말씀하셨다. "가르쳐야 한다."

번안 어느 날, 공자가 여행을 하다가 어떤 나라에 들어갔다. 제자가 마차를 몰고 함께 있었다. 공자가 말했다. "이 나라에 인구가 많은가 보구나!"
제자가 물었다. "이미 인구가 많으면 무엇을 해야 합니까?" 공자가 대답했다. "국민들을 부유하게 만들어야 한다." "그런 다음에는 무엇을 해야 합니까?" 공자가 대답했다. "국민들을 가르쳐야 한다."

13-10

子曰: "苟有用我者, 期月而已可也, 三年有成."

직역 공자께서 말씀하셨다. "만일 나를 등용해 주는 자가 있다면 1년 만이라도 괜찮으니, 3년이면 이루어짐이 있을 것이다."

번안 공자가 말했다. "지금 나에게 한 나라를 다스리게 한다면, 1년 안에 국민을 위한 일들을 온전하게 처리하는 제도를 만들 수 있다. 3년이면 모든 일들이 질서가 잡히도록 할 수 있다."

13-11

子曰: "善人爲邦百年, 亦可以勝殘去殺矣. 誠哉是言也!"

직역 공자께서 말씀하셨다. "'선인(善人)이 나라를 다스리기를 100년 동안 하면, 또한 잔학한 사람을 교화시키고 사형을 없앨 수 있다.' 참으로 옳다, 이 말이여!"

번안 공자가 이어서 말했다. "속담에 명석하면서도 착한 사람이 100년 동안 나라를 다스리면, 사람들은 폭력행위를 할 수 없어 사형을 면할 수 있을 것이라 하였다. 이는 정말 맞는 말이다."

13-12

子曰: "如有王者, 必世而後仁."

직역 공자께서 말씀하셨다. "만일 왕자(王者)가 있다 하더라도 반드시 한 세대가 지난 뒤에야 백성이 인(仁)해질 것이다."

번안 공자가 마지막으로 말했다. "하늘이 진정으로 위대한 인물을 내려주시어, 지금 제왕이 된다면, 그렇다고 해도 국민들이 도덕적으로 변하려면, 한 세대의 시간이 필요한 것이다."

13-13

子曰: "苟正其身矣, 於從政乎何有! 不能正其身, 如正人何!"

직역 공자께서 말씀하셨다. "참으로 자신을 바르게 한다면, 정치하는데 무슨 어려움이 있으며, 자신을 바르게 할 수 없다면, 어떻게 남을 바르게 할 수 있겠는가!"

번안 공자가 말했다. "한 나라나 한 사회의 지도자가 자신의 언행을 질서에 부합되게 할 수 있다면, 그가 통치 질서 속에서 살아가는데 무슨 어려움이 있겠는가? 그러나 자신의 언행을 질서에 부합되게 할 수 없다면, 어떻게 한 나라의 국민들이 질서 속에서 살아가도록 할 수 있겠는가?" 다시 말하면, 지도자의 언행이 그 나라의 질서에 맞는다면, 그 나라에서 질서를 지키면서 살아가는데 무슨 어려움이 있겠는가? 그러나 지도자의 언행이 질서에 맞지 않는다면, 어떻게 국민들이 질서를 지키면서 살아가도록 할 수 있겠는가?"

13-14

冉子退朝. 子曰: "何晏也?" 對曰: "有政." 子曰: "其事也. 如有政, 雖不吾以, 吾其與聞之."

직역 염자(冉子)가 조정에서 물러 나왔다. 공자께서 말씀하셨다. "어찌하여 늦었는가?" 대답하였다. "국정(國政)이 있었습니다." 공자께서 말씀하셨다. "그것은 대부의 집안일이었다. 만일 국정이었다면 비록 나를 써주지는 않았지만, 내가 참여하여 들었을 것이다."

번안 어느 날, 벼슬하고 있던 제자가 궁궐에서 돌아오자, 공자가 말했다. "어찌하여 이리 늦었느냐?" 제자가 대답했다. "나라의 정사(政事)가 있었습니다." 공자가 말했다. "'공무'가 있었다는 말이냐? 나라에서 정치적으로 처리할 일이 있었다면, 내가 현재 관직에 있지 않더라도, 내 의견을 물었을 것이다."

13-15

定公問: “一言而可以興邦, 有諸?” 孔子對曰: “言不可以若是其幾也. 人之言曰: “爲君難, 爲臣不易.” 如知爲君之難也, 不幾乎一言而興邦乎?” 曰: “一言而喪邦, 有諸?” 孔子對曰: “言不可以若是其幾也. 人之言曰: “予無樂乎爲君, 唯其言而莫予違也.” 如其善而莫之違也, 不亦善乎? 如不善而莫之違也, 不幾乎一言而喪邦乎?”

직역 정공(定公)이 물었다. “한마디 말로 나라를 흥하게 할 수 있다고 하는데, 그러한 일이 있습니까?” 공자께서 대답하셨다. “말은 이와 같이 기약할 수는 없습니다. 사람들 말에 ‘임금 노릇하기가 어려우며 신하 노릇하기가 쉽지 않다’라고 하였습니다. 만일 임금 노릇하기가 어려움을 안다면, 한마디 말로 나라를 흥하게 함을 기약할 수 없겠습니까?” 말하였다. “한마디 말로 나라를 잃을 수 있다고 하는데, 그러한 일이 있습니까?” 공자께서 대답하셨다. “말은 이와 같이 기약할 수는 없습니다. 사람들 말에 ‘나는 임금된 것은 즐거울 일이 없고, 오직 그 말을 하면 어기지 않는 것이 즐겁다’라고 하였습니다. 만일 임금의 말이 선(善)한데 아무도 어기는 이가 없다면 좋지 않겠습니까? 만일 임금의 말이 선(善)하지 못한데도 어기는 이가 없다면 한마디 말로 나라를 잃게 됨을 기약할 수 없겠습니까?”

번안 공자의 고국에서 집권하고 있던 군주가 나라를 번영하게 하는 원칙을 한마디로 표현할 수 있는지에 대해 물었다. 공자가 대답했다. “한마디의 말에 많은 내용을 담을 수 있다고 기대하기는 어렵습니다.

그러나 민간에 이런 속담이 있습니다. '백성의 통치자가 되는 것은 어려우나 공무원이 되는 것은 쉽다.' 백성의 통치자가 되는 것이 어려운 일인지를 알았다면 나라를 번영하게 만드는 원칙을 알았다고 할 수 있지 않겠습니까?"
그 군주가 또 한 나라를 멸망에 이르게 하는 원칙을 한마디로 표현할 수 있는지에 대해 물었다.
공자가 대답했다. "한 마디의 말에 많은 내용을 담을 수 있다고 기대하기는 어렵습니다. 그러나 민간에 이런 속담이 있습니다. '내가 명령을 하달했을 때 반대하는 사람이 없는 경우를 제외하고. 국민의 통치자가 되는 것은 전혀 즐거운 일이 아니다.' 명령이 옳고 반대하는 사람이 없으면 그것은 유익하고 좋습니다. 그러나 명령이 잘못 되었는데 반대하는 사람이 없으면 그것은 한 나라를 멸망에 이르게 만들기에 충분합니다."

13-16

葉公問政. 子曰: "近者說, 遠者來."

직역 섭공(葉公)이 정치에 대해 물었다. 공자께서 말씀하셨다. "가까이 있는 자들이 기뻐하며, 먼 곳에 있는 자들이 오게 해야 한다."

번안 작은 나라의 군주가 한 나라의 정치에서 가장 필요한 것이 무엇인지에 대해 물었다.
공자가 대답했다. "한 나라에 좋은 정치가 있으면, 그 나라 사람들은 매우 기뻐하고, 다른 나라의 사람들까지도 이민을 올 것입니다."

13-17

子夏爲莒父宰, 問政. 子曰: "無欲速; 無見小利. 欲速則不達; 見小利則大事不成."

직역 자하(子夏)가 거보(莒父)의 읍재(邑宰)가 되어 정사에 대해 물었다. 공자께서 말씀하셨다. "빨리 하려고 하지 말고, 조그만 이익을 보지 말아야 한다. 빨리 하려고 하면 제대로 하지 못하고, 조그만 이익을 보면 큰일을 이루지 못한다."

번안 공자의 제자가 주요 도시에서 중요한 행정관직을 맡고 있으면서, 정치에서 가장 필요한 것이 무엇인지에 대해 물었다.
공자가 대답했다. "급히 일을 마무리하려고 하지 말아야 한다. 작은 이익에 치중하지 말아야 한다. 네가 급히 일을 마무리하려고 한다면 일을 제대로 온전하게 완성하지 못할 것이다. 작은 이익에 치중한다면 큰일을 완성하지 못할 것이다."

13-18

葉公語孔子曰: "吾黨有直躬者, 其父攘羊, 而子證之." 孔子曰: "吾黨之直者異於是. 父爲子隱, 子爲父隱, 直在其中矣."

직역 섭공(葉公)이 공자에게 말하였다. "우리 무리에 몸을 정직하게 행동하는 자가 있는데, 그의 아버지가 양(羊)을 훔치자, 아들이 그것을 증명하였습니다." 공자께서 말씀하셨다. "우리 무리의 정직한 사람은 이와 다르다. 부모가 자식을 위해 숨겨주고 자식이 부모를 위해 숨겨주니, 정직함은 그 가운데 있다."

번안 작은 나라에서 집권하고 있는 군주가 공자에게 말했다. "저희 백성 가운데 일부 사람들은 매우 정직합니다. 심지어 아버지가 양 한 마리를 훔치면 아들이 증인으로 나섭니다."
공자가 말했다. "제가 사는 나라의 정직한 사람은 그렇지 않습니다. 그들은 부모가 아들의 죄에 대해 함구(緘口)하고 아들이 부모의 죄를 함구하는 것을 정직함이라고 생각합니다."

13-19

樊遲問仁. 子曰: "居處恭, 執事敬, 與人忠. 雖之夷狄, 不可棄也."

직역 번지(樊遲)가 인(仁)에 대해 물었다. 공자께서 대답하셨다. "거처할 때는 공손히 하고, 일을 집행할 때는 공경하며, 사람을 대할 때는 충실하도록 해야 한다. 이는 오랑캐의 나라에 가더라도 버려서는 안 된다."

번안 공자의 제자가 도덕적 삶에서 가장 필요한 것이 무엇인지에 대해 물었다.
공자가 대답했다. "자신을 대할 때는 진지하고 엄숙해야 하고, 일을 할 때는 열정적이고 성심을 다해야 하며, 다른 사람과 교제할 때는 양심이 있어야 한다. 네가 미개한 야만인들 속에서 산다고 하더라도, 이 원칙을 소홀히 해서는 안 된다."

13-20

子貢問曰: "何如斯可謂之士矣?" 子曰: "行己有恥, 使於四方, 不辱君命, 可謂士矣." 曰: "敢問其次." 曰: "宗族稱孝焉, 鄕黨稱弟焉." 曰: "敢問其次." 曰: "言必信, 行必果, 硜硜然小人哉! 抑亦可以爲次矣." 曰: "今之從政者何如?" 子曰: "噫! 斗筲之人, 何足算也!"

직역 자공(子貢)이물었다. "어떠해야 선비라 말할 만합니까?" 공자께서 말씀하셨다. "몸가짐에 부끄러움이 있으며 사방(四方)에 사신(使臣)으로 가서는 군주(君主)의 명(命)을 욕되게 하지 않으면 선비라 이를 만하다." 말하였다. "감히 그 다음을 묻겠습니다." 말씀하셨다. "종족(宗族)들이 효성스럽다고 칭찬하고 향당(鄕黨)에서 공손하다고 칭찬하는 인물이다." 말하였다. "감히 그 다음을 묻겠습니다." 말씀하셨다. "말을 반드시 신뢰 있게 하고, 행실을 반드시 과단성 있게 하는 것은 국량이 좁은 소인(小人)이다! 그래도 또한 그 다음이 될 만하다." 말하였다. "지금 정사에 종사하는 자들은 어떻습니까?" 공자께서 말씀하셨다. "아! 한 말이나 한 말 두 되 들어갈 정도의 좁은 소견을 가진 사람들을 어찌 족히 따질 것이 있겠는가?"

번안 공자의 제자가 물었다. "어떠해야 신사라고 할 수 있습니까?" 공자가 대답했다. "반드시 엄격한 자기 존중감이 있어야 한다. 공적인 일로 다른 나라에 사신으로 파견되어 가면, 자신의 사명을 욕되게 하지 않을 것이다. 이러한 사람을 신사라고 할 수 있다."
제자가 또 신사 다음의 인격에 대해 물었다. 공자가 대답했다. "가문에서 훌륭한 자식이라고 천거하고, 동포들이 훌륭한 사람이라고 천거하는 사람이다."

제자가 또 그 다음의 인격에 대해 물었다.

공자가 대답했다. "말한 것을 실천하는 데 특별히 유의하고, 이미 시작한 일을 지속적으로 해나가는 사람이다. 성격이 완고하고 굳세어 언급할 만하지 못한 사람이라 하더라도 어느 정도의 신사 자격이 있다고 볼 수 있다."

제자가 마지막으로 물었다. "그렇다면, 지금 스승님께서 공직에 계신 신사들에 대해 어떠한 관점을 가지고 계십니까?" 공자가 대답했다. "그들은 번잡한 꾸밈새에 번잡한 예절만 중시하는 관료일 뿐이다. 중요하게 여기며 살펴볼 가치가 없다."

13-21

子曰: "不得中行而與之, 必也狂狷乎! 狂者進取, 狷者有所不爲也."

직역 공자께서 말씀하셨다. "중도(中道)의 행동을 하는 사람을 얻어 더불어 할 수 없다면, 반드시 광자(狂者)나 견자(狷者)와 더불어 할 것이다. 광자는 진취적이고 견자는 하지 않는 바가 있다."

번안 공자가 말했다. "내가 공정하면서도 이치에 밝은 사람을 만나 함께 할 수 없다면, 나는 열정에 넘친 사람이나 심지어는 열정적으로 어떠한 일에 빠져드는 사람이라도 선택할 것이다. 열정에 넘치는 사람은 열정적이고, 열정적으로 빠져드는 사람은 언제나 부분적으로 한계를 넘어서지는 않는다."

13-22

子曰: "南人有言曰: '人而無恒, 不可以作巫·醫.' 善夫! 不恒其德, 或承之羞." 子曰: "不占而已矣."

직역 공자께서 말씀하셨다. "남쪽 나라 사람들의 말에 '사람이 항심(恒心)이 없으면 무당이나 의원도 될 수 없다'라고 했는데, 좋은 말이다! 그 덕(德)을 항상 하지 않으면 간혹 부끄러움에 이른다." 공자께서 말씀하셨다. "점으로 치는 것이 아니다."

번안 공자가 말했다. "남방의 속담에 이르기를 '의지력이 없는 사람은 의사나 무당이 될 수 없다.'라고 하니, 얼마나 정확한 말인가! 또 『역경(易經)』에 말하기를 '미덕의 명예를 얻었다면 유지해 나가야 한다. 그렇지 않으면 명예를 잃을 것이다.'"

이 말에 공자가 논평하여 말했다. "미덕이라는 명성을 억지로 취하지 않을 때 좋을 것이다."

13-23

子曰: "君子和而不同, 小人同而不和."

직역 공자께서 말씀하셨다. "군자(君子)는 화(和)하고 동(同)하지 않으며, 소인(小人)은 동(同)하고 화(和)하지 않는다."

번안 공자가 말했다. “명석한 사람은 사람을 대할 때 친근하고, 성격이 온화하지만 사람을 대할 때 지나치게 친절하지는 않다. 어리석은 사람은 지나치게 친절하지만, 친근하거나 온화하지는 않다.

13-24

子貢問曰: “鄕人皆好之, 何如?” 子曰: “未可也.” “鄕人皆惡之, 何如?” 子曰: “未可也. 不如鄕人之善者好之, 其不善者惡之.”

직역 자공(子貢)이 물었다. “지방 사람들이 모두 좋아하면 어떻습니까?” 공자께서 말씀하셨다. “옳지 못하다.” “지방 사람들이 모두 미워하면 어떻습니까?” 공자께서 말씀하셨다. “옳지 못하다. 지방 사람들 가운데 선(善)한 자가 좋아하고, 선(善)하지 않은 자가 미워하는 것만 못하다.”

번안 공자의 제자가 물었다. “한 사람을 마을 사람들이 다 좋아하면 그 사람은 어떠합니까?” 공자가 대답했다. “반드시 좋은 사람이라고 할 수는 없다.”
제자가 물었다. “그렇다면 한 사람을 마을 사람들이 다 좋아하지 않으면 그 사람은 어떠합니까?” 공자가 대답했다. “반드시 좋은 사람도 아니고 나쁜 사람도 아닐 것이다. 참으로 좋은 사람은 마을의 좋은 사람들이 좋아하고, 나쁜 사람들이 좋아하지 않는 사람이다.”

13-25

子曰: "君子易事而難說也. 說之不以道, 不說也; 及其使人也, 器之. 小人難事而易說也. 說之雖不以道, 說也; 及其使人也, 求備焉."

직역 공자께서 말씀하셨다. "군자(君子)는 섬기기는 쉬워도 기뻐하게 만들기는 어렵다. 기뻐하게 만들기를 도(道)로써 하지 않으면 기뻐하지 않으며, 사람을 부릴 때 그릇에 따라 한다. 소인(小人)은 섬기기는 어려워도 기뻐하게 만들기는 쉽다. 기뻐하게 만들기를 도(道)에 맞게 하지 않더라도 기뻐하며, 사람을 부릴 때 갖추기를 요구한다."

번안 공자가 말했다. "명석하면서도 착한 사람은 그를 위해 일하기 쉽지만 너를 좋아하게 만들기는 어렵다. 너의 업무 범위를 넘어서 일을 하여 그의 환심을 사려고 한다면 그는 기뻐하지 않을 것이다. 그는 사람들에게 일을 시킬 때 언제나 그들의 능력을 고려한다. 반면에 어리석은 사람은 아주 쉽게 너를 좋아하게 할 수는 있지만 그를 위해 일하기는 매우 어렵다. 너의 업무 범위를 넘어서 일을 하여 그의 환심을 사려고 한다면 그는 매우 기뻐할 것이다. 그러나 그는 사람들에게 일을 시킬 때 언제나 모든 일을 해주기를 바란다."

13-26

子曰: "君子泰而不驕, 小人驕而不泰."

직역 공자께서 말씀하셨다. "군자(君子)는 태연하되 교만하지 않고,

소인(小人)은 교만하되 태연하지 못하다."

번안 공자가 말했다. "명석하면서도 착한 사람은 고귀하지만 오만하지 않다. 어리석은 사람은 오만하지만 고귀하지 않다."

13-27

子曰: "剛毅木訥近仁."

직역 공자께서 말씀하셨다. "강하고 굳세고, 질박하고 어눌함이 인(仁)에 가깝다."

번안 공자가 말했다. "굳세고 강건하며, 소박한 사람은 진정으로 도덕적 성품에 거의 근접해 있다."

13-28

子路問曰: "何如斯可謂之士矣?" 子曰: "切切偲偲, 怡怡如也, 可謂士矣. 朋友切切偲偲, 兄弟怡怡."

직역 자로(子路)가 물었다. "어떠해야 선비라 이를 만합니까?" 공자께서 말하셨다. "간절하고 자상히 권면하고 화락하면 선비라 이를 만하다. 붕우(朋友)간에는 간절하고 자상히 권면하며, 형제(兄弟)간에는 화락해야 한다."

번안 공자의 제자가 물었다. "어떠해야 신사라고 할 수 있습니까?"

공자가 대답했다. "반드시 동정심이 있어야 하고, 남을 돕기를 좋아해야 하고, 보살피고 사랑하는 마음이 많아야 한다.
동정심이 있고 남을 돕기를 좋아함은 벗을 대상으로 말한 것이고, 보살피고 사랑하는 마음은 가족을 대상으로 말한 것이다."

13-29

子曰: "善人教民七年, 亦可以即戎矣."

직역 공자께서 말씀하셨다. "선인(善人)이 7년 동안 백성을 가르치면, 또한 군대에 나아가게 할 수 있다."

번안 공자가 말했다. "착하고 정직한 사람이 7년 동안 백성을 가르치고 나면, 그들을 데리고 전쟁에 나갈 수 있을 것이다."

13-30

子曰: "以不教民戰, 是謂棄之."

직역 공자께서 말씀하셨다. "가르치지 않은 백성을 써서 전쟁하는 것, 이를 일러 백성을 버리는 행위라 한다."

번안 공자가 말했다. "국민들이 전쟁터에 나가도록 하면서, 사전에 그들에게 그 의미를 가르치지 않으면, 그들을 음해하는 것과 같다."

제14편 헌문(憲問)

14-1

憲問恥. 子曰: "邦有道穀, 邦無道穀, 恥也."

직역 원헌(原憲)이 수치스러운 일에 대해 물었다. 공자께서 말씀하셨다. "나라에 도(道)가 있을 때 녹봉만을 받고, 나라에 도가 없을 때 녹봉만 받는 것은 수치스러운 일이다."

번안 공자의 제자가 무엇이 치욕(恥辱)인지에 대해 물었다.
공자가 대답했다. "나라의 정치에 정의와 질서가 있을 때 수입에만 관심을 두는 것이 치욕이다. 나라의 정치에 정의와 질서가 없을 때 수입에만 관심을 두는 것도 치욕이다."

14-2

"克·伐·怨·欲不行焉, 可以爲仁矣?" 子曰: "可以爲難矣, 仁則吾不知也."

직역 "이기기를 좋아하고 자기의 공로를 자랑하며 원망하고 탐욕이 행해지지 않게 한다면, 인(仁)이라고 말할 수 있습니까?" 공자께서 말씀하셨다. "어렵다고 할 수는 있으나 인(仁)인지는 내 알지 못하겠다."

번안 그 제자가 이어서 물었다. "야심이나 허영심, 질투심이나 사심을 버리는 것을 중심으로, 일을 처리하는 기조로 삼는다면, 도덕적인 인간이라고 볼 수 있습니까?"
공자가 대답했다. "실현하기 어려운 일이라고 볼 수 있을 것이다. 그러나 이렇게 하면 도덕적 인간이 될 수 있는지, 나는 확신할 수 없다."

14-3

子曰: "士而懷居, 不足以爲士矣."

직역 공자께서 말씀하셨다. "선비로서 편안하기를 생각하면 선비라 할 수 없다."

번안 공자가 말했다. "신사로서 편안한 삶만을 생각한다면 진정한 신사가 되지 못할 것이다."

14-4

子曰: "邦有道, 危言危行; 邦無道, 危行言孫."

직역 공자께서 말씀하셨다. "나라에 도(道)가 있을 때는 말을 높게 하고 행실을 높게 하며, 나라에 도가 없을 때는 행실은 높게 하되 말은 공손하게 해야 한다."

번안 공자가 말했다. "나라의 정치에 정의와 질서가 있을 때, 자신의 의견을 표현할 수 있으며, 행위를 용감하면서 고상하게 할 수 있다.

그러나 나라의 정치에 정의와 질서가 없을 때, 자신의 행위를 용감하면서 고상하게 할 수 있지만, 자신의 의견을 표현할 때는 마땅히 함축적으로 해야 한다."

14-5

子曰: "有德者必有言, 有言者不必有德; 仁者必有勇, 勇者不必有仁."

직역 공자께서 말씀하셨다. "덕(德)이 있는 자는 반드시 훌륭한 말을 하지만, 훌륭한 말을 하는 자가 반드시 덕이 있는 것은 아니다. 어진 사람은 반드시 용기가 있지만, 용기 있는 자가 반드시 인(仁)이 있는 것은 아니다."

번안 공자가 말했다. "도덕적인 사람은 언제나 들을만한 말을 한다. 그러나 말을 하는 사람이라고 반드시 도덕적인 사람인 것은 아니다. 도덕적인 사람은 언제나 용기가 있다. 그러나 용기가 있는 사람이 반드시 도덕적인 사람인 것은 아니다."

14-6

南宮适問於孔子曰: "羿善射, 奡盪舟, 俱不得其死然. 禹·稷躬稼, 而有天下." 夫子不答. 南宮适出, 子曰: "君子哉若人! 尙德哉若人!"

직역 남궁괄(南宮适)이 공자께 물었다. "예(羿)는 활을 잘 쏘았고, 오

(奡)는 힘이 세어 육지에서 배를 끌고 다녔지만, 모두 제대로 죽지 못하였습니다. 그러나 우왕(禹王)과 직(稷)은 몸소 농사를 지었는데도 천하(天下)를 소유하셨습니다." 공자께서 대답하지 않으셨다. 남궁괄이 밖으로 나가자, 공자께서 말씀하셨다. "군자(君子)로구나, 이 사람이여! 덕(德)을 숭상하는구나, 이 사람이여!"

번안 어느 날, 공자의 제자가 와서 말했다. "고대에 유명한 사람이 있었는데 그는 활을 잘 쏘았습니다. 또 한 사람은 묘기를 부리는 힘 장수로 유명하였습니다. 두 사람은 모두 제 명에 죽지 못했습니다. 반면에 고대에 농부노릇하면서 오랜 세월을 밭에서 농사를 짓는 두 사람이 있었습니다. 두 사람은 마지막에는 모두 제국의 통치자가 되었습니다."
그때, 공자는 아무런 대답도 하지 않았다. 그러나 제자가 간 이후, 공자가 말했다. "그는 진정으로 명석하면서도 착한 사람이로구나! 그의 말은 얼마나 숭고하고 도덕적인가!"

14-7

子曰: "君子而不仁者有矣夫, 未有小人而仁者也."

직역 공자께서 말씀하셨다. "군자(君子)로서 인(仁)하지 못한 자는 있어도, 소인(小人)으로서 인(仁)한 자는 있지 않다."

번안 공자가 말했다. "총명한 사람이라고 모두 도덕적인 사람인 것은 아니다. 그러나 어리석은 사람은 영원히 도덕적인 사람이 될 수 없다."

14-8

子曰: "愛之, 能勿勞乎? 忠焉, 勿能誨乎?"

직역 공자께서 말씀하였다. "사랑한다면 수고롭게 하지 않을 수 있겠는가? 충실하다면 깨우쳐주지 않을 수 있겠는가?"

번안 공자가 말했다. "사랑하고 사모하는 마음이 있는 사람은 노력하면 쉽게 변한다. 공정하고 사사로운 마음이 없는 사람은 가르치면 소홀하게 되지 않을 것이다." 다시 말하면, "도덕적 인간을 좋아하는 사람은 쉽게 도덕적 인간으로 변하는데, 그것은 그 목적을 위해 수고를 덜어내려고 하지 않기 때문이다. 공정하고 사심이 없는 사람은 수고를 덜어내려고 하지 않으니 반드시 깨우침을 얻게 된다."

14-9

子曰: "爲命, 裨諶草創之, 世叔討論之, 行人子羽修飾之, 東里子產潤色之."

직역 공자께서 말씀하셨다. "사명(辭命: 문서)을 만들 때 비침(裨諶)이 초고를 만들고, 세숙(世叔)이 토론하고, 행인(行人)인 자우(子羽)가 수식(修飾)을 하고, 동리(東里)의 자산(子產)이 윤색(潤色)을 하였다."

번안 공자가 당시 한 나라에 막대한 가치가 있는 귀중한 국가문서를 두고 말했다. "이러한 국가문서를 준비하는 단계를 보면, 한 신하가 먼저 초고를 작성한다. 이후, 다른 신하가 다양한 사안에 대해 요점을 정리하여 서술한다. 그 다음, 또 다른 신하가 필요한 부분을 수정한다. 마지막으로 다른 한 신하가 언어를 품위 있게 수식하여 문서가 완성된다."

14-10

或問子産, 子曰: "惠人也." 問子西曰: "彼哉! 彼哉!" 問管仲曰: "人也. 奪伯氏騈邑三百, 飯疏食, 沒齒無怨言."

직역 어떤 사람이 자산(子産)의 인품을 묻자, 공자께서 말씀하셨다. "은혜로운 사람이다." 자서(子西)의 인품을 묻자, 말씀하셨다. "저 사람이여! 저 사람이여!" 관중(管仲)의 인품을 묻자, 말씀하셨다. "이 사람은 백씨(伯氏)의 병읍(騈邑) 300호를 빼앗았는데, 백씨는 거친 밥을 먹으며 평생을 마치면서도 원망하는 말이 없었다."

번안 어느 날, 어떤 사람이 저명한 정치가의 품격에 관한 공자의 관점을 물었다. 공자가 대답했다. "그는 인색하지 않고 너그러운 사람이다." 자산(子産)은 프랑스 루이 14세 때 재무장관을 담당했던 콜베르에 비유할 수 있다.

질문자가 또 추문으로 유명한 정치가의 품격에 관해 물었다. 공자가 대답했다. "아! 그 사람! 그 사람! 어찌하여 그 사람을 논해야 하는가?"

마지막으로, 질문자가 관중(管仲)의 품격에 관해 물었다. 관중은 독일을 통일한 정치가 비스마르크에 비유하면 쉽게 이해할 수 있다. 공자가 대답했다. "인간으로서, 그는 한 나라의 오래전 귀족이었던 가문의 주인으로부터 땅을 빼앗았다. 비록 땅의 본래 소유자는 이 때문에 매우 가난한 삶을 살았지만, 관중에 대해 어떠한 원한도 없었다."

14-11

子曰: "貧而無怨難, 富而無驕易."

직역 공자께서 말씀하셨다. "가난하면서 원망이 없기는 어렵고, 부자이면서 교만이 없기는 쉽다."

번안 공자가 말했다. "가난하면서 원망하지 않는 것은 쉬운 일이 아니다. 그러나 부유하면서 오만하지 않는 것은 쉬운 일이다."

14-12

子曰: "孟公綽爲趙·魏老則優; 不可以爲滕·薛大夫."

직역 공자께서 말씀하셨다. "맹공작(孟公綽)이 조씨(趙氏)와 위씨(魏氏)의 가로(家老)가 되는 것은 충분하지만, 등(滕)나라와 설(薛)나라의 대부(大夫)가 되어서는 안 된다."

번안 공자가 당시의 공인(公人)에 대해 말했다. "유명한 귀족 가문의 일꾼으로서 그는 우수하다고 말할 수 있다. 그러나 정치 업무를 담당하는 사람으로서는 적당하지 않다. 작은 나라라고 할지라도 마찬가지다."

14-13

子路問成人. 子曰: "若臧武仲之知, 公綽之不欲, 卞莊子之勇, 冉求之藝, 文之以禮樂, 亦可以爲成人矣." 曰: "今之成人者何必然! 見利思義, 見危授命, 久要不忘平生之言, 亦可以爲成人矣."

직역 자로(子路)가 성인(成人: 완성된 사람)에 대해 물었다. 공자께서 말씀하셨다. "만일 장무중(臧武仲)의 지혜와 공작(公綽)의 탐욕하지 않음과 변장자(卞莊子)의 용기와 염구(冉求)의 재예(才藝)에 예악(禮樂)으로 문채(文采)를 내면, 또한 성인(成人)이 될 수 있을 것이다." 말씀하셨다. "지금의 성인(成人)이 어찌 반드시 그러하겠는가! 이(利)를 보고 의(義)를 생각하며, 위태로움을 보고 목숨을 바치며, 오래된 언약에 평소의 말을 잊지 않는다면, 또한 성인(成人)이 될 수 있을 것이다."

번안 공자의 제자가 어떻게 해야 완벽한 성품을 갖춘 인간이 될 수 있는지에 대해 물었다. 공자는 당시에 유명한 사람을 언급하며 말했다. "완벽한 사람은 마땅히 다른 사람만큼의 지혜, 다른 사람만큼의 무욕(無慾)의 상태, 다른 사람만큼의 용감함, 다른 사람만큼의 재주가 있어야 한다. 이러한 성품을 제외하고, 또 문명사회의 예술과 제도를 연구함으로써 자신의 성품을 기른다면, 완벽한 성품을 갖춘 사람이라고 할 수 있다."
공자가 이어서 말했다. "그러나 지금 완벽한 성품을 갖춘 사람이 되려고 한다면, 위의 성품을 반드시 전부 갖추어야 하는 것은 아니다. 한 사람이 개인의 이익을 만났을 때 정의를 생각하고, 생명이 위험에 마주했을 때 생명을 포기할 준비가 되었으며, 오랜 기간 동안을 어려운 환경에 처한다하더라도, 인생철학을 위배하지 않아야 한다. 이러한 사람은 완벽한 성품을 갖춘 사람이라고 할 수 있다."

14-14

子問公叔文子於公明賈曰: "信乎夫子不言·不笑·不取乎?" 公明賈對曰: "以告者過也. 夫子時然後言, 人不厭其言; 樂然後笑, 人不厭其笑; 義然後取, 人不厭其取." 子曰: "其然, 豈其然乎?"

직역 공자께서 공숙문자(公叔文子)의 인품을 공명가(公明賈)에게 물으셨다. "참으로 선생께서는 말하지 않고 웃지 않고 취하지 않는가?" 공명가가 대답하였다. "말하는 자가 지나쳤습니다. 선생은 때에 맞은 뒤에야 말하므로 사람들이 그의 말을 싫어하지 않으며, 즐거운 뒤에야 웃으므로 사람들이 그의 웃음을 싫어하지 않으며, 의(義)에 맞은 뒤에야 취하므로 사람들이 그의 취함을 싫어하지 않는 것입니다." 공자께서 말씀하셨다. "그러할까, 어찌 그럴 수 있겠는가?"

번안 어느 날, 공자가 지인의 제자에게 그의 스승에 대해 물었다. "당신의 스승님은 말수가 적으시고, 매우 드물게 웃으시며, 어떠한 사람으로부터 어떠한 물건도 받지 않는다고 하는데, 정말 그러한가?" 그 제자가 대답했다. "저의 스승님은 말해야 할 때만 말씀하십니다. 그래서 스승님이 말씀하실 때에 사람들은 귀찮아하지 않습니다. 참으로 기쁠 때만 웃으십니다. 그래서 스승님이 웃으실 때 사람들은 귀찮아하지 않습니다. 스승님은 도의에 어긋나지 않을 때만 물건을 받으십니다. 그래서 스승님이 물건을 받으실 때 사람들은 귀찮아하지 않습니다." 공자가 말했다. "그렇구나! 그가 참으로 그러한가?"

14-15

子曰: "臧文仲以防求爲後於魯, 雖曰不要君, 吾不信也."

직역 공자께서 말씀하셨다. "장무중(臧武仲)이 방읍(防邑)을 가지고 노(魯)나라에게 후계자를 세워줄 것을 요구하였는데, 비록 임금을 협박하지 않았다고 말하지만, 나는 믿지 않는다."

번안 고국의 권세가인 귀족에 대해 공자가 말했다. "그는 자신의 재산을 계승하게 하려고, 계승자를 위임할 것을 군주에게 요청할 때, 군사요충지인 주요 도시를 점거하고 있었다. 그런 상황에서 그가 주인인 군주를 협박하지 않았다고 말하지만, 나는 믿지 않는다."

14-16

子曰: "晉文公譎而不正; 齊桓公正而不譎."

직역 공자께서 말씀하셨다. "진(晉)나라 문공(文公)은 속이면서 바르지 않았고, 제(齊)나라 환공(桓公)은 바르면서 속이지 않았다."

번안 공자가 그 시대에 가장 유명한 두 군주의 품격에 대해 말했다. "한 사람은 프레드릭 황제처럼 교활하면서 정의에 신경을 쓰지 않았고, 다른 한 사람은 독일의 빌헬름 1세처럼 정의에 각별히 신경을 쓰지만 교활하지 않았다."

14-17

子路曰: “桓公殺公子糾, 召忽死之, 管仲不死.” 曰: “未仁乎?” 子曰: “桓公九合諸侯, 不以兵車, 管仲之力也. 如其仁! 如其仁!”

직역 자로(子路)가 말하였다. “환공(桓公)이 공자(公子) 규(糾)를 죽이자, 소홀(召忽)은 죽었고, 관중(管仲)은 죽지 않았다.” 말하였다. “인(仁)하지 않지요?” 공자께서 말씀하셨다. “환공이 제후(諸侯)들을 규합하되, 군사를 쓰지 않은 것은 관중의 힘이었다. 그의 인(仁)만 하겠는가! 그의 인(仁)만 하겠는가!”

번안 공자의 제자가 독일의 비스마르크에 비유할 수 있는 유명한 정치가 관중(管仲)에 대해 말했다. “관중과 다른 한 사람이 두 왕자 가운데 형의 스승을 맡고 있었습니다. 작은 왕자가 왕위를 계승하기 위해 형을 죽였을 때, 두 스승 가운데 한 사람은 자신이 보살펴 왔던 제자와 함께 죽었으나 관중은 죽지 않았습니다. 관중은 도덕적인 사람이 아닐 것입니다.”

공자가 대답했다. “왜냐하면 관중은 대업을 이뤄야 했고, 군주인 그의 주인이라야 제국의 제후들을 국회에 소집할 수 있었으며, 그가 집권하던 시기에 큰 전쟁이 일어나지 않도록 할 수 있었다. 어찌하여 그와 같이 도덕적인 사람의 책임을 묻는 것이냐? 어찌하여 그와 같이 도덕적인 사람의 책임을 묻는 것이냐?”

14-18

子貢曰: "管仲非仁者與? 桓公殺公子糾, 不能死, 又相之." 子曰: "管仲相桓公, 霸諸侯, 一匡天下, 民到於今受其賜. 微管仲, 吾其被髮左衽矣. 豈若匹夫匹婦之爲諒也, 自經於溝瀆, 而莫之知也!"

직역 자공(子貢)이 말하였다. "관중(管仲)은 인자(仁者)가 아닐 것입니다. 환공(桓公)이 공자(公子) 규(糾)를 죽였는데, 죽지 못하고 또 그를 도와주었습니다." 공자께서 말씀하셨다. "관중이 환공을 도와 제후(諸侯)의 패자가 되어, 한 번 천하(天下)를 바로잡아, 백성이 지금까지 그 혜택을 받고 있다. 관중이 없었다면 우리는 그 머리를 풀고 옷깃을 왼편으로 하는 오랑캐가 되었을 것이다. 어찌 일반 사람들이 조그마한 신의(信義)를 위하여 스스로 도랑에서 목매어 죽어, 남이 알아주는 이가 없는 것과 같이 하겠는가!"

번안 다른 제자가 또 말했다. "그러나 관중은 큰 왕자와 함께 하지 않았을 뿐만 아니라, 그의 제자, 즉 그가 보살피던 사람이 죽었는데, 심지어 작은 왕자를 보좌하였습니다. 바로 작은 왕자가 그의 제자, 즉 그가 보살피던 사람을 죽였는데도 말입니다. 관중은 도덕적인 사람이 아닐 것입니다."
공자가 대답했다. "나라의 수석 장관으로서 관중은 군주인 그의 주인에게 패업을 이루어 우리에게 평화로운 세상을 만들어 주었다. 지금까지 백성은 여전히 그것을 향유하고 있다. 그의 위대한 공업 덕분일 것이다. 관중의 노력이 없었다면 우리는 지금 야만인처럼 살고 있을 것이다. 그는 네가 말하는 일반사람들과 같지 않다. 사랑하는 사람을 위해 충성을 다하는 사람들이 자신의 지조를 증명하기 위해 도랑물에 빠져 죽더라도 알아주는 이는 아무도 없을 것이다. 관중은 네가 말하는 그런 일반사람이 아니다."

14-19

公叔文子之臣大夫僎, 與文子同升諸公. 子聞之曰: "可以爲'文'矣."

직역 공숙문자(公叔文子)의 가신(家臣)인 대부(大夫) 선(僎)이 문자(文子)와 함께 공조(公朝)에 올랐다. 공자께서 듣고 말씀하셨다. "시호를 문(文)이라고 할 만하다."

번안 어떤 나라의 귀족이 정부에서 직무를 맡았을 때, 자신이 데리고 있던 부하 직원을 동료로 삼았다. 공자가 이를 논평하여 말했다. "이러한 사람은 확실히 '걸출한 문인'이라는 칭호를 줄 만하구나."

14-20

子言衛靈公之無道也, 康子曰: "夫如是, 奚而不喪?" 孔子曰: "仲叔圉治賓客, 祝鮀治宗廟, 王孫賈治軍旅. 夫如是, 奚其喪?"

직역 공자가 위(衛)나라 영공(靈公)의 무도(無道)함을 말하자, 강자(康子)가 말하였다. "이와 같은데도 어찌하여 지위를 잃지 아니합니까?" 공자께서 말씀하셨다. "중숙어(仲叔圉)는 빈객을 다스리고, 축타(祝鮀)는 종묘(宗廟)를 다스리고, 왕손가(王孫賈)는 군대를 다스린다. 이와 같으니 어찌 그 지위를 잃겠는가?"

번안 어느 날, 공자가 한창 어떤 나라 군주의 수치스런 삶에 대해 논평하고 있었는데, 어떤 사람이 말했다. "그가 그런 사람인데 어찌하여 왕위를 잃지 않고 있었습니까?" 공자가 대답했다. "그것은 그에게 걸출하고 재능이 뛰어난 사람이 행정기관 여러 부서에서 일하고 있기 때문이다."

14-21

子曰: "其言之不怍, 則爲之也難."

직역 공자께서 말씀하셨다. "그 말하는 것을 부끄러워하지 않으면 실천하기 어렵다."

번안 공자가 말했다. "대화를 할 때 부끄러움을 느끼지 못하는 사람에게서, 우리는 그의 행위에서도 많은 것을 기대하기 어렵다."

14-22

陳成子弑簡公. 孔子沐浴而朝, 告於哀公曰: "陳恒弑其君, 請討之." 公曰: "告夫三子." 孔子曰: "以吾從大夫之後, 不敢不告也. 君曰'告夫三子'者!" 之三子告, 不可. 孔子曰: "以吾從大夫之後, 不敢不告也."

직역 진성자(陳成子)가 간공(簡公)을 시해하였다. 공자께서 목욕하고 조회하시어 애공(哀公)에게 아뢰었다. "진항(陳恒)이 그 군주를 시해하였으니, 토벌하소서." 애공이 말하였다. "저 삼자(三子)에게 말하라." 공자께서 말씀하셨다. "내가 대부(大夫)의 뒤를 따랐기 때문에 감히 아뢰지 않을 수 없었다. 임금께서는 '저 삼자(三子)에게 말하라'고 하시는구나!" 삼자(三子)에게 가서 말하자, 안 된다고 하였다. 공자께서 말씀하셨다. "내가 대부의 뒤를 따랐기 때문에 감히 말하지 않을 수 없었다."

번안 어느 날, 이웃나라의 신하가 자신의 주인인 군주를 죽였다는 소식을 들었다. 공자는 제사할 때처럼 목욕재계하고 자기 나라의 군주를 찾아가서 말했다. "이웃나라의 신하가 자신의 주인인 군주를 죽였다고 합니다. 저는 조치를 취하여 즉각 처벌하기를 청합니다." 그러나 군주는 이렇게 대답할 뿐이었다. "가서 우리 정부의 고위 관료들에게 알리십시오."
그래서 공자는 그곳을 나온 후, 말했다. "내가 이 나라 국회에서 자문위원을 맡고 있기 때문에 말씀드린 것이다. 우리나라 군주가 이 사건에 주목하도록 하는 것이 나의 책임이다. 그러나 우리나라 군주는 지금 나더러 다른 고위 관료들에게 알리라고 하는구나."

이에 공자는 권력을 가진 고위 관료들을 찾아가 군주에게 했던 말을 전달하였다. 그러나 고위 관료들도 마찬가지로 아무런 조치도 취하지 않았다. 이에 공자가 말했다. "내가 이 나라 국회에서 자문위원을 맡고 있기 때문에 말씀드린 것이다. 나는 그들이 이 사건에 주목하도록 이미 나의 책임을 다하였다."

14-23

子路問事君. 子曰: "勿欺也, 而犯之."

직역 자로(子路)가 임금 섬기는 자세에 대해 물었다. 공자께서 말씀하셨다. "속이지 말고, 덤벼 들어야 한다."

번안 공자의 제자가 인간은 어떠한 언행과 거동으로 주인인 군주를 대해야 하는지에 대해 물었다. 공자가 대답했다. "속이지 말고, 필요할 때는 앞에서 얼굴을 마주하고 반대 의견을 말해야 한다."

14-24

子曰: "君子上達, 小人下達."

직역 공자께서 말씀하셨다. "군자(君子)는 위로 통달하고, 소인(小人)은 아래로 통달한다."

번안 공자가 말했다. "명석하면서도 착한 사람의 뜻은 위를 향하고, 어리석은 사람은 아래를 향한다."

14-25

子曰: "古之學者爲己, 今之學者爲人."

직역 공자께서 말씀하였다. "옛날에 배우는 사람들은 자신을 위한 공부를 하였는데, 지금에 배우는 사람들은 남을 위한 공부를 한다."

번안 공자가 말했다. "옛날 사람들이 스스로 학습하는 것은 그들 자신을 위해서이고, 지금 사람들이 스스로 학습하는 것은 남이 그를 기억하게 만들기 위해서다."

14-26

蘧伯玉使人於孔子. 孔子與之坐而問焉, 曰: "夫子何爲?" 對曰: "夫子欲寡其過, 而未能也." 使者出, 子曰: "使乎! 使乎!"

직역 거백옥(蘧伯玉)이 사람을 보내 공자께 문안을 드렸다. 공자께서 그와 함께 앉고 물었다. "선생[거백옥]께서는 무엇을 하시는가?" 대답하였다. "선생께서는 허물을 적게 하려고 하시지만 아직 능숙치 못하십니다." 심부름꾼이 나가자, 공자께서 말씀하셨다. "심부름꾼이구나! 심부름꾼이구나!"

번안 어떤 나라의 관리가 공자의 친한 벗이었는데, 심부름꾼을 공자에게 보냈다. 공자가 심부름꾼을 곁에 불러 앉히고 그에게 물었다.
"당신의 주인님은 요즘 무엇을 하십니까?"
그 심부름꾼이 대답했다. "자신의 단점을 적게 하려고 애쓰시는데,

하지 못하고 계십니다." 그 심부름꾼이 떠나간 이후, 공자가 감탄하여 말했다. "훌륭한 심부름꾼이구나! 훌륭한 심부름꾼이구나!"

14-27(8-14와 중복)

子曰: "不在其位, 不謀其政."

직역 공자께서 말씀하셨다. "그 지위에 있지 않으면 그 정사(政事)를 도모하지 않는다."

번안 공자가 말했다. "국가의 정부기관에서 직무를 맡지 않고 있는 사람은 정부의 정책에 대해 건의하지 말아야 한다." 정치적 업무는 담당자가 맡아 하는 것을 원칙으로 한다. 따라서 정부기관에서 아무런 지위가 없는 사람이 자의적으로 의견을 제기하여 지휘하려고 해서는 안 된다.

14-28

曾子曰: "君子思不出其位."

직역 증자(曾子)가 말하였다. "군자(君子)는 생각이 그 지위를 벗어나지 않는다."

번안 공자의 제자가 말했다. "명석하면서도 착한 사람은 자신의 생각이 자신의 지위를 넘어서지 않도록 한다."

14-29

子曰: "君子恥其言而過其行."

직역 공자께서 말씀하셨다. "군자(君子)는 그 말을 조심하고, 행실을 말보다 앞서게 한다."

번안 공자가 말했다. "명석하면서도 착한 사람은 말을 너무 많이 하는 것을 부끄러워하며, 차라리 더욱 많은 일을 하고자 한다."

14-30

子曰: "君子道者三, 我無能焉; 仁者不憂, 知者不惑, 勇者不懼." 子貢曰: "夫子自道也."

직역 공자께서 말씀하셨다. "군자(君子)의 도(道)가 세 가지인데, 나는 능숙한 것이 없다. 인자(仁者)는 근심하지 않고, 지자(智者)는 의혹하지 않고, 용자(勇者)는 두려워하지 않는다." 자공(子貢)이 말하였다. "선생님께서 스스로 겸손해 하신 말씀이다."

번안 어느 날, 공자가 말했다. "명석하면서도 착한 사람은 세 가지 방식으로 사람들에게 알려지지만, 스스로 자신을 드러내지는 않는다. 도덕적인 사람은 근심할 일이 없고, 지혜로운 사람은 의혹이 없으며, 용기 있는 사람은 두려움이 없다."
제자가 공자의 말을 듣고 말했다. "이는 스승님 자신을 말씀하신 것입니다."

14-31

子貢方人. 子曰: "賜也賢乎哉? 夫我則不暇."

직역 자공(子貢)이 사람을 비교하였다. 공자께서 말씀하셨다. "사(賜: 子貢)는 현명한 건가? 나는 그럴 겨를이 없다."

번안 공자의 제자가 사람을 비교하여 논평하기를 좋아하였다. 공자가 말했다. "너는 이런 일에 매우 훌륭한 사람이다. 나는 이러한 일을 할 겨를이 없다."

14-32

子曰: "不患人之不己知, 患其不能也."

직역 공자께서 말씀하셨다. "남이 나를 알아주지 않음을 걱정하지 말고, 자신의 능숙하지 않음을 걱정해야 한다."

번안 공자가 말했다. "사람들이 나를 알지 못할까 걱정하지 말고, 자기가 능력이 없을까 걱정하라."

14-33

子曰: "不逆詐, 不億不信. 抑亦先覺者, 是賢乎!"

직역 공자께서 말씀하셨다. "속일까 의심하지 말고, 믿어주지 않을까 억측하지 않는다. 그러나 또한 먼저 깨닫는 자가 현명하다."

번안 공자가 말했다. "다른 사람이 나를 속일까 미리 걱정하지 말고, 다른 사람이 믿을 만하지 못하다고 억측하지 말며, 오히려 그들의 존재를 쉽게 발견할 수 있으면, 그는 반드시 아주 훌륭한 사람일 것이다."

14-34

微生畝謂孔子曰: "丘何爲是栖栖者與? 無乃爲佞乎?" 孔子曰: "非敢爲佞也, 疾固也."

직역 미생묘(微生畝)가 공자에게 말하였다. "구(丘)는 어찌하여 이리도 연연해하는가? 말재주를 구사하는 것이 아닌가?" 공자께서 말씀하셨다. "내 감히 말재주를 구사하려는 것이 아니라, 고집불통을 미워하는 것입니다."

번안 그 시대의 어떤 실력자가 어느 날 공자에게 물었다. "당신이 여기저기 다니면서 강연을 하는데 그 목적이 무엇인가요? 당신도 사적인 이익을 추구하며 한가하게 말재주나 부리는 사람일까 걱정되오." 공자가 대답했다. "저는 한가히 말재주를 부리는 사람이 되려고 하지 않습니다. 그러나 저는 사람들의 생각이 좁고 고집스럽게 편견을 가지는 것을 싫어합니다."

14-35

子曰: "驥不稱其力, 稱其德也."

직역 공자께서 말씀하셨다. "기주(驥州)의 말은 그 힘을 칭찬하는 것이 아니라, 그 덕(德)을 칭찬하는 것이다."

번안 공자가 말했다. "훌륭한 말이 훌륭한 말이 되는 이유는 힘이 있어서가 아니라, 조련이 잘 된 도덕적 성품 때문이다."

14-36

或曰: "以德報怨, 何如?" 子曰: "何以報德? 以直報怨, 以德報德."

직역 어떤 사람이 말하였다. "은덕(恩德)으로 원한을 갚는 것은 어떻습니까?" 공자께서 말씀하셨다. "무엇으로써 덕(德)을 갚을 것인가? 정직함으로 원한을 갚고, 덕(德)으로 덕을 갚아야 한다."

번안 어느 날, 어떤 사람이 공자에게 물었다. "상해를 입었는데 선의(善意)로 갚으면 어떠합니까?" 공자가 대답했다. "그렇다면, 선의는 무엇으로 갚겠습니까? 상해를 입은 것은 공정함으로써 갚고, 선의는 선의로 갚아야 합니다."

14-37

子曰: "莫我知也夫!" 子貢曰: "何爲其莫知子也?" 子曰: "不怨天, 不尤人. 下學而上達. 知我者其天乎!"

직역 공자께서 말씀하셨다. "나를 알아주는 이가 없구나!" 자공(子貢)이 말하였다. "어찌하여 선생님을 알아주는 이가 없는 것입니까?"

공자께서 말씀하셨다. "하늘을 원망하지 않으며 사람을 탓하지 않는다. 아래로 배우면서 위로 통달한다. 나를 알아주는 것은 하느님이실 것이다."

번안 어느 날, 공자가 말했다. "아! 나를 이해하는 사람이 없구나!" 이에 제자가 물었다. "스승님, 이해하는 사람이 없다고 하니, 무슨 뜻입니까?" 공자가 대답했다. "나는 하늘에 불만이 없고, 사람도 원망하지 않는다. 나의 학문은 일상의 자질구레한 사물 가운데 존재한다. 그러나 나의 사상은 숭고한 사물을 통찰한다. 아! 하늘만이 나를 이해할 것이다."

14-38

公伯寮愬子路於季孫. 子服景伯以告, 曰: "夫子固有惑志於公伯寮, 吾力猶能肆諸市朝." 子曰: "道之將行也與? 命也; 道之將廢也與? 命也. 公伯寮其如命何!"

직역 공백료(公伯寮)가 자로(子路)를 계손(季孫)에게 참소하니, 자복경백(子服景伯)이 공자에게 아뢰었다. "선생[계손]께서 진실로 공백료의 말에 마음을 의혹하고 계시니, 내 힘이 그래도 공백료의 시신을 거리에 널어놓을 수 있습니다." 공자께서 말씀하셨다. "도(道)가 장차 행해지는 것도 명(命)이고, 도(道)가 장차 폐해지는 것도 명(命)이니, 공백료가 그 명(命)을 어떻게 하겠는가?"

번안 어느 날, 어떤 사람이 조정의 귀족들에게 뜬소문을 말하여 공자와 제자들을 헐뜯었다. 굳세고 용감한 자로에게 어떤 사람이 이 일을 말해주었다. 이후, 자로가 공자에게 이 일을 말했다. "그 귀족은 그 사람에 의해 샛길로 빠져들었습니다. 저는 그 사람을 죽여서 그의 시체를 저자거리에 버릴 수 있습니다." 여기까지 말하자, 공자가 말했다. "내가 사람들 가운데 나의 학설을 성공적으로 전파할 수 있을지는 하늘의 뜻에 달려 있다. 그 사람이 하늘의 뜻을 어찌할 수 있겠느냐?"

14-39

子曰: "賢者辟世. 其次辟地. 其次辟色. 其次辟言."

직역 공자께서 말씀하셨다. "현자(賢者)는 세상을 피하고, 그 다음은 지방을 피하고, 그 다음은 색(色)을 피하고, 그 다음은 말을 피한다."

번안 어느 날, 공자가 말했다. "지금 진정으로 도덕적인 사람들은 모두 은둔하였다. 다음 등급인 일부 사람들도 도피하거나 물러나 다른 나라에 숨어 산다. 또 그 다음 등급인 일부 사람들은 냉대를 받았을 때에 이르러 물러나 숨어 산다. 가장 낮은 등급인 사람들은 그렇게 하라고 알려 주었을 때가 되어야 물러나 숨어 산다."

14-40

子曰: "作者七人矣."

직역 공자께서 말씀하셨다. "실천한 자가 일곱 사람이다."

번안 공자가 이어서 말했다. "내가 알고 있는 7명은 이미 저서가 있는 사람이다."

14-41

子路宿於石門. 晨門曰: "奚自?" 子路曰: "自孔氏." 曰: "是知其不可而爲之者與?"

직역 자로(子路)가 석문(石門)에서 유숙하였다. 신문(晨門)이 말하였다. "어디에서 왔는가?" 자로(子路)가 말하였다. "공씨(孔氏)로부터 왔다." 말하였다. "불가능한 줄을 알면서도 하는 사람 말인가?"

번안 공자의 굳세고 용감한 제자 자로가 어느 날, 어쩔 수 없이 도시로 들어가는 대문 앞에서 하룻밤 묶게 되었다.
대문을 지키는 자가 그를 보고 물었다. "선생, 당신은 어디에서 왔소?" 자로가 대답했다. "저희 공선생님이 계신 곳에서 왔습니다." 그 사람이 말했다. "아! 그 사람은 지금의 시대에 실현할 수 없음을 뻔히 알면서도, 여전히 그러한 일들을 하는 그 사람이 아닌가?"

14-42

子擊磬於衛. 有荷蕢而過孔氏之門者, 曰: "有心哉! 擊磬乎!" 旣而曰: "鄙哉! 硜硜乎! 莫己知也, 斯已而已矣. 深則厲, 淺則揭." 子曰: "果哉! 末之難矣."

직역 공자가 위(衛)나라에서 경쇠를 두들겼다. 삼태기를 메고 공씨(孔

氏)의 문 앞을 지나가던 사람이 듣고서 말하였다. "마음이 천하(天下)에 있구나. 경쇠를 두들김이여!" 조금 있다가 말하였다. "비루하다. 너무도 단단하구나! 자기를 알아주지 못하면 그만두어야 할 것이다. 물이 깊으면 옷을 벗고 건너고, 얕으면 옷을 걷고 건너야 한다." 공자께서 말씀하셨다. "과감하구나! 어려울 것이 없겠구나!"

번안 어느 날, 공자가 악기를 연주하고 있었다. 이때, 삼태기를 짊어진 사람이 문 앞을 지나가다가 음악소리를 듣고 말했다. "지금 연주하시는 분은 매우 열심히 연주하시는 군요!" 한참 후에, 그가 말했다. "지금처럼 어지러이 연주하는데도 주의를 주는 사람이 없다면 얼마나 서글픈 일인가, 당신은 음악을 멈춰야 하오! '물이 깊으면 헤엄쳐 건너고, 얕으면 뛰어서 건너면 물에 젖지 않을 수 있지요.'"
그 사람의 말을 듣고 공자가 말했다. "그렇게 하는 것이 과감하긴 하지만, 어려운 일이 아니다."

14-43

子張曰: "『書』云: '高宗諒陰, 三年不言.' 何謂也?" 子曰: "何必高宗! 古之人皆然. 君薨, 百官總己以聽於冢宰三年."

직역 자장(子張)이 말하였다. "『서경(書經)』에 말하였다. '고종(高宗)이 양음(諒陰)에서 3년 동안 말하지 않았다.' 무엇을 말합니까?" 공자께서 말씀하셨다. "어찌 반드시 고종(高宗) 뿐이겠는가! 옛사람이 다 그러하였다. 군주(君主)가 죽으면, 모든 관리가 자기의 직책을 총괄하여 총재(冢宰)에게 듣기를 3년 동안 하였다."

번안 공자의 제자가 물었다. "『상서(尙書: 書經)』에서 말하기를, 고대의 제왕이 제국의 상사(喪事)를 치르는 기간 3년 동안에 침묵한다고 하는데, 무슨 뜻입니까?"
공자가 말했다. "그 한 사람의 제왕만이 지킨 규칙이 아니다. 고대의 모든 군주들이 지켰던 일반 규칙이다. 군주가 세상을 떠난 이후, 3년 동안 모든 공무를 맡은 관리들은 국무총리의 명령을 따른다."

14-44

子曰: "上好禮, 則民易使也."

직역 공자께서 말씀하셨다. "위에서 예(禮)를 좋아하면 백성을 부리기 쉽다."

번안 공자가 말했다. "통치자가 교육으로 동기부여하고 좋은 예의(禮儀)를 격려하면, 국민들은 통치를 쉽게 받아들인다."

14-45

子路問君子. 子曰: "修己以敬." 曰: "如斯而已乎?" 曰: "修己以安人." 曰: "如斯而已乎?" 曰: "修己以安百姓. 修己以安百姓, 堯·舜其猶病諸!"

직역 자로(子路)가 군자(君子)에 대해 물었다. 공자께서 말씀하셨다. "경(敬)으로써 몸을 닦는다." 말하였다. "이와 같을 뿐입니까?" 말씀하셨다. "몸을 닦아서 사람을 편안하게 한다." 말하였다. "이와 같을 뿐입니까?" 말씀하셨다. "몸을 닦아서 백성을 편안하게 한다. 몸을 닦아서 백성을 편안하게 함은 요(堯)·순(舜)임금도 오히려 부족하게 여기셨다."

번안 공자의 제자가 어떻게 해야 명석하면서도 착한 사람이라고 할 수 있는지에 대해 물었다.
공자가 대답했다. "명석하면서도 착한 사람은 엄격하고 진지하게 자신이 뱉는 말이 정확하고 적절하도록 한다." 제자가 물었다. "단지 이와 같을 뿐입니까?" 공자가 대답했다. "그렇다. 다른 사람을 기쁘게 하기 위해 자신이 뱉는 말이 적절하도록 하는 것이다." 제자가 또 물었다. "단지 이와 같을 뿐입니까?" 공자가 대답했다. "그렇다. 세상 사람을 행복하게 하기 위하여 자신이 뱉는 말이 적절하도록 한다. 이로써 판단한다면 위대한 고대의 제왕들도 그들이 부족하다고 여길 것이다."

14-46

原壤夷俟. 子曰: "幼而不孫弟, 長而無述焉, 老而不死, 是爲賊!" 以杖叩其脛."

직역 원양(原壤)이 걸터앉아 기다렸다. 공자께서 말씀하셨다. "어려서는 공손하지 못하고, 장성해서는 칭찬할 만한 일이 없고, 늙어서도 죽지 않는 것이 바로 적(賊)이다." 지팡이로 그의 정강이를 두드렸다.

번안 공자의 오랜 지인(知人) 가운데 비루하고 능력이 없는 자가 있었다. 어느 날, 공자가 가는 길에 그가 웅크리고 앉아 일어나지 않았다. 공자가 그에게 말했다. "너는 젊어서는 제멋대로 고집을 피우는 불량한 시민이었고, 성년이 된 이후에는 아무런 훌륭한 일도 해내지 못했다. 지금 너는 또 노년을 부끄럽게 살고 있으니, 너 같은 사람은 어찌할 수 없는 망나니로구나!" 이렇게 말하면서 공자는 지팡이로 그의 종아리를 두드렸다.

14-47

闕黨童子將命. 或問之曰: "益者與?" 子曰: "吾見其居於位也, 見其與先生並行也. 非求益者也, 欲速成者也."

직역 궐당(闕黨)의 동자(童子)가 명령을 전달하는 일을 맡아보았다. 어떤 사람이 물었다. "정진할 수 있는 자입니까?" 공자께서 말씀하셨다. "나는 저 아이가 자리에 앉아 있는 것을 보았고, 그 선생과 나란히 걸어 다니는 것을 보았다. 정진하여 구하는 자가 아니라, 빨리 이루려는 자이다."

번안 지방에 사는 젊은이가 공자의 집 문을 지키고, 오는 손님을 안내하는 일을 하였다. 어떤 사람이 공자에게 말했다. "내가 보기에 그의 학식이 정진한 것 같습니다." 공자가 대답했다. "아니요. 그는 항상 그의 연령대가 앉지 말아야 할 곳에 앉아 있었고, 게다가 그보다 나이가 많은 사람과 어깨 나란히 걸었다. 그는 자신의 학식을 정진하려는 사람이 아니다. 단지 빨리 성숙한 사람이 되고 싶어 할 뿐이다."

◗ 제15편 위령공(衛靈公)

15-1

衛靈公問陳於孔子, 孔子對曰: "俎豆之事, 則嘗聞之矣; 軍旅之事, 未之學也." 明日遂行. 在陳絶糧, 從者病, 莫能興. 子路慍見曰: ""君子亦有窮乎?" 子曰: "君子固窮, 小人窮斯濫矣."

직역 위(衛)나라 영공(靈公)이 공자에게 진법(陳法)을 묻자, 공자께서 대답하셨다. "제기(祭器)에 관한 일은 일찍이 들었는데, 군대에 관한 일은 배우지 못했습니다." 다음날 마침내 떠났다. 진(陳)나라에 있을 때 양식이 떨어지자, 따르던 제자들이 병들어 일어나지 못하였다. 자로(子路)가 성난 얼굴로 뵙고 말하였다. "군자(君子)도 궁핍할 때가 있습니까?" 공자께서 말씀하셨다. "군자(君子)는 본디 궁핍한 것이니, 소인(小人)은 궁핍하면 넘친다."

번안 공자가 여행 도중에 어떤 나라에 갔는데, 집권하고 있던 군주가 군사 책략에 대해 물었다. 공자가 대답했다. "저는 평화적 책략을 조금 알고 있습니다만, 전쟁을 위한 책략과 방법은 배운 적이 없습니다." 이튿날, 그 나라를 떠났다.

이후, 여행 도중에 계속 가다가 어떤 다른 나라에 도착했다. 그들은 식량이 떨어졌고 그런 상황이 지속되었으며, 이와 같은 초라한 궁지에서 더 이상 앞으로 나아갈 수 없었다. 굳세고 용감한 제자 자로가 불만스런 얼굴을 하고 공자에게 말했다. "명석하면서도 착한 사람도 이와 같이 궁지에 몰릴 수 있습니까?" 공자가 대답했다. "그렇다. 명석하면서도 착한 사람은 간간히 궁지에 몰릴 수 있다. 그러나 어리석은 사람이 궁지에 몰리면 경솔하고 거칠게 변한다."

15-2

子曰: "賜也, 女以予爲多學而識之者與?" 對曰: "然. 非與?" 曰: "非也. 予一以貫之."

직역 공자께서 말씀하셨다. "사(賜)야! 너는 내가 많이 배우고 그것을 기억하는 사람이라고 여기느냐?" 자공(子貢)이 대답하였다. "그렇습니다. 아닙니까?" 공자께서 말씀하셨다. "아니다. 나는 하나의 이치가 모든 사물을 꿰뚫었다."

번안 어느 날, 공자가 제자에게 말했다. "너는 내가 많은 것을 배우고 그것들을 모두 기억한다고 생각하느냐?" 제자가 대답했다. "그렇습니다. 아닙니까?"
공자가 대답했다. "아니다. 나는 하나의 연속성이 있는 원칙으로 나의 모든 학문을 통일시켰다."

15-3

子曰: "由! 知德者鮮矣."

직역 공자께서 말씀하셨다. "유(由)야! 덕(德)을 아는 자가 드물다."

번안 어느 날, 공자가 제자에게 말했다. "진정으로 도덕을 아는 사람은 보기 드물구나!"

15-4

子曰: "無爲而治者, 其舜也與! 夫何爲哉? 恭己正南面而已矣."

직역 공자께서 말씀하셨다. "행함이 없이 다스리신 사람은 순(舜)임금이실 것이다. 무엇을 했겠는가? 몸을 공손히 하고 바르게 남면(南面)을 하였을 뿐이다."

번안 공자가 말했다. "고대의 제왕인 순(舜)이 유일하게 성공적으로 정부의 원칙을 실현한 사람이다. 그에게서 이른바 정부라는 것이 어찌 필요했겠느냐? 통치자는 단지 개인의 행실에서만 성실하고 엄숙하며, 신분에 걸맞게 예의(禮儀)와 거동을 드러내기만 하면 되는 것이다."

15-5

子張問行. 子曰: "言忠信, 行篤敬, 雖蠻貊之邦行矣. 言不忠信, 行不篤敬, 雖州里行乎哉? 立, 則見其參於前也; 在輿, 則見其倚於衡也. 夫然後行." 子張書諸紳.

직역 자장(子張)이 행해짐에 대해 물었다. 공자께서 말씀하셨다. "말이 충(忠)·신(信)하고 행실이 독(篤)·경(敬)하면, 비록 오랑캐의 나라라고 하더라도 행해질 수 있다. 말이 충(忠)·신(信)하지 못하고 행실이 독(篤)·경(敬)하지 못하면, 비록 주(州)·리(里)라고 하더라도 행해질 수 있겠는가? 일어서면 그것이 앞에 참여함을 볼 수 있고, 수레에 있으면 그것이 멍에에 기댐을 볼 수 있어야 한다. 이와 같은 뒤에야 행해질 수 있다." 자장(子張)이 띠에다 썼다.

번안 공자의 제자가 어떻게 해야 사람들과 잘 사귈 수 있는지에 대해 물었다.

공자가 대답했다. "말을 할 때는 양심(良心)과 성심(誠心)을 강조하고, 일을 할 때는 진지하고 엄숙해야 한다. 이렇게 해야 너의 몸이 야만인들이 사는 미개한 국가에 있더라도 사람들과 잘 사귈 수 있다. 그러나 네가 말을 할 때 양심을 버리고 성심을 다하지 않고, 일을 할 때 진지하지 않고 엄숙하지 않다면, 자신의 나라나 자신의 고향에 있더라도 또한 어찌 사람들과 사귈 수 있겠는가?

너는 항상 이 원칙을 너의 면전에 두고 지키되, 마치 네가 수레를 몰 때 두 눈으로 달리는 말의 앞을 주시하는 것처럼 해야 할 것이다. 이렇게 하면, 너는 항상 사람들과 잘 사귈 수 있다." 그 제자는 이 말을 그의 허리띠에 새겼다.

15-6

子曰: "直哉史魚! 邦有道, 如矢; 邦無道, 如矢. 君子哉蘧伯玉! 邦有道, 則仕; 邦無道, 則可卷而懷之."

직역 공자께서 말씀하셨다. "정직하다, 사어(史魚)여! 나라에 도(道)가 있을 때도 화살처럼 곧으며, 나라에 도(道)가 없을 때도 화살처럼 곧도다. 군자(君子)답다. 거백옥(蘧伯玉)이여! 나라에 도(道)가 있으면 벼슬하고, 나라에 도(道)가 없으면 거두어 속에 감추어 두는구나!"

번안 공자가 당시의 유명한 역사학자에 대해 말했다. "그는 얼마나 솔직하고 정직한 사람인가! 다른 나라의 정치에 정의와 질서가 있을 때, 마치 화살처럼 정직했고, 다른 나라의 정치에 정의와 질서가 없을 때, 여전히 화살처럼 정직했다."
그 시대의 다른 공인(公人)에 대해 공자가 말했다. "그는 얼마나 명석하면서도 착한 사람인가! 다른 나라의 정치에 정의와 질서가 있을 때, 공적인 사무에 참여했고, 다른 나라의 정치에 정의와 질서가 없을 때, 자신을 숨겨서 완전히 개인적인 삶을 살았다."

15-7

子曰: "可與言而不與之言, 失人; 不可與言而與之言, 失言. 知者不失人, 亦不失言."

직역 공자께서 말씀하셨다. "더불어 말할 만한데도 더불어 말하지 않으면 사람을 잃는 것이고, 더불어 말한 만하지 못한데도 더불어 말한다면 말을 잃는 것이다. 지혜로운 사람은 사람을 잃지 않고, 또한 말을 잃지 않는다."

번안 공자가 말했다. "당신이 함께 말할 수 있는 적당한 사람을 만났는데, 오히려 말을 하지 않았으면 곧 기회를 놓친 것이다. 당신이 함께 말하기에 적당하지 않은 사람을 만났는데, 오히려 그에게 말을 걸었다면 쓸데없는 말을 한 것이다. 지혜로운 사람은 좋은 기회를 놓치지 않으며, 쓸데없는 말도 하지 않는다."

15-8

子曰: "志士仁人, 無求生以害仁, 有殺身以成仁."

직역 공자께서 말씀하셨다. "지사(志士)와 인인(仁人)은 삶을 구하여 인(仁)을 해침이 없고, 몸을 죽여 인(仁)을 이루는 경우는 있다."

번안 공자가 말했다. "기개(氣槪)가 있는 신사거나 도덕적 성품을 가진 사람은 절대로 도덕적 품격을 대가로 지불하면서 생명을 구걸하지 않는다. 도덕적 품성을 만회하기 위해 차라리 생명을 희생한다."

15-9

子貢問爲仁, 子曰: "工欲善其事, 必先利其器. 居是邦也, 事其大夫之賢者, 友其士之仁者."

직역 자공(子貢)이 인(仁)을 행함에 대해 묻자, 공자께서 말씀하셨다. "공인(工人)이 그 일을 잘하려면, 반드시 먼저 그 도구를 예리하게 만들어야 한다. 이 나라에 살며 그 대부(大夫) 가운데 현명한 사람을 섬기며, 그 선비 가운데 어진 사람을 벗 삼아야 한다."

번안 공자의 제자가 어떻게 살아야 도덕적인 삶을 사는 것인지에 대해 물었다.
공자가 대답했다. "일을 잘 하려는 장인(匠人)은 우선 그가 사용하는 도구를 날카롭게 만들어 준비한다. 네가 어떤 나라에 살고 있다면, 마땅히 그 나라에서 도덕적 성품을 가진 귀족과 중요한 관리들을 위해 일하고, 마땅히 그 나라의 도덕적 성품을 가진 신사들과 우호적인 관계를 맺어야 한다."

15-10

顏淵問爲邦. 子曰: "行夏之時, 乘殷之輅, 服周之冕, 樂則韶舞. 放鄭聲, 遠佞人. 鄭聲淫, 佞人殆."

직역 안연(顏淵)이 나라를 다스리는 일에 대해 물었다. 공자께서 말씀하셨다. "하(夏)나라의 달력을 행하고, 은(殷)나라의 수레를 타며, 주(周)나라의 면류관을 쓰고, 음악은 소무(韶舞)를 할 것이다. 정(鄭)나라 음악을 추방해야 하며, 말재주 있는 사람을 멀리 할 것이다. 정(鄭)나라 음악은 음탕하고, 말 잘하는 사람은 위태롭다."

번안 공자의 제자가 제국의 정치를 위해 어떠한 제도를 실시해야 하는지 물었다.
공자가 대답했다. "하나라의 달력을 사용하며, 은나라의 수레를 쓰며, 지금 왕조의 제복(制服)을 쓰라. 국가의 음악은 가장 오래된 음악을 쓰라. 지금 음악 가운데 가장 유행하는 곡조를 금지시키고, 말재주 부리는 모든 사람들을 추방하라. 지금 유행하는 음악은 사람들의 마음이 외적인 아름다움에 도취하게 만들고, 말재주 부리는 사람은 나라에 위험하기 때문이다."

15-11

子曰: "人無遠慮, 必有近憂."

직역 공자께서 말씀하셨다. "사람이 먼 생각이 없으면, 반드시 가까운 근심이 있다."

번안 공자가 말했다. "내일을 위해 걱정하고 근심하지 않는다면, 오늘이 다 가기 전에 유감을 느낄 것이다."

15-12(9-17과 중복)

子曰: "已矣乎! 吾未見好德如好色者也."

직역 공자께서 말씀하셨다. "어쩔 수 없구나! 나는 덕(德)을 좋아하기를 색(色)을 좋아하듯이 하는 사람을 보지 못하였다."

번안 어느 날, 공자가 이렇게 말하는 것을 들었다. "아! 나는 여인의 미모를 사랑하듯이 도덕적 품격을 좋아하는 사람을 현실에서 한 사람도 보지 못했다."

15-13

子曰: "臧文仲其竊位者與? 知柳下惠之賢, 而不與立也."

직역 공자께서 말씀하셨다. "장문중(臧文仲)은 그 지위를 도적질한 자일 것이다. 유하혜(柳下惠)의 현명함을 알고서도 더불어 서지 않았다."

번안 공자가 당시의 공인(公人)에 대해 말했다. "그는 자신의 직위를 도둑질한 사람과 같다. 친구의 재능과 미덕을 알고 있으면서도 정부에서 재직하고 있을 때 친구를 추천하지 않았다. 친구가 그의 동료가 될까 오히려 두려워했다."

15-14

子曰: "躬自厚而薄責於人, 則遠怨矣."

직역 공자께서 말씀하셨다. "몸소 자책하기를 두텁게 하고, 사람을 책망하기를 적게 한다면, 원망이 멀어질 것이다."

번안 공자가 말했다. "자신에게는 많은 것을 요구하지만, 남에게는 적은 것을 요구하는 사람은 원한을 품을 적(敵)이 없을 것이다."

15-15

子曰: "不曰: '如之何, 如之何'者, 吾未如之何也已矣."

직역 공자께서 말씀하셨다. "'어찌할까, 어찌할까'라고 말하지 않는 자에 대해서는 나도 어찌할 수가 없을 뿐이다."

번안 공자가 말했다. "항상 자신에게 '무엇이 마땅히 해야 하는 바른 일인가?'를 묻지 않는 사람에 대해, 나는 이러한 사람을 위해 아무것도 할 수 없다."

15-16

子曰: "羣居終日, 言不及義, 好行小慧, 難矣哉!"

직역 공자께서 말씀하셨다. "여럿이 거처하며 하루를 마치면서도, 말이 의리에 미치지 못하고, 작은 지혜 행하기 좋아한다면, 환란이 있을 것이다."

번안 공자가 말했다. "한 무리 사람들이 하루 종일 모여 있으면서, 그 화두(話頭)가 어떤 사안에 대한 원칙을 고민하거나 진리를 논의하는 데 있지 않으면, 작은 지혜와 우스개로 노닥거리며 오락하는 짓이니, 이는 아주 좋지 않은 일이다."

15-17

子曰: “君子義以爲質; 禮以行之, 孫以出之, 信以成之. 君子哉!”

직역 공자께서 말씀하셨다. “군자(君子)는 의(義)로써 바탕을 삼고, 예(禮)로써 그것을 행한다. 겸손함으로써 그것을 내며, 신뢰로써 그것을 이룬다. 이것이 군자이다.”

번안 공자가 말했다. “명석하면서도 착한 사람은 정의를 천부적인 본질로 삼으며, 판단력과 훌륭한 인지능력으로 그것을 실현한다. 그리고 겸손한 태도로 그것을 서술한다. 진심과 성심으로 그것을 이룬다. 이러한 사람이 진정으로 명석하면서도 착한 사람이다.”

15-18

子曰: “君子病無能焉, 不病人之不己知也.”

직역 공자께서 말씀하셨다. “군자(君子)는 자기의 무능함을 병통으로 여기고, 남이 자신을 알아주지 못함을 병통으로 여기지 않는다.”

번안 공자가 말했다. “명석하면서도 착한 사람은 자신이 능력이 없음을 고민하며, 사람들이 자신을 알아주지 못함을 고민하지 않는다.”

15-19

子曰: "君子疾沒世而名不稱焉."

직역 공자께서 말씀하셨다. "군자(君子)는 종신토록 이름이 일컬어지지 않음을 싫어한다."

번안 공자가 말했다. "명석하면서도 착한 사람은 이름이 후세에 전해질만한 아무런 일도 해내지 못한 채 죽는 자신을 미워한다."

15-20

子曰: "君子求諸己, 小人求諸人."

직역 공자께서 말씀하셨다. "군자(君子)는 자신에게서 찾고, 소인(小人)은 남에게서 찾는다."

번안 공자가 말했다. "명석하면서도 착한 사람은 자신이 원하는 것을 자신에게서 찾지만, 어리석은 사람은 다른 사람에게서 찾는다."

15-21

子曰: "君子矜而不爭, 羣而不黨."

직역 공자께서 말씀하셨다. "군자(君子)는 씩씩하면서도 다투지 않고, 동료끼리 모이면서도 편당하지 않는다."

번안 공자가 말했다. "명석하면서도 착한 사람은 자랑스러워하더라도 자부심을 가지지 않으며, 교제를 잘하지만 어떠한 당파에도 소속하지 않는다."

15-22

子曰: "君子不以言擧人, 不以人廢言."

직역 공자께서 말씀하셨다. "군자(君子)는 말을 잘한다고 해서 그 사람을 들어 쓰지 않으며, 사람이 나쁘다 하여 그의 좋은 말을 버리지 않는다."

번안 공자가 말했다. "명석한 사람은 그 사람의 말 때문에 그를 지지하지 않으며, 그 사람의 인품 때문에 그의 말을 소홀히 여기지 않는다."

15-23

子貢問曰: "有一言而可以終身行之者乎?" 子曰: "其恕乎! 己所不欲, 勿施於人."

직역 자공(子貢)이 물었다. "한 말씀으로써 종신토록 행할 만한 것이 있습니까?" 공자께서 말씀하셨다. "그 서(恕)일 것이다. 자기가 하고 싶지 않는 것을 남에게 베풀지 말라."

번안 공자의 제자가 물었다. "한마디 말로 삶의 실천을 평생 동안 인도할 수 있는 그런 말이 있는지요?" 공자가 대답했다. "아마 '널리 사랑하라!'는 말일 것이다. 다른 사람들이 네가 하기를 바라지 않는 일의 경우, 너도 다른 사람에게 하기를 바라지 말아야 한다."

15-24

子曰: "吾之於人也, 誰毁誰譽? 如有所譽者, 其有所試矣. 斯民也, 三代之所以直道而行也."

직역 공자께서 말씀하셨다. "내가 사람에 대해 누구를 훼방하고 누구를 지나치게 칭찬하겠는가? 만일 칭찬하는 바가 있으면, 그 시험해 봄이 있는 것이다. 이 백성은 삼대(三代) 때 정직한 도로 살았던 사람이다."

번안 어느 날, 공자가 말했다. "내가 사람을 판단할 때, 경솔하게 질책하지 않으며, 경솔하게 칭찬하지도 않는다. 내가 우연히 어떤 사람을 칭찬했다면, 본래의 장점보다 부풀려질 가능성이 있다는 생각이 들겠지만, 너는 분명히 믿을 수 있을 것이다.
나는 이미 조심스레 나의 판단을 저울질 하였다. 오늘날 사람들은, 옛날 아름다운 시대에 살던 사람들이 그 시대의 사람들을 대하듯이, 공정하게 그들을 대하려고 한다면, 분명히 무엇으로도 그 사람을 저지시키지 못할 것이다.

15-25

子曰: "吾猶及史之闕文也, 有馬者借人乘之. 今亡矣夫!"

직역 공자께서 말씀하셨다. "나는 오히려 사관(史官)들이 글을 빼놓고 기록하지 않고, 말을 소유한 자가 남에게 빌려주어 타게 하는 일에 미쳐 보았다. 지금은 그것도 없어졌구나!"

번안 공자가 만년에 말했다. "내가 젊었을 때는 여전히 권위적인 역사서에 누락된 중요한 정보를 주는 서적을 얻을 수 있었다. 말 한 필을 가진 사람은 흔쾌히 친구에게 빌려주어 타게 하였다. 그러나 지금은 이러한 시대와 풍습이 모두 사라졌다."

15-26

子曰: "巧言亂德. 小不忍則亂大謀."

직역 공자께서 말씀하셨다. "간교한 말은 덕(德)을 어지럽히고, 작은 것을 참지 못하면 큰 계책을 어지럽힌다."

번안 공자가 말했다. "합리적인 것처럼 보이는 언어가 도덕적 성품의 관념을 섞어 놓아 분별할 수 없게 만들었다. 미세한 조급증이 위대한 사업을 무너뜨린다."

15-27

子曰: “衆惡之, 必察焉; 衆好之, 必察焉.”

직역 공자께서 말씀하셨다. “여러 사람이 그를 미워하더라도 반드시 살펴보며, 여러 사람이 그를 좋아하더라도 반드시 살펴보아야 한다.”

번안 공자가 말했다. “뭇 사람들이 싫어하는 사람이라면 왜 사람들이 자신을 싫어하는지 생각해 봐야 한다. 뭇 사람들이 좋아하는 사람이라도 왜 사람들이 자신을 좋아하는지 생각해 볼 필요가 있다.”

15-28

子曰: “人能弘道, 非道弘人.”

직역 공자께서 말씀하셨다. “사람이 도(道)를 넓히는 것이지, 도(道)가 사람을 넓히는 것이 아니다.”

번안 공자가 말했다. “사람이 그가 믿는 종교, 또는 원칙을 위대하게 할 수 있는 것이지, 그가 믿는 종교, 또는 원칙이 그를 위대하게 만들 수 있는 것이 아니다.”

15-29

子曰: “過而不改, 是謂過矣.”

직역 공자께서 말씀하셨다. “잘못이 있어도 고치지 않는 것, 이를 진짜 잘못이라 한다."

번안 공자가 말했다. "잘못이 있는데도 고치지 않으면, 그것이 바로 정말 잘못이다."

15-30

子曰: "吾嘗終日不食, 終夜不寢, 以思無益. 不如學也."

직역 공자께서 말씀하셨다. "내 일찍이 종일토록 밥을 먹지 않고, 밤새도록 잠을 자지 않고 생각했는데도 유익함이 없었다. 배우는 것만 같지 못하였다."

번안 어느 날, 공자가 말했다. "내가 하루 종일 밥을 먹지 않고, 하루 종일 잠을 자지 않으면서 사색에 잠겨봤지만 아무 소용이 없더라. 나는 책에서 학문을 얻는 것이 더욱 효과적이라는 것을 발견하였다."

15-31

子曰: "君子謀道不謀食. 耕也, 餒在其中矣; 學也, 祿在其中矣. 君子憂道不憂貧."

직역 공자께서 말씀하셨다. "군자(君子)는 도(道)를 도모하고 밥을 도모하지 않는다. 밭을 경작할 때 굶주림이 그 가운데 있고, 학문을 함에 녹봉이 그 가운데 있다. 군자(君子)는 도(道)를 걱정하고 가난함을 걱정하지 않는다."

번안 공자가 말했다. "명석하면서도 착한 사람은 진리를 탐색하기 위해 바쁜 것이지, 생계를 찾기 위해 바쁜 것이 아니다. 농사를 지어도 굶주리는 경우가 있지만, 교육은 공직으로 보수를 받을 수 있다. 명석하면서도 착한 사람은 진리를 갈망하며, 가난을 걱정하지 않는다."

15-32

子曰: "知及之, 仁不能守之, 雖得之, 必失之. 知及之, 仁能守之, 不莊以涖之, 則民不敬. 知及之, 仁能守之, 莊以涖之, 動之不以禮, 未善也."

직역 공자께서 말씀하셨다. "지혜가 거기에 미치더라도 인(仁)이 능숙하게 그것을 지켜내지 못하면, 비록 얻더라도 반드시 잃는다. 지혜가 거기에 미치며, 인(仁)히 능숙하게 그것을 지키더라도, 장엄함으로써 백성에게 임하지 않으면, 백성이 그를 공경하지 않는다. 지혜가 미치며, 인(仁)이 능숙하게 지켜내며, 장엄함으로써 백성에게 임하더라도, 움직이기를 예(禮)로써 하지 않는다면, 선(善)하지 못하다."

번안 공자가 말했다. "사람은 자신의 지혜로 학문을 얻는다. 그러나 도덕적 성품을 갖추지 못하면 그것을 지키지 못하고 다시 잃는다. 예를 들면, 어떤 사람이 자신의 지혜로 그것을 얻었다. 그리고 도덕적 성품으로 그것을 지킬 수 있다. 그러나 적절하게 학문을 정연하게 정리하지 못하면, 그는 사람들이 존경하는 마음을 얻을 수 없다.
궁극적으로, 어떤 사람이 자신의 지혜로 그것을 얻었다. 그리고 도덕적 성품으로 그것을 지킬 수 있었다. 그리고 적절하게 학문을 정연하게 정리하였다. 그러나 그가 우아한 예의(禮儀)와 훌륭하고 이상적인 인지능력으로 실천하고 그것을 사용하지 않으면, 또한 완벽하게 아름다운 것이 아니다."

15-33

子曰: "君子不可小知, 而可大受也; 小人不可大受, 而可小知也."

직역 공자께서 말씀하셨다. "군자(君子)는 작은 일에 알 수는 없으나 큰 것을 받을 만하고, 소인(小人)은 큰 것을 받을 수는 없으나 작은 일에 알 수는 있다."

번안 공자가 말했다. "명석하면서도 착한 사람은 작은 일에서 성품이 드러나지 않을 수 있다. 그러나 큰일을 그에게 위임할 수 있다. 반면에 어리석은 사람은 작은 일을 잘하여 유명해질 수 있다. 그러나 큰 일을 그에게 위임할 수는 없다."

15-34

子曰: "民之於仁也, 甚於水火. 水火, 吾見蹈而死者矣, 未見蹈仁而死者也."

직역 공자께서 말씀하셨다. "백성이 인(仁)에 대하여 물과 불보다도 심하다. 물과 불은 내가 밟다가 죽는 자를 보았지만, 인(仁)을 밟다가 죽는 자는 내가 보지 못하였다."

번안 공자가 말했다. "불과 물은 삶에서 반드시 필요한 것이다. 이와 비교해 볼 때, 사람에게는 도덕이 반드시 필요함을 알 수 있다. 나는 사람이 불에 떨어지거나 물에 빠져 죽는 것을 보았다. 그러나 사람이 도덕적이었기 때문에 죽는 것은 보지 못했다."

15-35

子曰: "當仁不讓於師."

직역 공자께서 말씀하셨다. "인(仁)을 마주해서는 스승에게도 사양하지 않는다."

번안 공자가 말했다. "도덕에 부합되는 일이라면, 스승님의 말씀을 따르지 않아도 된다."

15-36

子曰: "君子貞而不諒."

직역 공자께서 말씀하셨다. "군자(君子)는 바르지만 무조건 믿지는 않는다."

번안 공자가 말했다. "명석하면서도 착한 사람은 충실과 성심을 다하므로 믿을 만한 사람이며, 고집스럽고 어리석은 충성심을 가진 사람이 아니다."

15-37

子曰: "事君, 敬其事而後其食."

직역 공자께서 말씀하셨다. "군주(君主)를 섬기되, 그 일을 공경하고 그 밥을 뒤에 한다."

번안 공자가 말했다. "군주를 위해 일할 때, 책임을 첫 자리에 두고, 보수를 다음의 일로 생각해야 한다."

15-38

子曰: "有教無類."

직역 공자께서 말씀하셨다. "가르침이 있으면 부류가 없다."

번안 공자가 말했다. "진정으로 교양이 있는 사람들 가운데, 사회적인 계급과 민족을 구별하여 별도의 차이를 두는 사람은 없다." 다시 말하면, "진정으로 교양 있는 사람을 보면, 그 사람이 사회적으로 어떤 계급인지 어떤 민족인지와는 무관하다."

15-39

子曰: "道不同, 不相爲謀."

직역 공자께서 말씀하셨다. "도(道)가 같지 않으면 서로 도모하지 않는다."

번안 공자가 말했다. "서로 다른 원칙을 가진 사람과는 영원히 함께 일을 할 수 없다."

15-40

子曰: "辭達而已矣."

직역 공자께서 말씀하셨다. "언사(言辭)는 뜻만 전달하면 된다."

번안 공자가 말했다. "말은 쉽게 알아들을 수 있어야 한다. 이런 것일 뿐이다."

15-41

師冕見, 及階, 子曰: "階也." 及席, 子曰: "席也." 皆坐, 子告之曰: "某在斯, 某在斯." 師冕出, 子張問曰: "與師言之道與." 子曰: "然. 固相師之道也."

직역 악사(樂師)인 면(冕)이 만나러 왔을 때 섬돌에 이르자, 공자께서 말씀하셨다. "섬돌이다." 자리에 미치자 공자께서 말씀하셨다. "자리다" 모두 다 앉자 공자께서 말씀하셨다. "아무개는 여기에 있고 아무개는 여기에 있다." 악사 면(冕)이 나가자, 자장(子張)이 물었다. "악사(樂師)와 더불어 말씀하는 도(道)입니까?" 공자께서 말씀하셨다. "그렇다. 진실로 악사를 도와주는 길이다."

번안 맹인 악사가 공자를 찾아 왔다. 그가 집앞의 계단에 이르렀을 때, 공자가 그에게 말했다. “여기는 계단입니다.” 그가 앉아야 할 좌석에 이르자, 공자가 그에게 말했다. “여기는 좌석입니다.” 마지막으로, 그가 앉자, 공자가 그에게 말했다. “누구누구 여기에 있습니다. 누구누구 여기에 있습니다.”

맹인 악사가 떠나간 후, 제자가 공자에게 물었다. “이것이 악사를 대하는 방식입니까?” 공자가 대답했다. “그렇다. 이것이 악사를 대하는 방식이다.”

제16편 계씨(季氏)

16-1

季氏將伐顓臾. 冉有·季路見於孔子曰: "季氏將有事於顓臾." 孔子曰: "求! 無乃爾是過與? 夫顓臾, 昔者先王以爲東蒙主, 且在邦域之中矣, 是社稷之臣也, 何以伐爲?" 冉有曰: "夫子欲之, 吾二臣者皆不欲也." 孔子曰: "求! 周任有言曰: '陳力就列, 不能者止.' 危而不持, 顚而不扶, 則將焉用彼相矣? 且爾言過矣! 虎兕出於柙, 龜玉毁於櫝中, 是誰之過與?" 冉有曰: "今夫顓臾固而近於費, 今不取, 後世必爲子孫憂." 孔子曰: "求! 君子疾夫舍曰欲之, 而必爲之辭. 丘也聞有國有家者, 不患寡而患不均, 不患貧而患不安. 蓋均無貧, 和無寡, 安無傾. 夫如是, 故遠人不服, 則修文德以來之; 旣來之, 則安之. 今由與求也, 相夫子, 遠人不服而不能來也, 邦分崩離析而不能守也. 而謀動干戈於邦內. 吾恐季孫之憂, 不在顓臾而在蕭牆之內也!"

직역 계씨(季氏)가 전유(顓臾)를 치려고 하였다. 염유(冉有)와 계로(季路)가 공자를 뵙고 말하였다. "계씨가 전유에서 일을 벌이려고 합니다." 공자께서 말씀하셨다. "구(求: 冉有)야! 이것은 너의 잘못이 아니냐? 저 전유는 옛적에 선왕(先王)께서 동몽산(東蒙山)의 제주(祭主)로 삼으셨고, 또한 우리나라 안에 위치하고 있는데, 이는 사직(社稷)의 신하이다. 어찌 정벌할 수 있겠는가?" 염유가 말하였다. "부자(夫子: 季孫)께서 하려는 일이지, 저희 두 신하는 모두 하고 싶어 하지 않습니다." 공자께서 말씀하셨다. "구(求)야! 주임(周任)이 말하였다. '능력을 펴서 대열에 나아가 능숙하게 할 수 없는 경우에는 그만두라.' 위태로운데도 붙잡지 못하고 넘어지는데도 부축하지 못한다면, 장차 저 도와주는 신하를 어디에다 쓰겠느냐? 또 네 말이 잘못되었다. 호랑이와 들소가 우리에서 뛰쳐나오며, 거북 등 껍질과 옥(玉)이 궤 속에서 망가졌다면, 이것이 누구의 잘못이겠느냐?" 염유가 말하였다. "지금 저 전유는 견고하며 비읍(費邑)에 가깝기 때문에 지금 취하지 않으면 후세(後世)에 반드시 자손(子孫)의 우환(憂患)이 될 것입니다." 공자께서 말씀하셨다. "구(求)야! 군자(君子)는 하고자 한다고 말하지 않고, 굳이 변명하는 것을 미워한다. 내가 들으니, 나라를 소유하고 집을 소유한 자는 적음을 근심하지 않고 고르지 못함을 근심하며, 가난함을 근심하지 않고 편안하지 못함을 근심한다고 한다. 고르면 가난함이 없고, 화합하면 적음이 없고, 편안하면 기울어짐이 없다. 이와 같으므로 먼 지방 사람이 복종하지 않으면 문덕(文德)을 닦아서 그들을 오게 하고, 이미 오게 했으면 편안하게 한다. 지금 유(由)와 구(求)는 부자(夫子: 季氏)를 돕지만, 먼 지방 사람이 복종하지 않는데도 능숙하게 오도록 하지 못하고, 나라가 분열되고 무너지는데도 능숙하게 지키지 못한다. 그런데도 창과 방패를 나라 안에서 사용할 것을 꾀한다. 나는 계손의 근심이 전유에 있지 않고 병풍 안에 있을까 두렵다!"

번안 공자의 고국에서 권세가이자 귀족가문의 주인이 국내의 작은 공국(公國)을 쳐서 전쟁을 일으키려고 준비하고 있었다. 그 귀족을 위해 일하고 있던 공자의 두 제자가 스승을 뵈러 왔다가 이 소식을 전했다.

공자가 제자에게 말했다. "염유 선생, 이는 자네 잘못이 아닌가? 그 공국 가문의 작위는 고대의 제왕으로부터 이어온 것이다. 그리고 그들의 땅은 우리의 영토 안에 있다. 그러므로 그 통치자는 제국 내의 한 제후이다. 그렇다면, 자네들은 제왕의 제후에게 선전포고를 할 자격이 있는가?"

그 제자가 대답했다. "저의 주인께서 이 전쟁을 원하십니다. 저희가 원하는 것이 아닙니다. 저희는 단지 그에게 고용되었을 뿐입니다."

이에 공자가 말했다. "고대의 역사학자가 말했다. '전쟁을 감당할 수 있는 사람은 대오에 합류하고, 그럴 능력이 없는 사람들은 물러서라.' 맹인이 위험에 처했는데, 그를 이끌어 주는 사람이 도와주지 않아서 넘어졌을 때, 이끌어 주는 사람이 부축하여 일으켜 세우지 않는다면, 이끌어 주는 사람이 맹인에게 무슨 쓸모가 있겠는가? 그리고 자네가 자신을 위해 변명한 말들은 모두 잘못되었다. 한 마리 호랑이와 한 마리 들소가 우리에서 탈출하거나 귀갑(龜甲)과 진귀한 보석이 궤 속에서 망가졌다면, 이러한 일들에 대해 누가 질책을 받을 것인가?"

다른 제자가 변명하며 말했다. "그 공국의 방어시설은 견고한데, 우리의 주요 도시 가까이에 있습니다. 저희가 지금 그곳을 점령하지 못하면, 앞으로 후대에게 근심과 위험의 근원을 남길 것입니다."

공자가 대답했다. "염유선생, 명석하면서도 착한 사람은 '내가 이렇게 하고자 한다'라고 간략하게 말했으면, 핑계 대는 것을 싫어한다. 내가 배운 바에 의하면, 나라와 재산을 가진 사람들은 그들의 재산이 충분하지 않을까 걱정할 것이 아니라, 재산이 고르게 분배되지 않왔을까를 걱정해야 한다. 그들은 궁핍할까를 걱정할 것이 아니라 국민들이 만족스런 삶을 살지 못할까를 걱정해야 한다. 왜냐하면, 고르게 분배하면 가난한 사람이 없게 되고, 서로 우호적으로 잘 지내면 궁핍한 사람이 없어서 국민들은 만족할 수 있고 쇠퇴와 멸망에 이르지 않을 것이다.

이렇게 외국의 사람들이 그 나라에 순응하고 복종하지 않을 때, 그들을 끌어들이기 위해 통치자는 그들이 즐겁고 만족을 느낄 수 있게 해야 한다."

공자가 이어서 말했다. "지금 자네 두 사람은, 자네들의 주인을 보좌하여 정치할 때, 아무런 일도 하지 않았다. 외국의 사람들이 이미 본국에 순응하지 않고 복종하지 않는 기미를 보였을 때도 그들을 끌어들이지 못했다. 지금, 나라는 실제로 여러 파벌들이 서로 분쟁하고 폭력을 쓰고, 쇠퇴의 길에 들어서서 내부분열을 초래하였을 때, 자네들은 아무런 일도 하지 않고, 그러한 일들을 저지하지 못했다. 오히려 자네들은 우리나라에서 전쟁을 일으켜 국가를 훼멸하고 공포로 몰아가고 있다. 나는 우려한다. 자네들이 모시는 귀족 가문이 확고히 보존될지, 미래의 위험은 자네들이 치려고 하는 그 작은 공국(公國)에 있는 것이 아니라, 자네 주인들이 사는 높은 궁궐의 울타리 안에 있다."

16-2

孔子曰: “天下有道, 則禮樂征伐自天子出; 天下無道, 則禮樂征伐自諸侯出. 自諸侯出, 蓋十世希不失矣; 自大夫出, 五世希不失矣陪; 臣執國命, 三世希不失矣. 天下有道, 則政不在大夫. 天下有道, 則庶人不議.”

직역 공자께서 말씀하셨다. “천하(天下)에 도(道)가 있으면 예악(禮樂)과 정벌(征伐)이 천자(天子)로부터 나오고, 천하에 도가 없으면 예악과 정벌이 제후(諸侯)로부터 나온다. 제후로부터 나오면 10세(世)에 잃지 않는 자가 드물고, 대부(大夫)로부터 나오면 5세(世)에 잃지 않는 자가 드물고, 배신(陪臣)이 국명(國命)을 잡으면 3세(世)에 잃지 않는 자가 드물다. 천하에 도가 있으면, 정사(政事)가 대부(大夫)에 있지 않고, 천하에 도가 있으면 서인(庶人)들이 비난하지 않는다.”

번안 공자가 말했다. “제국의 정치가 정상적인 상황이라면, 종교와 교육, 그리고 다른 나라에 선전포고를 하는 주도권과 최후의 결정권이 제왕에게 있다. 제국의 정치가 정상적인 상황이 아니라면, 제왕의 최고 권력은 제후들의 손에 넘어간다. 이런 상황에서는 10대를 못가 권력을 잃어버릴 것이다. 최고 권력을 귀족들이 장악하고 있다면, 그들은 5대를 못가 권력을 잃어버릴 것이다. 정치 권력을 관리들이 장악하고 있다면 그들은 3대를 못가 권력을 잃어버릴 것이다.
나라의 정치에 정의와 질서가 있을 때, 정치의 최고 권력은 귀족이나 권세가에게 있지 않을 것이다. 나라의 정치에 정의와 질서가 있을 때, 일반 백성들은 정치에 관여하지 않을 것이다.”

16-3

孔子曰: "祿之去公室, 五世矣! 政逮於大夫, 四世矣! 故夫三桓之子孫, 微矣."

직역 공자께서 말씀하셨다. "녹봉이 공실(公室)에서 떠난 지 5세(世)가 되었고, 정사(政事)가 대부(大夫)에게 미친 지 4세(世)가 되었다. 그러므로 저 삼환(三桓)의 자손(子孫)이 미약해진 것이다."

번안 공자가 고국의 정치상황에 대해 말했다. "나라에서 공직에 위임하는 권력을 권세가인 귀족가문의 자손들이 장악한 지 이미 5대가 되었다. 여러 가지 정치권력을 귀족들이 장악한 지 이미 4대가 되었다. 그러므로 가장 오래된 가문의 후세들이 소유권을 잃고 묵묵히 살아가고 있는 것이다."

16-4

孔子曰: "益者三友, 損者三友. 友直, 友諒, 友多聞, 益矣. 友便辟, 友善柔, 友便佞, 損矣."

직역 공자께서 말씀하셨다. "유익한 것이 세 가지 벗이고, 손해되는 것이 세 가지 벗이다. 벗이 곧으며, 벗이 성실하며, 벗이 듣고 본 것이 많으면 유익하다. 벗이 한 쪽만을 잘하며, 벗이 유순하기를 잘하며, 벗이 말을 잘하면 손해이다."

번안 공자가 말했다. "우정은 세 가지 유익함과 세 가지 해로움이 있다. 정직한 사람, 충실한 사람, 학문이 있는 사람과의 우정은 유익하다. 교묘한 말로 변론하기를 좋아하는 사람, 아첨하는 사람, 말을 잘 둘러대는 사람과의 우정은 해롭다."

16-5

孔子曰: "益者三樂, 損者三樂. 樂節禮樂, 樂道人之善, 樂多賢友, 益矣. 樂驕樂, 樂佚遊, 樂宴樂, 損矣."

직역 공자께서 말씀하셨다. "유익한 것이 세 가지 좋아함이고, 손해되는 것이 세 가지 좋아함이다. 예악(禮樂)을 따르기 좋아하며, 사람의 선(善)함을 말하기 좋아하며, 어진 벗이 많음을 좋아하면 유익하다. 교만함과 방종함을 좋아하며, 편안히 노는 것을 좋아하며, 향락에 빠짐을 좋아하면 손해이다."

번안 공자가 말했다. "즐거움은 세 가지 유익함과 세 가지 해로움이 있다. 우아한 예술을 연구하고 논평하는 데서 오는 즐거움, 인간의 훌륭한 성품을 찬양하고 말하는 가운데서 오는 즐거움, 미덕과 재능을 가진 벗이 있는 자의 즐거움은 유익하다. 허송세월하고, 돈을 물 쓰듯이 쓰며 사치를 부리고, 연회에서 음악을 연주하면서 즐거워하는 것, 이러한 즐거움이 해롭다."

16-6

孔子曰: "侍於君子有三愆: 言未及之而言, 謂之躁; 言及之而不言, 謂之隱; 未見顔色而言, 謂之瞽."

직역 공자께서 말씀하셨다. "군자(君子)를 모시는데 세 가지 잘못이 있다. 말씀이 미치지 않았는데 말하는 것을 '조(躁: 조급함)'라 이르고, 말씀이 미쳤는데 말하지 않는 것을 '은(隱: 숨김)'이라 이르고, 얼굴빛을 보지 않고 말하는 것을 '고(瞽: 맹인)'라 이른다."

번안 공자가 말했다. "사람들은 그들의 윗사람들 앞에서 세 가지 잘못을 쉽게 범한다. 첫째, 말을 하라고 요청을 받지 않았는데, 오히려 큰 소리로 말하는 것, 이를 '아는 척하는 것'이라고 한다. 둘째, 말을 하라고 요청을 받았는데, 오히려 말을 하지 않고 침묵을 지키는 것, 이러한 것을 '솔직하지 않다'고 한다. 셋째, 큰 소리로 말을 하면서 듣는 사람의 안색을 살피지 않는 것, 이러한 것을 '경솔하고 거칠다'고 한다."

16-7

孔子曰: "君子有三戒: 少之時, 血氣未定, 戒之在色; 及其壯也, 血氣方剛, 戒之在鬪; 及其老也, 血氣旣衰, 戒之在得."

직역 공자께서 말씀하셨다. "군자(君子)에게 세 가지 경계함이 있다. 젊을 때엔 혈기(血氣)가 정해지지 않았으므로 경계함이 색(色)에 있고, 장성해서는 혈기가 한창 강하므로 경계함이 싸움에 있고, 늙어서는 혈기가 쇠퇴하므로 경계함이 얻음에 있다."

번안 공자가 말했다. "삶의 세 단계에서 마땅히 경계해야 할 세 가지가 있다. 젊었을 때는 몸이 아직 다 자라지 못했기에 색욕(色欲)을 경계하고, 성년이 되어서는 전성기이므로 다투지 않도록 경계하고, 노년에는 체력이 쇠퇴해가므로 탐욕을 경계해야 한다."

16-8

孔子曰: "君子有三畏: 畏天命, 畏大人, 畏聖人之言. 小人不知天命而不畏也. 狎大人, 侮聖人之言."

직역 공자께서 말씀하셨다. "군자(君子)는 세 가지 두려워함이 있다. 천명(天命)을 두려워하며, 대인(大人)을 두려워하며, 성인(聖人)의 말씀을 두려워한다. 소인(小人)은 천명(天命)을 알지 못하여 두려워하지 않는다. 대인(大人)을 함부로 대하며 성인(聖人)의 말씀을 업신여긴다."

번안 공자가 말했다. "명석하면서도 착한 사람은 세 가지 일에서 두려워하는 마음을 유지한다. 하나님의 율법, 권력자, 그리고 성인의 지혜로운 말에 대해 두려워하는 마음을 갖는다. 반대로, 어리석은 사람은 하나님과 율법의 존재를 알지 못하여 높이 공경하는 마음이 없다. 권력자에게 무례하며, 성인의 지혜로운 말을 모욕한다."

16-9

孔子曰: “生而知之者, 上也; 學而知之者, 次也; 困而學之, 又其次也; 困而不學, 民斯爲下矣.”

직역 공자께서 말씀하셨다. “태어나면서 아는 자가 상등(上等)이고, 배워서 아는 자가 다음이며, 막혀서 배우는 자가 또 그 다음인데, 막혀 있으면서도 배우지 않으면 백성으로서 하등(下等)이 된다.”

번안 공자가 말했다. “태어나면서 천부적 지혜를 가진 사람은 최고 등급이고, 배우고 응용함으로써 지혜를 얻는 사람은 다음 등급이며, 또 태어나면서 어리석고 둔한 사람이지만 각고의 노력으로 지혜를 얻으려고 시도하는 사람은 그 다음 등급이다. 태어나면서 어리석고 둔한데 힘써 지혜를 얻으려고 시도하지 않는 사람이 최하 등급이다.”

16-10

孔子曰: “君子有九思: 視思明, 聽思聰, 色思溫, 貌思恭, 言思忠, 事思敬, 疑思問, 忿思難, 見得思義.”

직역 공자께서 말씀하셨다. “군자(君子)는 아홉 가지 생각함이 있다. 봄에는 밝음을 생각하며, 들음에는 귀밝음을 생각하며, 얼굴빛은 온화함을 생각하며, 모양은 공손함을 생각하며, 말은 충실함을 생각하며, 일은 경건함을 생각하며, 의심은 물음을 생각하며, 분함은 어려움을 생각하며, 얻는 것을 보면 의(義)를 생각한다.”

번안 공자가 말했다. “명석한 사람은 아홉 가지 목표를 성취하려고 한다. 눈을 사용하여 목표를 분명하게 보고, 귀를 사용하여 목표를 분명하게 듣는다. 얼굴의 낯빛 표현의 목표는 겸손하고 온화함이다. 태도의 목표는 엄숙하고 장엄함이다. 말의 목표는 진심과 성심이다. 일의 목표는 진지함이다. 의혹의 목표는 학문을 찾는다. 분노의 목표는 결과를 고민한다. 개인 이익의 목표는 정의로움을 고려하는 일이다.”

16-11

孔子曰: “見善如不及, 見不善如探湯. 吾見其人矣, 吾聞其語矣. 隱居以求其志, 行義以達其道. 吾聞其語矣, 未見其人也.”

직역 공자께서 말씀하셨다. “선(善)함을 보고는 미치지 못할 듯이 하고, 불선(不善)을 보고는 끓는 물을 더듬는 것처럼 한다. 나는 그러한 사람을 보았고, 그러한 말을 들었다. 숨어 살면서 그 뜻을 구하고, 의(義)를 행하며 그 도(道)를 행한다. 나는 그러한 말만 들었고 그러한 사람은 보지 못하였다.”

번안 공자가 말했다. “훌륭한 것과 정직한 것을 보면, 따르고 지키고자 노력하고, 저열한 것과 정직하지 못한 것을 보면, 피하고자 노력하여 마치 끓는 물을 피하듯이 하라. 이런 사람을 본 적이 있고, 이런 행실을 준칙으로 삼았다는 말은 들은 적이 있다.
그 목표를 위해 숨어 살고, 그 원칙을 위해 의(義)에 근거하여 일을 하라. 이것을 행위의 준칙으로 삼았다는 말은 내가 들은 적이 있다. 그러나 이런 사람을 아직 보지 못했다.”

16-12

齊景公有馬千駟, 死之日, 民無德而稱焉. 伯夷·叔齊餓于首陽之下, 民到于今稱之. 其斯之謂與?

직역 제경공(齊景公)이 말 4천 필을 소유하였으나, 죽는 날에 사람들이 덕(德)을 칭송함이 없었다. 백이(伯夷)와 숙제(叔齊)는 수양산(首陽山) 아래에서 굶주렸으나 사람들이 오늘날까지도 칭송하고 있다. 그 이를 이른 것인가?

번안 공자가 얼마 전에 죽은 군주에 대해 말했다. "그는 살면서 말 4,000필이 끄는 수레 1,000대를 소유하였다. 그러나 죽는 날 국민들은 그에게 한마디 좋은 말도 하지 않았다.
반면에 고대의 걸출한 인물인 백이(伯夷)와 숙제(叔齊)는 산기슭에 살다 굶어 죽었다. 그런데 사람들은 지금까지 존경하고 있다.
이것이 다음의 시에 함축되어 있다. '재산과 부유함과 돈은 너에게 헛되고 무익하지만, 타인의 궁핍이 바로 너의 삶의 동기로구나!'"

16-13

陳亢問於伯魚曰: "子亦有異聞乎?" 對曰: "未也. 嘗獨立, 鯉趨而過庭. 曰: '學詩乎?' 對曰: '未也.' '不學詩, 無以言.' 鯉退而學詩. 他日又獨立, 鯉趨而過庭 曰: '學禮乎?' 對曰: '未也.' '不學禮, 無以立.' 鯉退而學禮. 聞斯二者." 陳亢退而喜曰: "問一得三: 聞詩, 聞禮, 又聞君子之遠其子也."

직역 진항(陳亢)이 백어(伯魚)에게 물었다. "그대는 또한 특이하게 들은 것이 있는가?" 대답하였다. "없었다. 일찍이 홀로 서 계실 때 내가 빨리 걸어 뜰을 지나는데, 말씀하셨다. '시(詩)를 배웠느냐?' 대답하였다. '못하였습니다.' '시(詩)를 배우지 않으면 말을 할 수 없다.'고 하시므로, 내가 물러가 시(詩)를 배웠노라. 다른 날에 또 홀로 서 계실 때 내가 빨리 걸어 뜰을 지나는데, 말씀하셨다. '예(禮)를 배웠느냐?' 대답하였다. '못하였습니다.' '예(禮)를 배우지 않으면 설 수 없다.'하시므로, 내가 물러 나와 예(禮)를 배웠노라. 이 두 가지를 들었노라." 진항이 물러 나와 기뻐하면서 말하였다. "하나를 물어서 셋을 들었으니, 시(詩)를 듣고 예(禮)를 들었으며, 또 군자(君子)가 그 아들을 멀리하는 것을 들었노라."

번안 어느 날, 조정에서 사무를 보는 신사가 공자의 아들에게 물었다. "당신은 부친으로부터 특별한 과목을 배웠습니까?" 공자의 아들이 대답했다. "아니요. 배운 것이 없습니다. 한 번은 부친께서 홀로 서 계실 때, 제가 우연히 대청 앞을 지나다가 부친께서 말씀하셨습니다. "너는 시(詩)를 연구했느냐?' 저는 대답했습니다. '연구한 적이 없습니다.' 부친께서 말씀하셨습니다. '시를 연구하지 않으면 대화를 할 때 다른 사람을 기쁘게 할 수 없다.' 이후, 저는 시에 전념하고 있습니다. 또 어느 날, 부친께서 홀로 서 계실 때, 제가 우연히 대청 앞을 지나다가 부친께서 말씀하셨습니다. '너는 예술을 연구했느냐?' 저는 대답했습니다. '연구한 적이 없습니다.' 부친께서 말씀하셨습니다. '예술을 연구하지 않으면 판단력과 감상능력이 결핍될 것이다.' 이후, 저는 예술 연구에 힘쓰고 있습니다."

그 신사는 이 말을 듣고 매우 기뻐하였다. 그는 떠나가면서 말했다. "내가 한 가지를 물었는데 세 가지를 배웠다. 내가 물은 것 이외에 시와 예술 연구의 중요성을 배웠고, 또 명석하면서도 착한 사람은 자신의 아들을 상대할 때도 지나치게 친근하지 않음을 배웠다."

16-14

邦君之妻, 君稱之曰'夫人', 夫人自稱曰'小童', 邦人稱之曰'君夫人', 稱諸異邦曰'寡小君', 異邦人稱之亦曰'君夫人.'

직역 나라 임금의 처(妻)를 그 임금이 일컬어 '부인(夫人)'이라 하고, 부인(夫人)이 스스로 일컫기를 '소동(小童)'이라 하며, 나라 사람들이 그를 일컬어 '군부인(君夫人)'이라 하고, 다른 나라에 일컫기를 '과소군(寡小君)'이라 하고, 다른 나라 사람들이 일컬을 때도 또한 '군부인(君夫人)'이라 한다.

번안 나라를 집권하는 군주의 아내를 군주는 '부인(夫人)'이라 부르고, 부인은 스스로 '폐하[小童]'라 부르며, 국민들은 '부인, 우리의 여

주인[君夫人]'이라 부르고, 그 나라 백성이 다른 나라 백성에게 그녀를 소개할 때, '우리의 착한 사랑스런 왕비[寡小君]'라고 하며, 다른 나라 백성이 그 나라 백성에게 그녀를 말할 때, '부인, 당신들의 왕비[君夫人]'라고 한다.

◗ 제17편 양화(陽貨)

17-1

陽貨欲見孔子, 孔子不見, 歸孔子豚. 孔子時其亡也, 而往拜之, 遇諸塗. 謂孔子曰: "來! 予與爾言." 曰: "懷其寶而迷其邦, 可謂仁乎?" 曰: "不可." "好從事而亟失時, 可謂知乎?" 曰: "不可." "日月逝矣, 歲不我與." 孔子曰: "諾. 吾將仕矣."

직역 양화(陽貨)가 공자를 만나려고 하였으나 공자가 만나주지 않자, 공자에게 삶은 돼지를 보냈다. 공자께서도 그가 없는 틈을 타서 사례하러 가다가 길에서 마주쳤다. 공자에게 말하였다. "이리 오시오. 내가 그대와 말을 하겠소." 말하였다. "보배를 품고서 나라를 어지럽게 버려두는 것을 인(仁)이라고 할 수 있겠습니까?" 공자께서 말씀하셨다. "그렇다고 할 수 없습니다." "일하기를 좋아하면서 자주 때를 놓치는 것을 지혜롭다고 할 수 있겠습니까?" 공자께서 말씀하셨다. "그렇다고 할 수 없습니다." "해와 달이 흘러가니, 세월은 나를 위해 기다려 주지 않습니다." 공자께서 말씀하셨다. "알았습니다. 나는 장차 벼슬을 할 것입니다."

번안 당시에 큰 영향력이 있었던 관리, 즉 공자의 고국에서 권세가이자 귀족 가문에서 일하는 관리가 어느 날, 공자를 만나기를 요청했는데, 공자가 만나고 싶지 않았다. 그 관리는 공자에게 삶은 돼지 한 마리를 선물로 보냈다. 그래서 관리가 집에 없을 때 찾아가서 감사의 인사를 드리려고 하였는데, 공교롭게 돌아오는 길에서 마주쳤다.
관리가 공자를 불러 세우고 말했다. "당신에게 할 말이 있습니다. 당신에게 묻고 싶어요. 학문적으로 훌륭한 그 보물을 숨기고 나라가 미로에 빠졌는데 내버려 둔다면, 그런 사람은 훌륭한 사람이라고 할 수 있나요?"
공자가 대답했다. "아니지요, 아닐 것입니다." 관리가 또 물었다. "그렇다면, 세월이 흘러가고 시간은 우리를 기다리지 않는다는 것을 알 것이요." 공자가 대답했다. "그렇습니다. 제가 곧 공직에 나가겠습니다."

17-2

子曰: "性相近也, 習相遠也."

직역 공자께서 말씀하셨다. "성품(性稟)은 서로 비슷하나 습관(習慣)에 의해 서로 멀어진다."

번안 공자가 말했다. "사람의 본성은 서로 비슷한데 실천을 경과한 이후에 매우 다르게 변한다."

17-3

子曰: "唯上智與下愚不移."

직역 공자께서 말씀하셨다. "오직 가장 지혜로운 자와 가장 어리석은 자는 변화시킬 수 없다."

번안 공자가 이어서 말했다. "가장 지혜로운 사람과 가장 미련한 사람만이 변하지 않는다."

17-4

子之武城, 聞弦歌之聲. 夫子莞爾而笑曰: "割雞焉用牛刀!" 子游對曰: "昔者偃也聞諸夫子曰: '君子學道則愛人, 小人學道則易使也.'" 子曰: "二三子! 偃之言是也. 前言戲之耳."

직역 공자가 무성(武城)에 가서 현악(弦樂)에 맞추어 부르는 노랫소리를 들었다. 선생님께서 빙그레 웃으며 말씀하셨다. "닭을 잡는데, 어찌 소 잡는 칼을 쓰느냐?" 자유(子游)가 대답하였다. "예전에 제가 선생님께 들었을 때, 말씀하셨습니다. '군자(君子)가 도(道)를 배우면 사람을 사랑하고 소인(小人)이 도(道)를 배우면 부리기가 쉽다.'" 공자께서 말씀하셨다. "얘들아, 언(偃: 子游)의 말이 옳다. 방금 내가 한 말은 농담이다."

번안 어느 날, 제자가 다스리고 있는 작은 도시에 공자가 방문했다가 사람들이 음악을 연주하고 노래하는 소리를 들었다. 공자는 얼굴에

장난기어린 웃음을 지으며 말했다. "닭 한 마리를 죽이는데 어찌하여 소 잡는 칼을 쓰는 것이냐?"
그 도시를 다스리는 제자가 대답했다. "스승님께서 한 나라의 신사들은 높은 수준의 교육을 받아 국민들을 애써 구휼한다고 하시기에, 국민들이 교육을 받으면 정부의 정책을 쉽게 받아들일 것이라 여겼습니다."
공자가 함께 온 다른 제자들에게 얼굴을 돌리고 대답했다. "그의 말이 옳다. 내가 방금 한 말은 농담이다."

17-5

公山弗擾以費畔, 召, 子欲往. 子路不說曰: "末之也已, 何必公山氏之之也." 子曰: "夫召我者, 而豈徒哉! 如有用我者, 吾其爲東周乎!"

직역 공산불요(公山弗擾)가 비읍(費邑)을 가지고 반란을 일으키고 부르니, 공자가 가려고 하였다. 자로(子路)가 기뻐하지 않으며 말하였다. "가실 곳이 없으면 그만이지, 어찌 반드시 공산씨(公山氏)에게 가려 하십니까?" 공자께서 말씀하셨다. "나를 부르는 자가 어찌 헛되게 부르겠는가! 나를 써 주는 자가 있다면, 나는 동쪽 주(周)나라를 만들 것이다."

번안 어느 날, 공자의 고국에서 반란을 일으켜 주요 도시를 점령하고 있던 귀족이 공자를 만나고자 요청하였다.
공자의 굳세고 용감한 제자 자로가 매우 화를 내면서 말했다. "스승님께서는 가시면 안 됩니다. 어찌하여 이런 사람을 만나려 하십니까?" 공자가 대답했다. "그가 나를 보자고 요청한 것에는 이유가 있을 것이다. 어떤 사람이 나를 초빙하여 쓴다면 나는 동쪽에 새로운 제국을 세울 것이다."

17-6

子張問仁於孔子. 孔子曰: "能行五者於天下, 爲仁矣." 請問之, 曰: "恭·寬·信·敏·惠. 恭則不侮, 寬則得衆, 信則人任焉, 敏則有功, 惠則足以使人."

직역 자장(子張)이 공자에게 인(仁)에 대해 물었다. 공자께서 말씀하셨다. "능숙하게 다섯 가지를 천하(天下)에 행할 수 있으면 인(仁)이 된다." 자장(子張)이 물으며 요청하자, 말씀하셨다. "공손함, 너그러움, 믿음, 민첩함, 은혜로움이다. 공손하면 업신여김을 받지 않고, 너그러우면 여러 사람들을 얻게 되고, 믿음이 있으면 남들이 의지하게 되고, 민첩하면 공이 있게 되고, 은혜로우면 충분히 남들을 부릴 수 있게 된다."

번안 공자의 제자가 어떤 것을 도덕적 삶이라고 할 수 있는지에 대해 물었다.
공자가 대답했다. "어디에서나 다섯 가지 일을 실천할 수 있는 사람은 곧 도덕적인 사람이라고 할 수 있을 것이다."
제자가 물었다. "어떤 다섯 가지 일입니까?"
공자가 대답했다. "그것은 진정성[恭], 배려[寬], 신용[信], 근면[敏], 후함[惠]이다. 진정성이 있으면 다른 사람이 당신을 존경하지 않는 일이 없을 것이다. 다른 사람을 배려하면 그 마음을 얻을 수 있을 것이다.

신뢰할만한 사람이라면 사람들은 당신을 신뢰할 것이다. 부지런한 사람이라면 당신의 사업은 성공할 것이다. 주머니를 잘 여는 후한 사람이라면 많은 사람들이 당신을 위해 일하려고 할 것이다."

17-7

佛肸召, 子欲往. 子路曰: "昔者, 由也聞諸夫子曰: '親於其身爲不善者, 君子不入也.' 佛肸以中牟畔. 子之往也, 如之何?" 子曰: "然. 有是言也, 不曰堅乎, 磨而不磷; 不曰白乎, 涅而不緇. 吾豈匏瓜也哉! 焉能繫而不食!"

직역 필힐(佛肸)이 부르자, 공자가 가려고 하였다. 자로(子路)가 말하였다. "옛날에 제가 선생님께 들었는데, 말씀하셨습니다. '직접 그 몸에 착하지 않은 행동을 하는 자에게 군자(君子)가 들어가지 않는다.' 필힐이 중모읍(中牟邑)을 가지고 배반하였습니다. 선생님께서 가려고 하니, 어찌해서 입니까?" 공자께서 말씀하셨다. "그렇다. 그런 말을 한 적이 있는데, 단단하다고 말하지 않겠는가, 갈아도 얇아지지 않으니, 희다고 말하지 않겠는가. 검은 물을 들여도 검어지지 않으니. 내가 어찌 바가지처럼 한 곳에 매달린 채 먹기를 구하지 않을 수 있겠는가!"

번안 어느 날, 어떤 나라의 귀족이 당국의 법규에 대항하고 있었는데, 그 귀족이 공자에게 만나고자 요청하였다.
공자가 만나러 가려고 하자, 굳세고 용감한 제자 자로가 공자에게 물었다. "스승님께서 이렇게 말씀하신 적이 있습니다. 명석하면서도 착한 사람은 악랄한 행적을 지닌 죄 있는 사람과 교제하지 않는다.

가장 가까운 사람이라 할지라도 말이다. 그런데 지금 이 사람은 한 도시를 점거하고 있으니 실제로는 정부에 저항하는 것인데, 스승님께서 그를 만나러 가려고 하니 이 어찌된 영문입니까?"
공자가 대답했다. "그렇다. 그렇게 말을 한 적이 있지. 그런데 이런 말이 있다. 매우 단단한 물건은 그것을 두드려도 부술 수 없고, 아주 흰 물건은 그것을 더럽히려 해도 더럽혀 지지 않는다. 결국, 나는 쓴 오이가 매달려 있기만 하고 아무도 먹지 않는 것처럼 되어야 한단 말이냐?"

17-8

子曰: "由也, 女聞六言六蔽矣乎?" 對曰: "未也." "居, 吾語女. 好仁不好學, 其蔽也愚; 好知不好學, 其蔽也蕩; 好信不好學, 其蔽也賊; 好直不好學, 其蔽也絞; 好勇不好學, 其蔽也亂; 好剛不好學, 其蔽也狂."

직역 공자께서 말씀하셨다. "유(由)야! 너는 육언(六言)과 육폐(六蔽)에 대해 들어보았느냐?" 대답하였다. "아직 듣지 못하였습니다." "앉거라. 내 너에게 말해 주겠다. 인(仁)만 좋아하고 배우기를 좋아하지 않으면 그 폐단이 어리석게[愚] 되고, 지혜[知]만 좋아하고 배우기를 좋아하지 않으면 그 폐단이 호탕하게[蕩] 되고, 믿음[信]만 좋아하고 배우기를 좋아하지 않으면 그 폐단이 해치게[賊] 되고, 정직[直]한 것만 좋아하고 배우기를 좋아하지 않으면 그 폐단이 급하게[絞] 되고, 용맹[勇]만 좋아하고 배우기를 좋아하지 않으면 그 폐단이 어지럽게[亂] 되고, 굳셈[剛]만 좋아하고 배우기를 좋아하지 않으면 그 폐단이 경솔

[狂]하게 된다."

번안 어느 날, 공자가 제자에게 말했다. "너는 여섯 가지 미덕(美德)과 그것이 부족했을 때의 인생 실패에 대해 들어 보았느냐?" 그 제자가 대답했다. "모릅니다."

공자가 말했다. "내가 알려주마." "첫째, 도덕만을 좋아하면서 교양이 없다면, 바보가 될 것이다. 둘째, 학문만을 좋아하면서 교양이 없다면, 문예적 소양이 얄팍한 아마추어가 될 것이다. 셋째, 성실하고 신용이 있는 것을 좋아하지만 교양이 없다면, 냉정하고 무정한 사람이 될 것이다. 넷째, 정직함만을 좋아하면서 교양이 없다면, 전횡을 일삼을 것이다. 다섯째, 용기만을 좋아하면서 교양이 없다면, 성품이 거칠고 경솔하게 될 것이다. 여섯째, 도덕의 힘만을 좋아하면서 교양이 없다면, 행실이 괴이해질 것이다."

17-9

子曰: "小子何莫學夫詩? 詩, 可以興, 可以觀, 可以羣, 可以怨. 邇之事父, 遠之事君. 多識於鳥獸草木之名."

직역 공자께서 말씀하셨다. "너희들은 어찌하여 시(詩)를 배우지 아니하느냐? 시(詩)는 일으킬 수 있으며, 살필 수 있으며, 동료를 만들 수 있으며, 원망할 수 있다. 가까이는 어버이를 섬길 수 있게 하고, 멀리는 임금을 섬길 수 있게 한다. 새와 짐승, 풀과 나무의 이름을 많이 알게 한다."

번안 어느 날, 공자가 제자들에게 말했다. "젊은 벗들아, 너희들은 어찌하여 시를 연구하지 않느냐?
시는 정감을 불러일으키고, 관찰력을 촉발시킨다. 연민의 정을 넓혀주고 정의롭지 못한 사안에 대한 불만을 절제할 수 있게 해준다.
시는 사회적 삶에서 책임감을 가르치고 또 자연계의 생명 있는 사물과 생명 없는 사물을 이해할 수 있게 해준다."

17-10

子謂伯魚曰: "女爲「周南」·「召南」矣乎? 人而不爲「周南」·「召南」其猶正牆面而立也與!"

직역 공자께서 백어(伯魚)에게 이르셨다. "너는 「주남(周南)」과 「소남(召南)」을 배웠느냐? 사람이 「주남」과 「소남」을 배우지 않으면 담장을 정면으로 마주하고 서 있는 것과 같다."

번안 어느 날 공자가 아들에게 말했다. "너는 민요와 시가, 그리고 찬송시의 고전 문학 문헌 가운데 앞부분 시 두 편을 열심히 배워야 한다. 이 두 편을 배우지 않은 사람은 어디에 가든 제대로 적응하지 못할 것이다."

17-11

子曰: "禮云禮云, 玉帛云乎哉? 樂云樂云, 鐘鼓云乎哉?"

직역 공자께서 말씀하셨다. "예(禮)다, 예(禮)다 하지만, 구슬이나 비단을 말하는 것이겠는가? 악(樂)이다, 악(樂)이다 하지만, 종이나 북을 말하는 것이겠는가?"

번안 어느 날, 공자가 이렇게 말하는 것을 들었다. "사람들은 예술을 말한다! 그런데 예술은 진정으로 회화와 조각만을 가리키는 것인가? 사람들은 음악을 말한다! 그런데 음악은 진정으로 방울과 북과 악기만을 가리키는 것인가?"

17-12

子曰: "色厲而內荏, 譬諸小人, 其猶穿窬之盜也與!"

직역 공자께서 말씀하셨다. "얼굴빛은 위엄이 있으면서 마음이 유약한 것을 소인(小人)에게 비유하면 벽을 뚫고 담을 넘는 도적과 같다."

번안 공자가 말했다. "얼굴 표정이 엄격하고 준엄한데 마음은 연약하고 겁이 많은 사람이 있다. 그는 비열하고 속으로 욕심만 차리는 것 같으니, 입에 올릴 가치조차 없지 않은가? 겁쟁이 도적이나 소매치기 같지 않은가?"

17-13

子曰: "鄕原, 德之賊也."

직역 공자께서 말씀하셨다. "향원(鄕原)은 덕(德)을 해치는 도적이다."

번안 공자가 말했다. "촌구석에서 앉아 연약하고 겸손하고 예의 바르며 유명한 것 같은 사람은, 도덕적 정감에 대한 모든 이념을 잔혹하게 파괴한다."

17-14

子曰: "道聽而塗說, 德之棄也."

직역 공자께서 말씀하셨다. "길에서 듣고 길에서 말하면 덕(德)을 버리는 것이다."

번안 공자가 말했다. "길을 가다 우연히 들은 진부하고 타락한 말들을, 많은 사람들이 모인 공공 장소에서 떠벌인다면, 그것은 당신의 아름다운 정감을 버리는 짓이다."

17-15

子曰: "鄙夫可與事君也與哉? 其未得之也, 患得之; 旣得之, 患失之. 苟患失之, 無所不至矣."

직역 공자께서 말씀하셨다. "비루한 사람과 함께 임금을 섬길 수 있겠는가? 부귀를 얻기 전에는 얻을 것을 걱정하고, 얻고 나서는 잃을 것을 걱정한다. 만일 잃을 것을 걱정한다면, 못하는 짓이 없게 된다."

번안 공자가 당시의 어떤 공무원에 대해 논평하여 말했다.
"비루한 사람! 그런 인간과 어찌 함께 나라의 이익을 도모할 수 있겠는가? 직위를 얻기 이전에는 어떻게든 얻으려고 노심초사(勞心焦思)하다가, 직위를 얻은 이후에는 잃지 않으려고 애쓴다. 이런 사람은 직위를 잃지 않기 위해 어떤 짓이라도 주저하지 않는다."

17-16

子曰: "古者民有三疾, 今也或是之亡也. 古之狂也肆, 今之狂也蕩; 古之矜也廉, 今之矜也忿戾; 古之愚也直, 今之愚也詐而已矣."

직역 공자께서 말씀하셨다. "옛날에는 백성이 세 가지 병폐가 있었는데, 지금은 그것마저도 없어졌다. 옛날의 광(狂)은 작은 예절에 구애받지 않았는데, 지금의 광(狂)은 방탕하기만 하고, 옛날의 긍(矜)은 행동에 모가 있었는데, 지금의 긍(矜)은 사납기만 하고, 옛날의 어리석은 사람은 정직했는데, 지금의 어리석은 사람은 간사하기만 할뿐이다."

번안 공자가 말했다. "옛날에는 국민들의 성품에 세 가지 단점이 있었는데, 지금은 아마 그러한 것들마저도 찾아볼 수 없다.
옛날의 열정적이고 충동적인 사람은 혼자 서기를 좋아하였는데, 지금의 열정적이고 충동적인 사람은 오히려 미친 듯 방탕한 모습이다.
옛날의 교만한 사람은 적절한 한계 안에서만 교만하여 여지가 있었는데, 지금의 교만한 사람은 예민하고 쉽게 화를 내며 거칠고 성격이 나쁜 모습이다.
옛날의 어리석고 무지한 사람은 단순하고 솔직했는데, 지금의 어리석고 무지한 사람은 음험함을 숨기고 있다."

17-17(1-3과 중복)

子曰: "巧言令色, 鮮矣仁."

직역 공자께서 말씀하셨다. "말을 좋게 하고, 얼굴빛을 곱게 하는 자는 인(仁)한 사람이 드물다."

번안 공자가 말했다. "겉모습만 그럴 뜻하여 합리적인 언어를 쓰며 위선적인 태도를 가진 사람, 그런 사람이 도덕품성을 갖춘 경우는 드물다."

17-18

子曰: "惡紫之奪朱也, 惡鄭聲之亂雅樂也, 惡利口之覆邦家者."

직역 공자께서 말씀하셨다. "나는 자주색이 붉은색을 빼앗는 것을 미워하며, 정(鄭)나라의 음악이 아악(雅樂)을 어지럽히는 것을 미워하며, 말 잘하는 입이 나라를 전복시키는 것을 미워한다."

번안 공자가 말했다. "나는 자주색이 주홍색에 대한 인식을 흐리므로 자주색을 싫어한다. 지금 유행하는 곡조가 좋은 음악에 대한 감상 능력을 훼손하므로 지금의 곡조를 싫어한다. 그리고 그럴 듯한 언어가 나라를 괴멸시키고 가정을 파탄에 이르게 하므로 그럴 듯한 언어를 싫어한다."

17-19

子曰: "予欲無言." 子貢曰: "子如不言, 則小子何述焉?" 子曰: "天何言哉? 四時行焉, 百物生焉, 天何言哉?"

직역 공자께서 말씀하셨다. "나는 말을 하지 않으려고 한다." 자공(子貢)이 말하였다. "선생님께서 말씀하지 않으시면 저희들이 어떻게 도(道)를 전하겠습니까?" 공자께서 말씀하셨다. "하늘이 무슨 말을 하던가? 사시(四時)가 운행(運行)되고 온갖 만물이 생장(生長)하는데, 하늘이 무슨 말을 하던가?"

번안 어느 날, 공자가 이렇게 말하는 것을 들었다. "나는 차라리 아무 말도 하지 않으련다."
제자가 물었다. "스승님께서 만일 말씀하지 않으신다면, 당신의 제자인 저희들이 스승님으로부터 무엇을 배워 다른 사람에게 전수하겠습니까?"
공자가 대답했다. "저 하늘을 보거라. 그가 말을 하더냐? 그럼에도 사계절은 여전히 예정된 질서대로 운행되고, 자연계의 만물은 제각기 적절한 시기에 생겨나고 자란다. 저 하늘을 보거라. 그가 말을 하더냐?"

17-20

孺悲欲見孔子, 孔子辭以疾. 將命者出戶, 取瑟而歌, 使之聞之."

직역 유비(孺悲)가 공자를 만나려고 하였는데, 공자는 병이 있다고 거절하였다. 명령을 전달하는 자가 문밖으로 나가자, 비파(琵琶)를 가져다 노래를 부르시어 그에게 듣게 하셨다.

번안 어떤 사람이 공자를 만나려고 하였는데, 공자는 그를 만나고 싶지 않았으므로 자신이 아프다고 말을 전하라고 하였다. 말을 전하는 하인이 문 앞에 이르렀을 때, 공자는 악기를 연주하면서 높은 소리로 노래를 불러, 만나러 온 사람이 듣고 그가 아프지 않음을 알게 하였다.

17-21

宰我問: "三年之喪, 期已久矣. 君子三年不爲禮, 禮必壞; 三年不爲樂, 樂必崩. 舊穀旣沒, 新穀旣升, 鑽燧改火, 期可已矣." 子曰: "食夫稻, 衣夫錦, 於女安乎?" 曰: "安." "女安則爲之! 夫君子之居喪, 食旨不甘, 聞樂不樂, 居處不安, 故不爲也. 今女安, 則爲之." 宰我出, 子曰: "予之不仁也! 子生三年, 然後免於父母之懷. 夫三年之喪, 天下之通喪也. 予也有三年之愛於其父母乎!"

직역 재아(宰我)가 물었다. "3년상(三年喪)은 1주기에 비해 너무 오랜 기간이라 할 것입니다. 군자(君子)가 3년 동안 예(禮)를 행하지 않으면 예가 반드시 무너지고, 3년 동안 음악(音樂)을 익히지 않으면 음악이 반드시 무너질 것입니다. 묵은 곡식이 다 없어지고 새 곡식이 오르며, 불씨 만드는 나무도 바뀌니, 1년이면 그칠 만한 것입니다." 공자께서 말씀하셨다. "쌀밥을 먹고 비단옷을 입는 것이 너에게는 편안하냐?" 말하였다. "편안합니다." "네가 편안하면 그렇게 해라! 군자가 거상(居喪)할 때 맛있는 것을 먹어도 달지 않으며, 음악을 들어도 즐겁지 않으며, 거처함에 편안하지 않기 때문에 하지 않는 것이다. 네가 편안하면 그렇게 해라." 재아가 밖으로 나가자, 공자께서 말씀하셨다. "재아의 인(仁)하지 못함이여! 자식이 태어나 3년이 지난 뒤에야 부모의 품을 벗어나게 된다. 3년상은 세상의 공통된 상(喪)이다. 재아는 3년의 사랑이 그 부모에게 있었는가!"

번안 공자의 제자가 3년 동안 부모님의 상을 치르는 것에 대해 1년이면 충분하다고 여겼다.
그가 말했다. "왜냐하면, 만일 어떤 신사가 예술과 삶의 풍습을 3년 동안 소홀히 한다면, 그는 이와 관련된 학문을 잃을 것입니다. 그가 3년 동안 음악을 하지 않는다면, 모두 잊어버릴 것입니다. 게다가 대자연의 일반적이고 정상적인 질서 속에서 보면, 1년 사이에 묶은 곡식을 베어 버린다 하더라도 새로운 곡식이 아주 빨리 자라서 대체될 것입니다. 1년 사이에 각 계절마다 자라는 여러 가지 나무들을 모두 불태워버린다 하더라도 1년이 지나면 슬픔은 끝날 것입니다."
공자가 대답했다. "1년의 슬픔이 지난 후, 만약 네가 맛있는 음식을 먹고 화려한 의복을 입는다면, 너는 편안하게 느껴지느냐?"
그 제자가 대답했다. "네. 저는 그럴 것입니다." 공자가 말했다. "네가 편안하다면 그렇게 하려무나. 그러나 착한 사람은 3년상(三年喪)을 치르는 동안에 맛있는 음식을 먹어도 기쁨을 느끼지 못하고, 음악을 들어도 거기서 기쁨을 얻지 못한다. 편안한 곳에 있더라도 편안함을 느끼지 못한다. 그러므로 그는 이와 같은 어떠한 일도 즐기려고 하지 않을 것이다. 그런데 네가 편안함을 느낄 수 있다면 너는 그런 일을 할 수 있겠지."

그 제자가 떠나간 이후 공자가 말했다. "그는 도덕적 정감이 없는 사람이구나! 아이가 태어나 3년이면 그제야 부모의 품을 떠날 수 있다. 지금 부모를 위해 3년상을 치르는 것은 온 세상이 모두 따르는 보편적인 일이다. 그에게서, 나는 그것이 알고 싶다. 그가 어렸을 때 부모님의 사랑을 받지 못한 것이 아닌가!"

17-22

子曰: "飽食終日, 無所用心, 難矣哉! 不有博奕者乎? 爲之猶賢乎已."

직역 공자께서 말씀하셨다. "배부르게 먹고 하루를 마치면서 마음 쓰는 곳이 없다면, 어렵다! 장기와 바둑이라도 있지 않은가? 그것을 두는 게 그만두는 것보다는 낫다."

번안 공자가 말했다. "한 사람이 하루 종일 끼니마다 배부르게 먹고, 어떠한 일에도 신경 쓰지 않으며, 아무 생각도 하지 않는다면, 이것은 참으로 좋은 않은 일이다. 차라리 바둑 장기와 같은 소소한 놀이 도박이나 유희를 즐기는 게 낫지 않겠는가? 비록 이러한 일들을 하더라도 아무것도 하지 않는 것보다는 낫다."

17-23

子路曰: "君子尙勇乎?" 子曰: "君子義以爲尙. 君子有勇而無義爲亂; 小人有勇而無義爲盜."

직역 자로(子路)가 말하였다. "군자(君子)가 용맹을 숭상합니까?" 공자께서 말씀하셨다. 군자는 의(義)를 숭상한다. 군자가 용(勇)만 있고 의(義)가 없으면 난(亂)을 일으키고, 소인(小人)이 용(勇)만 있고 의(義)가 없으면 도적질을 한다."

번안 공자의 굳세고 용감한 제자 자로가 물었다. "용감함은 신사에게 매우 중요한 성품이 아닙니까?"
공자가 대답했다. "신사는 정의를 중요한 성품으로 여긴다. 그러나 용감한 신사가 지식이나 학문이 없다면 정의에 대한 열정으로 곧 죄를 범하는 죄인이 될 수 있다. 용감한 일반인이 지식이나 학문이 없다면 정의에 대한 열정으로 곧 강도가 될 수 있다."

17-24

子貢曰: "君子亦有惡乎?" 子曰: "有惡: 惡稱人之惡者, 惡居下流而訕上者, 惡勇而無禮者, 惡果敢而窒者." 曰: "賜也亦有惡乎?" "惡徼以爲知者, 惡不孫以爲勇者, 惡訐以爲直者."

직역 자공(子貢)이 말하였다. "군자(君子)도 또한 미워함이 있습니까?" 공자께서 말씀하셨다. "미워함이 있다. 남의 단점을 말하는 자를 미워하며, 낮은 계층에 있으면서 윗사람 비방하는 자를 미워하며, 용

(勇)만 있고 예(禮)가 없는 자를 미워하며, 과감하기만 하고 융통성이 없는 자를 미워한다." 말씀하셨다. "사(賜)도 또한 미워함이 있느냐?" "살핌을 지혜로 여기는 자를 미워하며, 겸손하지 않은 것을 용맹으로 여기는 자를 미워하며, 들추어내는 것을 정직함으로 여기는 자를 미워합니다."

번안 공자의 제자가 물었다. "명석하면서도 착한 사람도 싫어하는 것이 있습니까?"
공자가 대답했다. "그렇다. 그가 싫어하는 것이 있다. 남의 악한 행실을 말하기 좋아하는 자를 싫어한다. 자신은 저속한 삶을 살면서 고상한 삶을 사는 사람의 흠을 들춰내서 헐뜯는 데만 몰두하는 사람을 싫어한다. 용감하지만 판단력과 예절이 없는 사람을 싫어한다. 적극적이면서 용감한데 속이 좁고 자기이익만을 챙기는 사람을 싫어한다."
공자가 이어서 제자에게 물었다. "너는 어떠하냐? 너도 네가 싫어하는 것이 있느냐?"
제자가 대답했다. "네. 흠잡는 것을 지혜라고 여기는 사람을 싫어합니다. 전횡을 일삼으면서 자신은 용감한 사람으로 여기는 사람을 싫어합니다. 다른 사람의 악행을 모아 공개하고 고발하면서 자신은 정직한 사람으로 여기는 사람을 싫어합니다."

17-25

子曰: "唯女子與小人爲難養也, 近之則不遜, 遠之則怨."

직역 공자께서 말씀하셨다. "여자와 소인은 기르기가 어려운데, 가까이 하면 공손하지 않고 멀리 하면 원망한다."

번안 공자가 말했다. "세상의 모든 사람들 가운데 젊은 여자와 집의 하인을 다루기가 가장 어렵다. 그들을 우호적이면서 가깝게 대하면, 그들은 곧 자신의 신분을 잊어버린다. 그들을 멀리하면, 그들은 곧 마음속에 불만을 품는다."

17-26

子曰: "年四十而見惡焉, 其終也已."

직역 공자께서 말씀하셨다. "나이가 40이 되어서도 미움을 받으면, 그대로 끝나고 말 것이다."

번안 공자가 말했다. "한 사람이 나이가 40이 되어서도 여전히 사람들이 싫어하는 사람이라면, 그는 죽는 날까지 줄곧 이렇게 살아갈 것이다."

제18편 미자(微子)

18-1

微子去之, 箕子爲之奴, 比干諫而死. 孔子曰: "殷有三仁焉."

직역 미자(微子)는 떠나가고, 기자(箕子)는 종이 되고, 비간(比干)은 간(諫)하다가 죽었다. 공자께서 말씀하셨다. "은(殷)나라에 세 인자(仁者)가 있었다."

번안 공자가 살던 시대 이전에 은(殷)왕조가 있었다. 이 은나라가 쇠락할 무렵, 왕조의 통치자 가문에 세 사람이 있었다. 한 사람은 자신의 나라를 떠나고, 다른 한 사람은 조정에서 광대가 되었으며, 왕에게 사실대로 아뢴 또 다른 사람은 처형되었다.
공자가 말했다. "은나라가 멸망할 무렵의 마지막 기간 동안, 왕실의 세 사람은 도덕적 성품을 갖춘 인물이었다."

18-2

柳下惠爲士師, 三黜. 人曰: "子未可以去乎?" 曰: "直道而事人, 焉往而不三黜? 枉道而事人, 何必去父母之邦?"

직역 유하혜(柳下惠)가 사사(士師)가 되어 세 번 내침을 당하였다. 어떤 사람이 말하였다. "그대는 아직 떠날 만하지 않은가? 말하였다. "도(道)를 곧게 하여 사람을 섬기면, 어디를 간들 세 번 내침을 당하지 않겠는가? 도(道)를 굽혀 사람을 섬긴다면, 어찌 반드시 부모의 나라를 떠나겠는가?"

번안 공자가 당시의 한 유명한 인물을 논평하여 말했다. 그는 법무장관을 역임하며 세 번이나 직위에서 면직되었다.
그래서 사람들이 그에게 말했다. "이제는 나라를 떠날 때가 되지 않았습니까?" 그러자 그는 대답했다. "내가 정직하게 나의 책임을 이행하면, 내가 어디로 가든지 무슨 상관이겠는가? 사람들을 위해 열심히 일하면, 똑 같은 방식으로 면직을 당하지는 않을 것이다. 내가 나를 희생하여 나의 책임을 다하기를 원한다면, 고국을 떠나 직업을 찾을 필요는 없다고 생각한다."

18-3

齊景公待孔子, 曰: "若季氏則吾不能, 以季·孟之間待之." 曰: "吾老矣, 不能用也." 孔子行.

직역 제(齊)나라 경공(景公)이 공자를 대우하며, 말하였다. "계씨(季氏)와 같이 내 충분히 대우하지 못하겠지만 계씨(季氏)와 맹씨(孟氏)의 중간 정도로 대우하겠다." 말하였다. "내 늙었으니, 쓰지 못하겠다." 공자께서 떠나셨다.

번안 어느 날, 어떤 나라를 집권하고 있던 군주가 공자를 초빙하려고 하였다. 그러나 이렇게 말했다. “나는 그분을 나라의 고위관료로 삼을 수는 없고, 사적인 고문(顧問)으로 삼고자 합니다.”
군주는 또 말했다. “나는 이제 늙었습니다. 아마 그분의 의견을 받아들이지 못할 것입니다.”
공자는 이와 같은 말을 듣고, 바로 그 나라를 떠났다.

18-4

齊人歸女樂. 季桓子受之, 三日不朝. 孔子行.

직역 제(齊)나라 사람이 여악(女樂)을 보내왔다. 계환자(季桓子)가 그것을 받고, 3일 동안 조회(朝會)하지 않았다. 공자께서 떠나셨다.

번안 공자가 법무장관으로 갓 승진한 이후의 어느 날, 공자의 고국에서 정치권력을 쥐고 있던 고위관료가 다른 나라에서 보내온 여배우들에게 빠져 3일 동안 궁궐에서 관리들과 만나지 않았다.
그래서 공자는 사직하고 자신의 나라를 떠났다.

18-5

楚狂接輿歌而過孔子曰: “鳳兮鳳兮, 何德之衰! 往者不可諫, 來者猶可追. 已而! 已而! 今之從政者殆而!” 孔子下, 欲與之言. 趨而辟之, 不得與之言.

직역 초(楚)나라 광인(狂人)인 접여(接輿)가 공자 앞을 지나며 노래하였다. “봉(鳳)이여, 봉(鳳)이여! 어찌 덕(德)이 쇠하였는가! 지나간 것은 간

(諫)할 수 없지만 오는 것은 오히려 따를 수 있다. 그만 두거라! 그만 두거라! 오늘날 정사(政事)에 종사하는 자들은 위험하다." 공자가 수레에서 내려 더불어 말하고 싶어 했다. 빨리 걸어 피하므로 함께 말하지 못하였다.

번안 공자가 여행하던 도중의 어느 날, 괴이한 사람이 그의 곁을 지나면서 높은 소리로 노래를 불렀다.

"아! 봉황이여, 아! 봉황이여!
당신 본래의 영광은 어디에?
과거를 지금 바꾼들 무슨 소용이 있으리오.
미래를 생각할 때로구나.
포기하라! 헛된 추구를 버리라,
그 조정에서 일하는 사람들은
꼬리에 위험이 따르기에 두려워하도다."

공자는 깨닫는 바가 있어 그와 이야기를 나누려고 하였다. 하지만 그 괴이한 사람은 얼른 떠나, 공자에게 자기와 이야기 나눌 기회를 주지 않았다.

18-6

長沮·桀溺耦而耕. 孔子過之, 使子路問津焉. 長沮曰: "夫執輿者爲誰?" 子路曰: "爲孔丘." 曰: "是魯孔丘與?" 曰: "是也." 曰: "是知津矣." 問于桀溺. 桀溺曰: "子爲誰?" 曰: "爲仲由." 曰: "是魯孔丘之徒與?" 對曰: "然." 曰: "滔滔者天下皆是也, 而誰以易之? 且而與其從辟人之士也, 豈若從辟世之士哉!" 耰而不輟. 子路行以告. 夫子憮然曰: "鳥獸不可與同羣, 吾非斯人之徒與而誰與? 天下有道, 丘不與易也."

직역 장저(長沮)와 걸닉(桀溺)이 함께 밭을 갈고 있었다. 공자가 지나다가 자로(子路)를 시켜 나루를 묻게 하였다. 장저가 말하였다. "수레 고삐를 잡고 있는 분이 누구인가?" 자로가 말하였다. "공구(孔丘)십니다." 말하였다. "이 분이 노(魯)나라의 공구(孔丘)인가?" 말하였다. "그렇습니다." 말하였다. "이 분은 나루를 알 것이오." 걸닉에게 물었다. 걸닉이 말하였다. "당신은 누구인가?" 말하였다. "중유(仲由)라 하오." 말하였다. "그대가 바로 노(魯)나라 공구(孔丘)의 무리인가?" 대답하였다. "그렇소." 말하였다. "도도(滔滔)한 것이 세상이 모두 이러하니, 누구와 더불어 바꾸겠는가? 또 그대는 사람을 피하는 선비를 따르는 것이 세상을 피하는 선비를 따르는 것만 하겠는가?" 씨 뿌리고 덮는 일을 그치지 않았다. 자로가 돌아와서 아뢰었다. 부자(夫子)께서 한탄하며 말씀하셨다. "조수(鳥獸)와 더불어 무리 지어 살 수는 없으니, 내가 이 사람의 무리와 더불어 하지 않고 누구와 더불어 하겠는가? 세상에 도(道)가 있으면 내가 더불어 바꾸려 하지 않을 것이다."

번안 또 어느 날, 공자가 여행하는 도중에 밭에서 일하는 두 사람을 보았다. 공자는 굳세고 용감한 제자 자로를 보내서 나루터가 어디에 있는지를 물어보라 하였다.

자로가 두 사람 곁에 다가가자, 그중 한 사람이 물었다. “수레 고삐를 잡고 있는 분이 누구인가?” 자로가 답했다. “저의 스승이신 공자입니다.” 그 사람이 물었다. “노(魯)나라의 공자인가?” 자로가 대답했다. “그렇습니다.” 그 사람이 말했다. “그렇다면, 그분은 나루터가 어디에 있는지를 알 것이다.”

자로가 다른 사람에게 다가가자, 그 사람이 물었다. “당신은 누구요?” 공자의 제자가 답했다. “저는 자로라고 합니다.” 그 사람이 물었다. “그대가 공자의 제자인가?” 자로가 대답했다. “그렇습니다.” 그 사람이 말했다. “지금 세상 사람들이 모두 희망을 잃고, 물 흐르는 대로 따라가듯이 이리저리 흘러가고 있는데, 누가 무슨 일을 하여 이런 상황을 바꿀 수 있겠소? 차라리 세상을 포기한 사람들을 따르는 것이 한 나라의 군주를 위해 다른 한 나라의 군주에게로 달려가는 사람을 따르는 것보다 나을 것이오.” 말을 마치자 그 사람은 계속 밭에서 일을 하고, 더 이상 자로와 이야기를 나누지 않았다.

자로가 돌아와 그들의 말을 전하니, 공자가 크게 한숨을 쉬면서 말했다. “나는 들에 사는 짐승과 하늘을 나는 새와 같이 살수는 없다. 내가 사람과 같이 살고, 같이 교제하지 않고, 누구랑 같이 살겠는가? 사회는 질서가 있는 것이니, 인간이 그것을 바꿀 필요는 없다.”

18-7

子路從而後, 遇丈人以杖荷蓧. 子路問曰 : "子見夫子乎?" 丈人曰 : "四體不勤, 五穀不分. 孰爲夫子!" 植其杖而芸. 子路拱而立. 止子路宿, 殺雞爲黍而食之, 見其二子焉. 明日, 子路行以告. 子曰: "隱者也." 使子路反見之, 至則行矣. 子路曰: "不仕無義. 長幼之節不可廢也; 君臣之義, 如之何其廢之? 欲潔其身, 而亂大倫. 君子之仕也, 行其義也. 道之不行, 已知之矣."

직역 자로(子路)가 따라가다가 뒤에 처져 있었는데, 지팡이를 짚고 대바구니를 멘 노인을 만났다. 자로가 물었다. "노인께서는 우리 선생님을 보았습니까?" 장인(丈人)이 말하였다. "사지(四肢)를 부지런히 하지 않고 오곡(五穀)을 분별하지 못한다. 누구를 선생님이라 하는가?" 지팡이를 꽂아놓고 김을 매었다. 자로가 손을 마주잡고 서 있었다. 자로를 머물러 묵어가게 하고, 닭을 잡고 기장밥을 지어 먹이며, 그의 두 아들을 만나게 하였다. 다음날 자로가 떠나와서 아뢰었다. 공자께서 말씀하셨다. "은자(隱者)이다." 자로에게 돌아가 만나보게 하였는데, 도착해 보니 떠나가고 없었다. 자로가 말하였다. "벼슬하지 않는 것은 의(義)가 없다. 장유(長幼)의 예절(禮節)을 폐할 수 없는데, 군신(君臣)의 의(義)를 어떻게 폐할 수 있겠는가? 그 몸을 깨끗하게 하려고 큰 윤리를 어지럽히는 짓이다. 군자(君子)가 벼슬하는 것은 그 의(義)를 행하는 일이다. 도(道)가 행해지지 않은 것은 이미 알고 있다."

번안 또 어느 날, 공자가 여행하는 도중에 굳세고 용감한 제자 자로가 무리에서 뒤처졌다. 자로는 지팡이를 짚고 잡초를 담은 대바구니를 둘러멘 어떤 노인을 만났다.
자로가 그에게 물었다. "노인께서는 저의 스승님을 보셨습니까?" 노인은 그를 쳐다보면서 거칠게 대답했다. "오래 동안 수고롭게 일했다는 말도 들어보지 못했고, 오곡을 구분하지도 못하는데, 누가 당신의 스승이요?" 말하면서 노인은 지팡이를 땅에 꽂아놓고 김을 매기 시작했다. 그러나 자로는 가슴에 두 손을 모으고 공손히 기다리고 있었다. 한참 지나자, 노인은 자로를 자신의 집에 데리고 와서, 그에게 하루를 묵게 하였고, 또 닭을 잡고 기장떡을 만들어 먹였다. 노인은 또 자로에게 자신의 두 아들을 소개했다.
다음 날 자로가 계속 길을 가다가 공자와 만났다. 이후 자신의 기이한 만남에 대해 이야기했다. "그 분은 은자(隱者)시다." 공자가 이렇게 말하고는 자로가 다시 그 분을 찾아가게 하였는데, 자로가 도착했을 때 노인은 이미 떠나가 버렸다.
자로가 다시 돌아오자, 공자가 말했다. "사회봉사를 거절하는 것은 도의에 맞지 않다. 자신의 가정을 위해 어떠한 책임도 지지 않으려는 것은 잘못된 인식이다. 그렇다면 자신의 군주와 국가를 위한 책임을 무시하는 것이 어찌 옳은 일이겠는가? 자신의 순결을 목적으로 사회를 이탈한 삶을 사는 사람은 사회적 기반을 무너뜨린다. 반면, 사회에 봉사하는 명석하면서도 착한 사람은 그가 정의라 여기는 일을 실현하려고 노력한다. 정의의 원칙이 실현될 수 있는지의 여부를 그는 매우 분명히 알고 있다."

18-8

逸民: 伯夷·叔齊·虞仲·夷逸·朱張·柳下惠·少連. 子曰: "不降其志, 不辱其身, 伯夷·叔齊與!" 謂: "柳下惠·少連, 降志辱身矣. 言中倫, 行中慮, 其斯而已矣." 謂: "虞仲·夷逸, 隱居放言. 身中清, 廢中權. 我則異於是, 無可無不可."

직역 일민(逸民)은 백이(伯夷)와 숙제(叔齊)와 우중(虞仲)과 이일(夷逸)과 주장(朱張)과 유하혜(柳下惠)와 소련(少連)이었다. 공자께서 말씀하셨다. "그 뜻을 굽히지 않고 그 몸을 욕되게 하지 않는 사람은 백이와 숙제이다." 논평하였다. "유하혜와 소련은 뜻을 굽히고 몸을 욕되게 하였다. 말이 윤리에 맞으며 행실이 사려(思慮)에 맞았으니, 이런 점일 뿐이다." 논평하였다. "우중과 이일은 숨어 살면서 말을 함부로 하였다. 몸은 깨끗함에 맞았고, 폐함은 권도(權道)에 맞았다. 나는 이와 달라 가(可)한 것도 없고 불가(不可)한 것도 없다."

번안 공자가 고대에 사회적 삶을 포기한 유명한 여섯 인물에 대해 언급하였다.

그 가운데 두 사람은 백이와 숙제였다. 공자는 그들이 높은 삶의 목적을 포기하지 않기 위해 사회적 삶을 포기했다고 보았다. 사회적 삶을 포기하는 방식을 통해 그들은 치욕을 참아내지 않아도 되었기 때문이다.

다음의 두 사람도 사회적 삶을 포기하였다. 그러나 공자가 생각하기에, 그들은 반대로 높은 삶의 목적을 포기하고 치욕을 참아냈고, 그들이 말한 말들은 모두 합리적이었으며, 그들이 한 일도 모두 칭찬할 만한 것이었다.

여섯 사람 가운데 마지막 두 사람에 대해, 공자는 생각하였다. 그들은 숨어 살면서도 자신에게 엄격하였고, 사회와의 교제를 거부하였으나 삶은 순결하였으며, 사회로부터 완전히 격리되었으나 판단력은 정확하였다.

공자가 마지막으로 말했다. "나와 위에서 언급한 그 사람들의 삶의 방식은 같지 않다. 그러나 나는 해야 할 행위의 방식을 미리 정해놓지 않았고, 하지 말아야 할 행위의 방식도 미리 정해 놓지 않았다."

18-9

太師摯適齊. 亞飯干適楚, 三飯繚適蔡, 四飯缺適秦. 鼓方叔入於河. 播鼗武入於漢. 少師陽·擊磬襄入於海.

직역 태사(大師) 지(摯)는 제(齊)나라로 갔다. 아반(亞飯) 간(干)은 초(楚)나라로 가고, 삼반(三飯) 료(繚)는 채(蔡)나라로 가고, 사반(四飯) 결(缺)은 진(秦)나라로 갔다. 북을 치는 방숙(方叔)은 하내(河內)로 들어갔다. 소고(小鼓)를 흔드는 무(武)는 한중(漢中)으로 들어갔다. 소사(少師) 양(陽)과 경쇠를 치는 양(襄)은 해도(海島)로 들어갔다.

번안 이 단락은 그 시대의 유명한 음악가와 예술가들의 이름, 그리고 예술이 쇠퇴한 시기, 예술이 보호받지 못하던 시기에 그들이 할 수 없이 흩어져, 한 나라에서 다른 나라로 떠도는 신세가 되었음을 소개하였다. 그 가운데 한 부류의 사람은 바다를 건넜다고 하는데, 아마 일본으로 갔을 것이다.

18-10

周公謂魯公曰: "君子不施其親; 不使大臣怨乎不以; 故舊無大故, 則不棄也; 無求備於一人."

직역 주공(周公)이 노공(魯公)에게 말하였다. "군자(君子)는 그 친척을 버리지 아니하며, 대신(大臣)에게 써주지 않는 것을 원망하지 않게 하며, 옛 친구가 큰 연고가 없으면 버리지 않으며, 한 사람에게 갖추기를 요구하지 않는다."

번안 공자의 고국 왕실을 최초로 창시자한, 우리가 잘 알고 있는 주공(周公)은 자신의 계승자인 아들에게 다음과 같이 충고하였다.
"통치자는 그와 가까운 사람을 멀리하지 말고 보살펴야 한다. 중요한 참모들의 의견이 받아들여지지 않았다고 그들이 원망하지 않도록 해야 한다. 특별한 이유가 아니면 옛 친척과 옛 친구를 버리지 말아야 한다. 한 사람이 모든 일을 다 하기를 바라지 말아야 한다."

18-11

周有八士: 伯達·伯适·仲突·仲忽·叔夜·叔夏·季隨·季騧.

직역 주(周)나라에 여덟 선비가 있었다. 백달(伯達)과 백괄(伯适)과 중돌(仲突)과 중홀(仲忽)과 숙야(叔夜)와 숙하(叔夏)와 계수(季隨)와 계와(季騧)이다.

번안 이 단락에서는 그 시대의 유명한 신사 여덟 사람을 소개하였다.

제19편 자장(子張)

19-1

子張曰: "士見危致命, 見得思義, 祭思敬, 喪思哀, 其可已矣."

직역 자장(子張)이 말하였다. "선비가 위태로움을 보고 목숨을 바치며, 이(利)를 보고 의(義)를 생각하며, 제사(祭祀)에 공경(恭敬)함을 생각하며, 상사(喪事)에 슬픔을 생각한다면, 괜찮다."

번안 공자의 제자가 말했다. "신사는 위험에 닥치면 생명을 버릴 준비가 되어 있어야 하며, 사익보다는 정의를 생각해야 하며, 제사에는 정성스럽고 장엄한 태도를 나타내며, 장례에는 마음속에서 우러나오는 비통함을 전달해야 한다. 위에서 말한 이러한 사안들은 모두 신사가 해야 할 의무사항이다."

19-2

子張曰: "執德不弘, 信道不篤, 焉能爲有, 焉能爲亡!"

직역 자장(子張)이 말하였다. "덕(德)을 잡음이 넓지 못하고, 도(道)를 믿음이 독실하지 못하면, 어찌 있다고 말하며, 어찌 없다고 말하겠는가!"

번안 공자의 제자가 말했다. "사람의 마음이 정성스럽지만 오히려 자신의 사상을 확충해주지 못하거나, 진리를 믿으면서 오히려 자신의 원칙을 굳건히 지키지 못한다면, 이러한 사람은 차라리 이러한 일을 멀리 하는 것이 좋다."

19-3

子夏之門人問交於子張. 子張曰: "子夏云何?" 對曰: "子夏曰: "可者與之, 其不可者拒之." 子張曰: "異乎吾所聞. 君子尊賢而容衆, 嘉善而矜不能. 我之大賢與, 於人何所不容; 我之不賢與, 人將拒我, 如之何其拒人也?"

직역 자하(子夏)의 문인(門人)이 자장(子張)에게 벗을 사귀는 것에 대해 물었다. 자장이 말하였다. "자하가 무엇이라고 하던가?" 대답하였다. "자하께서 '가능한 자를 사귀고 불가능한 자를 사귀지 말라.'하셨습니다." 자장이 말하였다. "내가 듣던 것과는 다르다. 군자(君子)는 어진 이를 존경하고 군중을 포용하며, 잘하는 이를 아름답게 여기고 능숙치 못한 이를 불쌍히 여긴다. 내가 크게 어질다면 사람에 대해 누구인들 용납하지 못할 것이며, 내가 어질지 못한다면 사람들이 장차 나를 거절할 것이니, 어떻게 남을 거절할 수 있겠는가?"

번안 어느 날, 위[19-1, 19-2]에서 언급한 그 제자의 동문(同門)의 제자가 위에서 언급한 그 제자에게 우정(友情)에 대해 물었다.
그는 다시 동문의 제자에게 되물었다. "너의 스승님은 이 문제를 어떻게 말하더냐?" 그 제자가 대답했다. "저희 스승님은 '좋은 사람을 보면 사귀고, 좋지 못한 사람을 보면 거들떠보지도 말라.'고 하셨습니다." 질문을 받은 공자의 제자가 대답했다. "내가 배운 것과는 다르구나. 명석하면서도 착한 사람은 고상한 사람을 존경하며 모든 사람을 포용한다. 그는 어떤 분야에서건, 잘하는 것이 있는 사람에 대해 어떻게 칭찬해야 하는지를 알며, 아울러 어리석고 무지한 사람도 이해할 줄 안다. 따라서 우리 자신이 진정으로 고상하면 우리는 모든 사람들을 포용할 것이다. 그러나 우리 자신이 고상하지 않다면 사람들은 우리를 거들떠보지도 않을 것이다. 우리가 어찌 그들을 거들떠보지도 않을 수 있겠는가?"

19-4

子夏曰: "雖小道, 必有可觀者焉; 致遠恐泥, 是以君子不爲也."

직역 자하(子夏)가 말하였다. "비록 작은 도(道)라도 반드시 볼 만한 것이 있지만, 원대(遠大)함에 이르는 데 장애가 될까 두렵다. 이 때문에 군자(君子)가 하지 않는 것이다."

번안 공자의 제자가 말했다. "예술이나 장기(長技) 가운데는 하찮은 무엇이라도 생각해볼 만한 가치가 있다. 그러나 그것에 대해 강제적으로 관심을 갖는 것이라면, 아마추어의 기호(嗜好)로 되기 쉽다. 그러므로 명석하면서도 착한 사람은 자신이 이러한 것에 전념하지 않도록 한다."

19-5

子夏曰: "日知其所亡, 月無忘其所能, 可謂好學也已矣."

직역 자하(子夏)가 말하였다. "날마다 모르는 것을 알며, 달마다 능숙한 것을 잊지 않으면, 배움을 좋아한다고 이를 만하다."

번안 위와 같은 제자가 말했다. "매일 매일 자신이 무엇을 배워야 하는지를 분명하게 알며, 매달마다 그가 이미 배운 것을 잊지 않는 사람은, 반드시 교양이 있는 사람이 될 것이다."

19-6

子夏曰: "博學而篤志, 切問而近思, 仁在其中矣."

직역 자하(子夏)가 말하였다. "배우기를 널리 하고 뜻을 독실히 하며, 절실하게 묻고 가까이 생각하면 인(仁)이 그 가운데 있다."

번안 위와 같은 제자가 말했다. "널리 배우고 아울러 너의 목표를 굳건히 하며, 배운 것을 자세하고 신중하게 연구하며 아울러 자신의 언행과 삶에 응용한다. 이렇게 하면 너는 자연스럽게 도덕적인 삶을 살 수 있을 것이다."

19-7

子夏曰: "百工居肆以成其事, 君子學以致其道."

직역 자하(子夏)가 말하였다. "온갖 공인(工人)들은 공장에 있으면서 그 일을 이루고, 군자(君子)는 배워서 그 도(道)에 이른다."

번안 위와 같은 제자가 말했다. "장인이 공방에서 기술을 익히는 것처럼, 배우는 사람이 연구에 전념하는 것은 지혜를 얻기 위해서이다."

19-8

子夏曰: "小人之過也必文."

직역 자하(子夏)가 말하였다. "소인(小人)들은 잘못이 있으면 반드시 문식(文飾)한다."

번안 위와 같은 제자가 말했다. "어리석은 사람은 잘못을 저질렀을 때, 항상 미리 핑계를 준비해 둔다."

19-9

子夏曰: "君子有三變: 望之儼然, 卽之也溫, 聽其言也厲."

직역 자하(子夏)가 말하였다. "군자(君子)는 세 가지 변함이 있다. 바라보면 엄숙하고, 그 앞에 나아가면 온화하고, 그 말을 들어보면 명확하다."

번안 위와 같은 제자가 말했다. "명석하면서도 착한 사람은 세 가지 측면에서 다르게 보인다. 그를 멀리서 바라보면 엄격하고 각박해 보이고, 그를 가까이에서 보면 온화하고 친절해 보이며, 그의 말을 들어보면 엄숙하고 장엄해 보인다."

19-10

子夏曰: "君子信而後勞其民, 未信則以爲厲己也; 信而後諫, 未信則以爲謗己也."

직역 자하(子夏)가 말하였다. "군자(君子)는 신임을 얻은 뒤에 그 백성을 부리는데, 신임을 얻지 못하고 부리면 자신들을 괴롭힌다고 여긴다. 신임을 얻은 뒤에 간하므로, 신임을 얻지 못하고 간하면 자기를 비방한다고 여긴다."

번안 위와 같은 제자가 말했다. "명석한 사람이 통치자가 되면, 국민들에게 힘든 일을 시키기 전에 먼저 국민들의 믿음을 얻는다. 그렇지 않으면 국민들은 압박한다고 볼 것이다.
명석한 사람이 공무원이 되면, 자신이 봉사하고 있는 책임자의 잘못을 지적해야 할 모험을 하기 이전에 먼저 그의 믿음을 얻는다. 그렇지 않으면 그의 윗사람은 그가 꼬투리를 잡고 시비를 건다고 여길 것이다."

19-11

子夏曰: “大德不踰閑, 小德出入可也.”

직역 자하(子夏)가 말하였다. “큰 덕(德)이 한계를 넘지 않으면, 작은 덕(德)은 출입(出入)하여도 괜찮다.”

번안 위와 같은 제자가 말했다. “엄격하게 도덕적 원칙의 중요한 요점과 관련된 범위에서 자신의 행위를 유지할 수 있는 사람이라면, 그 다음으로 중요한 요점을 다룰 때는 재량으로 결정할 수 있을 것이다.”

19-12

子游曰: “子夏之門人小子, 當洒掃·應對·進退則可矣, 抑末也, 本之則無. 如之何?” 子夏聞之曰: “噫! 言游過矣! 君子之道, 孰先傳焉? 孰後倦焉? 譬諸草木, 區以別矣. 君子之道, 焉可誣也! 有始有卒者, 其唯聖人乎!”

직역 자유(子游)가 말하였다. “자하(子夏)의 문인이나 제자들은 쇄소(洒掃)하고, 응대(應對)하고, 진퇴(進退)하는 예절에서는 괜찮지만, 이는 지엽적인 일이고, 근본적인 것은 없으니, 어찌하겠는가?” 자하가 듣고 말하였다. “아! 언유(言游)의 말이 지나치다! 군자(君子)의 도(道)에 어느 것을 먼저라 하여 전수하며, 어느 것을 뒤라 하여 게을리하겠는가? 초목(草木)에 비유하면 구역으로 구별된다. 군자의 도가 어찌 이처럼 속이겠는가! 처음과 끝을 둔 것은 오직 성인(聖人)이시다.”

번안 공자의 제자가 다른 동문의 제자들에게 말했다. "저 젊은 신사들은 예의규범(禮儀規範)과 행위거동(行爲擧動)에서 이미 충분하게 갖추었다. 그러나 이는 부차적인 일이다. 참된 교육의 본질에 도달하려면 그들은 아직 멀었다."
자신의 제자들을 이와 같이 비난했다는 말을 들은 이후, 공자의 다른 제자는 비난한 자신의 동문에게 말했다. "당신이 잘못 알고 있는 것이오. 명석하면서도 착한 사람이 교육에서 중요하게 여겨야 할 것이 무엇이며, 무엇을 가르쳐야 하며, 무엇을 기준으로 중요한 것을 나누며, 소홀히 할 것이 있겠는가? 마치 식물을 가꿀 때처럼, 스승은 제자들의 자질을 여러 부류로 나눈다. 명석하면서도 착한 사람은 학생을 가르치면서 그들을 농락하지 않는다. 가장 신성한 사람만이 처음부터 마지막까지 그 원칙을 파악하고 깨달을 수 있을 뿐이다."

19-13

子夏曰: "仕而優則學, 學而優則仕."

직역 자하(子夏)가 말하였다. "벼슬하면서 여력이 있으면 배우고, 배우고서 여력이 있으면 벼슬을 한다."

번안 공자의 제자가 말했다. "자신이 실행해야 할 직책을 초과달성한 우수한 자질을 갖춘 관리는 마땅히 공부(工夫: 學習)에 힘써야 할 것이다.
자신이 해야 할 학업을 초과달성한 우수한 자질을 갖춘 학생은 마땅히 공무(公務)에 힘써 참여하여 봉사해야 할 것이다."

19-14

子游曰: "喪致乎哀而止."

직역 자유(子游)가 말하였다. "상례(喪禮)는 슬픔을 다할 뿐이다."

번안 공자의 제자가 말했다. "상례에서 유일하게 빠지지 말아야할 것은 마음속에서 우러나오는 비통함이다."

19-15

子游曰: "吾友張也, 爲難能也, 然而未仁."

직역 자유(子游)가 말하였다. "나의 벗 자장(子張)은 어려운 일을 잘하지만, 인(仁)하지는 못하다."

번안 같은 제자가 다른 제자에 대해 논평하여 말했다.
"나의 친구는 다른 사람이 할 수 없는 일을 해낸다. 그렇다고 그의 도덕적 품성이 완벽한 것은 아니다."

19-16

曾子曰: "堂堂乎張也! 難與並爲仁矣."

직역 증자(曾子)가 말하였다. "당당하구나, 자장(子張)이여! 함께 인(仁)을 하기는 어렵다."

번안 공자의 다른 제자가 위에서 언급한 그 제자 자장에 대해 논평하여 말했다. "그는 얼마나 사치스런 사람인가! 이런 사람과 함께 도덕적인 삶을 살기는 매우 어렵다."

19-17

曾子曰: "吾聞諸夫子: 人未有自致者也, 必也親喪乎."

직역 증자(曾子)가 말하였다. "내가 선생님께 들었다. '사람이 자신의 일에 정성을 다하는 경우는 없지만, 반드시 친상(親喪)에는 정성을 다한다.'"

번안 위와 같은 제자가 말했다. "내가 스승님에게 들은 바에 의하면, '부모의 죽음으로 인해 자신이 비통해하지 않을 수 없을 때까지 경험하지 못한 사람은, 항상 자신의 본성을 알지 못한다.'"

19-18

曾子曰: "吾聞諸夫子: '孟莊子之孝也, 其他可能也, 其不改父之臣與父之政, 是難能也.'"

직역 증자(曾子)가 말하였다. "나는 선생님께 들었다. '맹장자(孟莊子)의 효(孝)는 그 다른 일은 능숙하게 할 수 있으나, 아버지의 신하와 아버지의 정사(政事)를 고치지 않은 일은 능숙하게 처리하기 어렵다.'"

번안 위와 같은 제자가 말했다. "내가 스승님으로부터 어떤 귀족의 효도(孝道)에 대해 다음과 같이 들었다. '그의 아버지가 돌아가셨을 때, 그가 한 일들은 다른 사람도 할 수 있다. 그러나 그가 아버지의 늙은 하인을 부양하고, 아버지의 정책을 관철시킨 것은 다른 사람들이 하기 어려운 일이다.'"

19-19

孟氏使陽膚爲士師, 問於曾子. 曾子曰: "上失其道, 民散久矣. 如得其情, 則哀矜而勿喜."

직역 맹씨(孟氏)가 양부(陽膚)를 사사(士師)로 임명하자, 증자(曾子)에게 물었다. 증자가 말하였다. "윗사람이 도리를 잃어 백성이 흩어진 지 오래 되었다. 만일 실정을 파악했으면 불쌍히 여기고 기뻐하지 말아야 한다."

번안 공자의 고국에서 정사를 맡은 주요 고위관료가 어느 날, 어떤 관리에게 형사 법관의 요직을 맡게 하였다.
그 관리는 공자의 제자에게 의견을 물었다. 그 제자는 관리에게 말했다. "통치자들은 오랜 기간 동안 그들의 의무를 소홀히 하였고, 국민들은 오랜 기간 동안 혼란 속에서 살아왔습니다. 당신이 만약 어떤 사람이 죄가 있다고 충분한 증거를 대서 입증할 수 있다면, 연민의 감정을 느끼고 그에게 자비를 베풀어야 합니다. 당신이 죄를 입증할 수 있다고 기뻐하지 말아야 합니다."

19-20

子貢曰: “紂之不善, 不如是之甚也. 是以君子惡居下流, 天下之惡皆歸焉.”

직역 자공(子貢)이 말하였다. “주왕(紂王)의 불선(不善)이 이처럼 심하지는 않았다. 이러므로 군자(君子)는 하류(下流)에 처하는 것을 싫어한다. 세상의 악행(惡行)이 모두 모여들기 때문이다.”

번안 공자의 제자가 옛날의 폭군으로 유명한 제왕에 대해 논평하여 말했다.
“결국, 그의 사악함은 전해진 이야기처럼 그렇게 나쁘지는 않았다. 그래서 명석한 사람은 저속하면서도 명성을 더럽히는 삶을 지속하지 않는다. 항상 사람들이 무엇이라고 말할 것인지를 의식하고 무시하지 않는다. 그렇게 하지 않으면, 사람들은 그가 세상의 모든 악행을 저질렀다고 믿을 것이기 때문이다.”

19-21

子貢曰: “君子之過也, 如日月之食焉: 過也, 人皆見之; 更也, 人皆仰之.”

직역 자공(子貢)이 말하였다. “군자(君子)의 허물은 일식(日蝕)이나 월식(月蝕)과 같다. 잘못이 있으면 사람들이 모두 볼 수가 있고, 허물을 고쳤을 때는 사람들이 우러러본다.”

번안 위와 같은 제자가 말했다. "위대한 사람의 과실은 마치 일식이나 월식과 같다. 그가 잘못을 저지르면 모든 사람들이 볼 수 있고, 그가 잘못을 만회하면 모든 사람들이 예전처럼 그를 우러러본다."

19-22

衛公孫朝問於子貢曰: "仲尼焉學?" 子貢曰: "文武之道, 未墜於地, 在人. 賢者識其大者, 不賢者識其小者, 莫不有文武之道焉. 夫子焉不學? 而亦何常師之有?"

직역 위(衛)나라 공손조(公孫朝)가 자공(子貢)에게 물었다. "중니(仲尼)는 무엇을 배웠는가?" 자공이 말하였다. "문왕(文王)·무왕(武王)의 도(道)가 아직 땅에 떨어지지 않아 사람들에게 남아 있다. 현자(賢者)는 그 큰 것을 기억하고, 불현자(不賢者)는 작은 것을 기억하고 있어, 문왕·무왕의 도(道)를 갖고 있지 않음이 없다. 선생님께서 어찌 배우지 않았겠는가? 그리고 또한 어찌 일정한 스승이 계시겠는가?"

번안 어떤 나라 조정의 관리가 공자의 제자에게 물었다. "공자께서는 누구로부터 학문이나 기예를 가르치는 교수(教授)의 원리들을 배웠습니까?"
그 제자가 대답했다. "옛날 사람들이 굳게 믿는 종교와 도덕의 원리가 모두 사라지지는 않았습니다. 요즘 사람들 가운데서도 명석하고 고상한 분들은 이러한 체계 속에서 위대한 원리를 알고 있습니다. 심지어 명석하지 못하고 고상하지 않은 사람도 부차적인 원리를 알고 있습니다.

저희 스승님은 배울 필요가 없으십니다. 그분이 할 수 없이 배운다고 해도 어찌 반드시 스승을 모실 필요가 있었겠습니까?"

19-23

叔孫武叔語大夫於朝曰: "子貢賢於仲尼." 子服景伯以告子貢. 子貢曰: "譬之宮牆, 賜之牆也及肩, 窺見室家之好. 夫子之牆數仞, 不得其門而入, 不見宗廟之美·百官之富. 得其門者或寡矣. 夫子之云, 不亦宜乎!"

직역 숙손무숙(叔孫武叔)이 조정에서 대부(大夫)들에게 말하였다. "자공(子貢)이 중니(仲尼)보다 낫다." 자복경백(子服景伯)이 이 말을 자공에게 일러주었다. 자공이 말하였다. "대궐의 담장에 비유하면 나의 담장은 어깨에 미치므로 집안의 좋은 것을 엿볼 수 있다. 선생님의 담장은 여러 길이 되므로 그 문을 얻어 들어가지 않으면 종묘(宗廟)의 아름다움과 온갖 관리의 부유함을 볼 수가 없다. 그 문을 얻는 자가 적다. 선생님[叔孫]의 말씀이 또한 당연하지 않겠는가!"

번안 공자의 고국에서 조정에 나가는 관리 한 사람이 다른 관리들 앞에서 공자의 제자를 칭찬하여 말했다. "내가 보기엔 공자의 이 제자가 공부보다 낫네."
한동안 지나서 어떤 사람이 그 관리의 말을 위에서 언급한 제자에게 전하자, 그 제자가 말했다. "저는 두 건물로 비유하여 말하려고 합니다. 저희 집의 벽은 어깨높이 만큼이라서 사람들이 보기만 하면 저희 집에 있는 모든 진귀한 물건들을 볼 수 있습니다. 그러나 스승님 집의 벽은 높이가 몇 길이라서 사람들이 그 문을 찾아 들어가지 않고서는 집에 소장된 예술적 보물들과 그 안에 사는 사람들의 화려한 모습을 볼 수 없습니다. 그런데 그 문을 찾은 자 또한 매우 적습니다. 그래서 그 관리께서는 그렇게 말씀하신 것이므로, 저는 전혀 놀랍지 않습니다."

19-24

叔孫武叔毁仲尼. 子貢曰: "無以爲也! 仲尼不可毁也. 他人之賢者, 丘陵也, 猶可踰也; 仲尼, 日月也, 無得而踰焉. 人雖欲自絶, 其何傷於日月乎! 多見其不知量也."

직역 숙손무숙(叔孫武叔)이 중니(仲尼)를 헐뜯자, 자공(子貢)이 말하였다. "그러지 말라, 중니는 훼방할 수 없다. 다른 사람의 현명함은 언덕과 같아 넘을 수 있지만, 중니는 해와 달과 같아 넘을 수 없다. 사람들이 비록 스스로 끊으려고 해도 어찌 해와 달에 해로움이 되겠는가! 자기의 분수를 알지 못함을 보일 뿐이다."

번안 위에서 언급한 조정에 나가는 관리가 어느 날 공자의 품격을 비방하는 말을 하였다.
위에서 언급한 그 제자가 그 말을 듣고 말했다. "그가 이렇게 비방해도 아무런 소용이 없을 것이다. 공자는 영원히 비방할 수 없다. 다른 사람의 도덕과 천부적인 재능은 공자와 비교하면 작은 언덕이나 흙무더기와 같아서 넘을 수 있다. 하지만 공자는 마치 해와 달과 같아서 여전히 본래의 상태를 유지한다.

일반 사람들이 그와 같이 따라 하려고 할 때, 자신이 무엇을 해야 할지 알지 못하는 이성의 결핍만을 드러낼 뿐이다."

19-25

陳子禽謂子貢曰: "子爲恭也, 仲尼豈賢於子乎?" 子貢曰: "君子一言以爲知, 一言以爲不知, 言不可不愼也. 夫子之不可及也, 猶天之不可階而升也. 夫子之得邦家者, 所謂'立之斯立, 道之斯行, 綏之斯來, 動之斯和. 其生也榮, 其死也哀.' 如之何其可及也!"

직역 진자금(陳子禽)이 자공(子貢)에게 말하였다. "그대가 공손해서 그렇지, 중니(仲尼)가 어찌 그대보다 낫겠는가?" 자공이 말하였다. "군자(君子)는 한 마디 말에 지혜롭다고 하며 한마디 말에 지혜롭지 못하다고 하는 것이니, 말을 조심하지 않을 수 없다. 선생님을 따르지 못함은 마치 하늘을 사다리로 오르지 못하는 것과 같다. 선생님께서 나라를 얻으신다면 이른바 '세우면 이에 서고, 인도하면 이에 따르고, 편안하게 해주면 이에 따라오고, 고무시키면 이에 화합한다. 그가 살아 계시면 영광스럽게 여기고, 돌아가시면 슬퍼한다.'라는 것이다. 어떻게 따를 수 있겠는가!"

번안 또 어느 날, 다른 제자가 위에서 언급한 그 제자에게 말했다. "자네는 이와 같이 성심을 다하고, 양심이 있으니, 공자께서 어떻게 자네보다 낫겠는가?"
그 제자가 대답했다. "한마디 말에 의하여 교양 있는 사람은 지혜로운 사람으로 여겨지기도 하고, 또 한 마디 말에 의하여 어리석은 사람으로 여겨지기도 한다. 그래서 나는 말을 할 때 굉장히 조심한다. 공자는 초월할 수 없다. 누구도 하늘로 기어서 올라가지 못하는 것과 같다.

만약 우리 스승님께서 제왕이나 군주로 태어나셨더라면, 그분은 고대의 신성한 왕들이 말했던 그러한 일들을 이룩하셨을 것이다. '그 분께서 규정하신 것은 법률이 되고, 그 분의 명령은 시행되며, 그 분이 어디를 향해 부르면 그곳의 국민들은 따랐을 것이며, 어디에서 그 분의 영향을 받으면 그 곳은 곧 평화롭게 되었을 것이며, 그 분이 살아계실 때는 온 세상 사람들의 존경을 받으셨을 것이며, 그 분이 돌아가시면 온 세상 사람들이 그를 위해 슬퍼했을 것이다.' 우리가 어떻게 공자님, 우리의 스승님을 초월할 수 있겠는가!"

◗ 제20편 요왈(堯曰)

20-1

堯曰: "咨! 爾舜! 天之歷數在爾躬. 允執其中. 四海困窮, 天祿永終." 舜亦以命禹. 曰: "予小子履, 敢用玄牡, 敢昭告于皇皇后帝: 有罪不敢赦. 帝臣不蔽, 簡在帝心. 朕躬有罪, 無以萬方; 萬方有罪, 罪在朕躬." 周有大賚, 善人是富. "雖有周親, 不如仁人. 百姓有過, 在予一人." 謹權量, 審法度, 修廢官, 四方之政行焉. 興滅國, 繼絶世, 擧逸民, 天下之民歸心焉. 所重: 民食喪祭. 寬則得衆, 信則民任焉, 敏則有功, 公則說.

직역 요(堯)임금이 말씀하셨다. "아! 너 순(舜)아, 하늘의 역수(曆數)가 너의 몸에 있다. 진실로 그 중(中)을 잡도록 하라. 사해(四海)가 곤궁하면 천록(天祿)이 영원히 끊어질 것이다." 순(舜)임금도 이 말씀으로써 우(禹)임금에게 훈계하셨다. 말하였다. "나 소자(小子) 이(履)는 검은 희생을 써서 감히 거룩하신 상제(上帝)께 아룁니다. 죄 있는 사람을 제가 감히 용서하지 못하며, 상제의 신하를 제가 감히 덮지 못하니, 신하를 간택(簡擇)함은 상제의 마음에 달려 있습니다. 내 몸에 죄가 있음은 만방(萬方) 때문이 아니며, 만방에 죄가 있음은 그 책임이 내 몸에 있습니다." 주(周)나라에 큰 베풂이 있으니, 선인(善人)이 이에 부(富)하게 되었다. "비록 아주 가까운 친척이 있으나 어진 사람만 같지 못하며, 백성의 과실은 나 한 사람에게 있다." 권(權)과 양(量)을 삼가고, 법도(法度)를 살피며, 폐지된 관직을 다시 설치하니, 사방(四方)의 정치(政治)가 행해졌다. 멸망한 나라를 일으켜 주고, 끊어진 세대를 계승해 주고, 숨겨진 사람을 등용하니, 세상의 민심(民心)이 귀의(歸依)하였다. 소중히 여겼던 것은 백성의 식생활(食生活)과 상례(喪禮)와 제례(祭禮)였다. 너그럽게 대하면 대중(大衆)을 얻고, 신의(信義)가 있으면 백성이 신임하고, 민첩하면 공적(功績)이 있고, 공정(公正)하면 기뻐한다.

번안 고대의 제왕 요(堯)임금이 늙었을 때, 제왕의 자리를 계승자 순(舜)에게 주면서 이렇게 훈시(訓示)하였다. "나는 자네에게 경의를 표하노라, 아! 순이여! 하나님이 지시하신 지령(指令)을 계승하는 일은 지금 자네에게 맡기네. 자네의 마음과 영혼으로 진정한 정의를 실천하는 방침으로 삼으라. 만약 제국의 국민 가운데 고통을 받고 가난한 사람이 있으면 하나님께서 자네에게 준 직권과 영광을 영원히 자네의 손에서 빼앗아 갈 것이네."

이후 제왕 순이 그의 계승자인 위대한 우(禹)임금에게 제왕의 자리를 넘겨 줄 때도 같은 말로 훈계하셨다.

제왕 탕(湯)이 왕의 자리에 오를 때, 하나님을 향해 아래와 같이 기도를 드렸다. "저 이(履)는 당신의 자녀로, 여기서 당신에게 검은 색의 작은 암소를 바치며 아울러 당신께 고하나이다. 아, 지위와 권력이 지극히 높으신 하나님이시여, 죄인인 저는 감히 사면을 바라지 않으며 당신 하인들의 선택으로 저는 당신께 기도를 드려 청하옵니다. 아, 하나님이시여, 당신의 의지와 바라시는 바를 제가 알게 하소서. 만약 제가 당신에게 죄를 얻었다면, 국민들이 저의 죄 때문에 고난을 받지 않게 하소서. 그러나 만약 국민들이 당신에게 죄를 얻었다면, 저 홀로 그 죄 값을 받게 하소서."

주나라 왕조는 건국 이후, 매우 번영하였다. 그러나 착한 사람들만이 부유하였다.

왕들은 아래와 같은 몇 마디의 말을 원칙으로 삼아 자기 자신을 지도하였다. "어떤 사람이 저희에게 가까이 하고 기댄다 하더라도 저희는 그들의 가치를 따져 도덕적 품성을 갖춘 사람과 같은 등급으로 보지 않을 것이다. 국민들의 행위에 잘못이 있다고 하더라도 우리 자신을 책망하면 되는 것이다."

최고지도자인 왕들은 무게와 길이, 도량형을 통일하여 사용하는 법안을 조정하고 시행하는 데 힘썼다. 행정을 조직하고 법률을 제정하는 데 힘썼다. 기능을 잃었던 공공기관을 다시 세우는 데 힘썼다. 이렇게 전체 제국의 정치행정 명령은 원활하게 시행되었다. 그들은 사라져 가던 귀족의 전통을 전승하였다. 그리고 아름다운 도덕과 학문을 갖췄는데 은퇴한 사람들을 관직에 다시 임명하였다. 이렇게 전체 제국의 국민들은 흔쾌히 그들의 권위를 인정하였다. 그들이 가장 중점적으로 주목한 일은 국민들이 먹는 것과 죽은 자를 위해 행해지는 전례(典禮)와 상사(喪事), 그리고 종교적 예의(禮儀)였다. 너그러운 배려로 그들은 민심을 얻었다. 신의(信義)로 국민들의 믿음을 얻었다. 부지런히 일하여 사업을 성공적으로 성사시켰다. 공평하고 공정한 행위로 국민들이 만족을 느낄 수 있게 하였다.

20-2

子張問於孔子曰: "何如斯可以從政矣?" 子曰: "尊五美, 屛四惡, 斯可以從政矣." 子張曰: "何謂五美?" 子曰: "君子惠而不費, 勞而不怨, 欲而不貪, 泰而不驕, 威而不猛." 子張曰: "何謂惠而不費?" 子曰: "因民之所利而利之, 斯不亦惠而不費乎? 擇可勞而勞之, 又誰怨? 欲仁而得仁, 又焉貪? 君子無衆寡·無小大, 無敢慢, 斯不亦泰而不驕乎? 君子正其衣冠, 尊其瞻視, 儼然人望而畏之, 斯不亦威而不猛乎?" 子張曰: "何謂四惡?" 子曰: "不教而殺謂之虐, 不戒視成謂之暴; 慢令致期謂之賊; 猶之與人也, 出納之吝, 謂之有司."

직역 자장(子張)이 공자에게 물었다. "어떠해야 정사(政事)에 종사할 수 있습니까?" 공자께서 말씀하셨다. "오미(五美)를 높이고, 사악(四惡)을 물리치면, 정사에 종사할 수 있다." 자장(子張)이 말하였다. "무엇을 오미(五美)라 합니까?" 공자께서 말씀하셨다. "군자(君子)는 은혜로우면서 허비하지 않으며, 수고롭게 하되 원망 받지 않으며, 하고자 하면서도 탐하지 않으며, 태연하면서도 교만하지 않으며, 위엄을 갖추면서도 사납지 않은 것이다." 자장이 말하였다. "무엇을 은혜로우면서 허비하지 않는 것이라 합니까?" 공자께서 말씀하셨다. "백성들이 이롭게 여기는 것에 따라 이롭게 해주니, 이 은혜로우면서 허비하지 않는 것이 아니겠는가? 수고롭게 할 만한 일을 선택하여 수고롭게 하니, 또 누가 원망하겠는가? 인(仁)을 하고자 하여 인(仁)을 얻으니 또 무엇을 탐하겠는가? 군자는 많거나 적거나 크거나 작거나 관계없이 감히 교만함이 없으니, 이 태연하면서도 교만하지 않은 것이 아니겠는가? 군자는 의관(衣冠)을 바르게 하며 보는 일을 존엄히 하여 엄숙하게 사람들이 바라보고 스스로 두려워하니, 이 위엄을 갖추면서도 사납지 않은 것이 아니겠는가?" 자장이 말하였다. "무엇을 사악(四惡)이라 합니까?" 공자께서는 말씀하셨다. "가르치지 않고 죽이는 것을 학(虐)이라 하고, 미리 경계하지 않고 성공을 책망하는 것을 포(暴)라 하고, 명령을 태만히 하고 기일을 각박히 하는 것을 적(賊)이라 하고, 똑같이 남에게 주면서도 출납할 때 인색하게 하는 것을 유사(有司)라고 한다."

번안 공자의 제자가 물었다. "한 나라의 정치를 잘 관리하려면 마땅히 어떤 일을 해야 합니까?" 공자가 대답했다. "정치를 관리하는 데 5가지 원칙이 있으니 잘 기억하고 지켜야 한다. 또 4가지 나쁜 원칙이 있으니 피해야 한다."

제자가 물었다. "어떤 5가지 원칙을 지켜야 합니까?" 공자가 대답했다. "첫째, 국민들에게 유익하고 나라 돈을 낭비하지 말아야 한다. 둘째, 일하는 사람을 격려하여 불만이 없도록 한다. 셋째, 삶의 즐거움을 누리되 탐욕을 누리지 말아야 한다. 넷째, 고귀하되 오만하지 말아야 한다. 다섯째, 사람들이 존경하고 두려워하게 하되 각박하게 굴지 말아야 한다."

제자가 또 물었다. "스승님께서 말씀하시기를 '국민들에게 유익하고 나라 돈을 낭비하지 말아야 한다'라고 하셨는데 무슨 뜻입니까?"

공자가 대답했다. "국민들이 여러 가지 일을 하도록 격려하여, 정부의 수입에서 그들을 위해 지원하지 않아도 수익을 가져올 수 있는 유익한 일을 할 수 있도록 하는 것이 '국민들에게 유익하고 나라 돈을 낭비하지 않는 것이다.'"

공자가 이어서 말했다. "국민들에게 많은 사람들의 이익을 위해 어려운 일을 할 때, 그것을 감당할 수 있는 가장 적합한 사람을 고른다면 누군들 불만이 있겠는가? 또 도덕을 얻어 조용히 사는 것을 삶의 목표로 삼으면 탐욕스럽게 변하지 않을 것이다. 나아가 명석하면서도 착한 사람은 적은 사람이든지 많은 사람이든지, 중요한 일이든지 소소한 일이든지, 가리지 않고 전횡을 일삼지 않으며 잘못을 저지르지 않는다. 어떠한 일도 주목하지 않는 일이 없으며, 엄중하게 신중하게 처리할 가치가 없는 일도 없다. 이것이 곧 고귀하면서도 오만하지 않을 수 있는 비결이다. 마지막으로 '사람들이 존경하고 두려워하게 하되 각박하게 굴지 말아야 한다'는 말은, 명석하면서도 착한 사람은 삶과 관련된 일분일초의 시간을 잘 관리한다. 그리고 행동이나 태도, 심지어는 옷을 입는 부차적인 세부사항까지도 대중들의 사상에 영향을 미칠 수 있음을 생각한다. 만약 이러한 요소들이 없다면 단지 존경하고 두려워하는 영향만 미칠 뿐이다."

제자가 말했다. "이제야 알겠습니다. 스승님께서 말씀하신 4가지 나쁜 원칙은 어떤 것입니까?"

공자가 대답했다. "첫째, 잔인한 것이다. 교육을 소홀히 하여 무지로 발생한 죄를 지나치게 징벌하는 것이다. 둘째, 폭정이다. 국민들에게 미리 공개적으로 알리지 않은 이유로 발생한 위법행위를 징벌하는 것이다. 셋째, 냉정하고 무정한 것이다. 명령을 잠시 거두거나, 바꾸어 일정하지 않다가, 갑자기 징벌하여 강제적으로 조치를 취하여 집행하는 것이다. 마지막으로, 인색하고 비열한 것이다. 당신의 부하를 대하는 것이 마치 문물을 교환을 하듯이 엄밀하고 인색하면, 이것을 일러

행위가 관료와 같고 신사답지 않다고 말한다."

20-3

子曰: "不知命, 無以爲君子也. 不知禮, 無以立也. 不知言, 無以知人也."

직역 공자께서 말씀하셨다. "명(命)을 알지 못하면 군자(君子)가 될 수 없다. 예(禮)를 알지 못하면 설 수 없다. 말을 알지 못하면 사람을 알 수 없다."

번안 공자가 말했다. "종교를 떠나서는, 사람이 착하면서도 명석하게 될 수 없다. 예술과 예술 원칙에 관한 학문이 없으면, 사람은 판단력을 형성할 수 없다. 언어를 어떻게 쓸 것인가에 관한 학문이 없으면, 사람은 인간의 품성을 이해하고 평가할 수 없다."

이 마지막 장[제20편 요왈]은 공자의 학설을 개괄한 것이다.
제1절에서는 통치에서 하나님이 주신 중대한 책임과 고차원적 원칙은 좋은 정치를 실현하는 데 중요한 작용을 한다는 의미를 설명하였다.
제2절에서는 통치자가 어떠한 원칙에 따라 마땅히 확고하게 이끌어 나아가야 하고, 어떠한 원칙은 마땅히 피해야 하는지에 대해 규정하였다.
마지막 절에서는 신사의 도덕적 품성을 교육하고 형성하는 데 가장 중요한, 필수적인 세 가지 일을 정돈하였다. 그것은 '종교(宗教)', '예술(藝術)에 관한 학문(學問)', 그리고 '문학(文學)'이다.

THE DISCOURSES AND SAYINGS OF CONFUCIUS

CHAPTER 1

1-1. Confucius remarked, "It is indeed a pleasure to acquire knowledge and, as you go on acquiring, to put into practice what you have acquired. A greater pleasure still it is when friends of congenial minds come from afar to seek you because of your attainments. But he is truly a wise and good man who feels no discomposure even when he is not noticed of men."

1-2. A disciple of Confucius remarked, "A man who is a good son and a good citizen will seldom be found to be a man disposed to quarrel with those in authority over him; and man who are not disposed to quarrel with those in authority will never be found to disturb the peace and order of the State." "A wise man devotes his attention to what is essential in the foundation of life. When the foundation is laid, wisdom will come. Now, to be a good son and a good citizen — do not these form the foundation of a moral life?"

1-3. Confucius remarked, "With plausible speech and fine manners will seldom be found moral character."

1-4. A disciple of Confucius remarked, "I daily examine into my personal conduct on three points: — First, whether in carrying out the duties entrusted to me by others, I have not failed in conscientiousness; Secondly, whether in intercourse with friends, I have not failed in sincerity and trustworthiness; Thirdly, whether I have not failed to practice what I profess in my teaching."

1-5. Confucius remarked, "When directing the affairs of a great nation, a man must be serious in attention to business and faithful and punctual in his engagements. He must study economy in the public expenditure, and love the welfare of the people. He must employ the people at the proper time of the year."

1-6. Confucius remarked, "A young man, when at home, should be a good son; when out in the world, a good citizen. He should be circumspect and truthful. He should be in sympathy with all men, but intimate with men of moral character. If he has time and opportunity to spare, after the performance of those duties, he should then employ them in literary pursuits."

1-7. A disciple of Confucius remarked: "A man who can love worthiness in man as he loves beauty in woman; who in his duties to his parents is ready to do his utmost, and in the service of his prince is ready to give up his life; who in intercourse with friends is found trustworthy in what he says, — such a man, although men may say of him that he is an uneducated man, I must consider him to be really an educated man."

1-8. Confucius remarked, "A wise man who is not serious will not inspire respect; what he learns will not remain permanent." "Make conscientiousness and sincerity your first principles." "Have no friends who are not as yourself. "When you have bad habits do not hesitate to change them."

1-9. A disciple of Confucius remarked: "By cultivating respect for the dead, and carrying the memory back to the distant past, the moral feeling of the people will waken and grow in depth."

1-10. A man once asked a disciple of Confucius, saying, "How was it that whenever the Master came into a country he was always informed of the actual state and policy of its government? Did he seek for the information or was it given to him?" "The Master," replied the disciple, "was gracious, simple, earnest, modest and courteous; therefore he could obtain what information he wanted. The Master's way of obtaining information — well, it was different from other people's ways."

1-11. Confucius remarked, "When a man's father is living the son should have regard to what his father would have him do; when the father is dead, to what his father has done. A son who for three years after his father's death does not in his own life change his father's principles, may be said to be a good son."

1-12. A disciple of Confucius remarked, "In the practice of art, what is valuable is natural spontaneity. According to the rules of art held by the ancient kings it was this quality in a work of art which constituted its excellence; in great as well as in small things they were guided by this principle. But in the being natural there is something not permitted. To know that it is necessary to be natural without restraining the impulse to be natural by the strict principle of art, — that is something not permitted."

1-13. A disciple of Confucius remarked, "If you make promises within the bounds of what is right, you will be able to keep your word. If you confine earnestness within the bounds of judgment and good taste, you will keep out of discomfiture and insult. If you make friends of those with whom you ought to, you will be able to depend upon them."

1-14. Confucius remarked, "A wise and good man, in matters of food, should never seek to indulge his appetite; in lodging, he should not be too solicitous of comfort. He should be diligent in business and careful in speech. He should seek for the company of men of virtue and learning, in order to profit by their lessons and example.ln this way he may become a man of real culture."

1-15. A disciple of Confucius said to him, "To be poor and yet not to be servile; to be rich and yet not to be proud, what do you say to that?"

"It is good," replied Confucius, "but better still it is to be poor and yet contented; to be rich and yet know how to be courteous."

"I understand," answered the discipe:

"We must cut, we must file,
Must chisel and must grind."

"That is what you mean, is it not?"

"My friend," replied Confucius, "now I can begin to speak of poetry to you. I see you understand how to apply the moral."

1-16. Confucius remarked, "One should not be concerned not to be understood of men; one should be concerned not to understand men."

CHAPTER 2

2-1. Confucius remarked, "He who rules the people, depending upon the moral sentiment, is like the Pole-star, which keeps its place while all the other stars revolve round it."

2-2. Confucius remarked, "The Book of Ballads, Songs and Psalms contains three hundred pieces. The moral of them all may be summed up in one sentence: 'Have no evil thoughts.'"

2-3. Confucius remarked, "If in government you depend upon laws, and maintain order by enforcing those laws by punishments, you can also make the people keep away from wrong-doing, but they will lose the sense of shame for wrong-doing. If, on the other hand, in government you depend upon the moral sentiment, and maintain order by encouraging education and good manners, the people will have a sense of shame for wrong-doing and, moreover, will emulate what is good."

2-4. Confucius remarked, "At fifteen I had made up my mind to give myself up to serious studies. At thirty I had formed my opinions and judgment. At forty I had no more doubts. At fifty I understood the truth in religion. At sixty I could understand whatever I heard without exertion. At seventy I could follow whatever my heart i desired without transgressing the law."

2-5. A noble of the Court in Confucius' native State asked him what constituted the duty of a good son. Confucius answered, "Do not fail in what is required of you."

Afterwards, as a disciple was driving him in his carriage, Confucius told the disciple, saying, "My Lord M — asked me what constituted the duty of a good son, and I answered, 'Do not fail in what is required of you.'"

"What did you mean by that?"asked the disciple.

"I meant," replied Confucius, "when his parents are living, a good son should do his duties to them according to the usage prescribed by propriety; when they are dead, he should bury them and honour their memory according to the rites prescribed by propriety."

2-6. A son of the noble mentioned above put the same question to Confucius as his father did. Confucius answered, "Think how anxious your parents are when you are sick, and you will know your duty towards them."

2-7. A disciple of Confucius asked him the same question as the above. Confucius answered, "The duty of a good son nowadays means only to be able to support his parents. But you also keep your dogs and horses alive. If there is no feeling of love and respect, where is the difference ?"

2-8. Another disciple asked the same question. Confucius answered, "The difficulty is with the expression of your look. That merely when anything is to be done the young people do it, and when there is food and wine the old folk are allowed to enjoy it, — do you think that is the whole duty of a good son?"

2-9. Confucius, speaking of a favourite disciple whose name was Yen Hui, remarked, "I have talked with him for one whole day, during which he has never once raised one single objection to what I have said, as if he were dull of understanding. But when he has retired, on examining into his life and conversation I find he has been able to profit by what I have said to him. No — he is not a man dull of understanding."

2-10. Confucius remarked, "You look at how a man acts; consider his motives; find out his tastes. How can a man hide himself; how can he hide himself from you?"

2-11. Confucius remarked, "If a man will constantly go over what he has acquired and keep continually adding to it new acquirements, he may become a teacher of men."

2-12. Confucius remarked, "A wise man will not make himself into a mere machine fit only to do one kind of work."

2-13. A disciple enquired what constituted a wise and good man. Confucius answered, "A wise and good man is one who acts before he speaks, and afterwards speaks according to his actions."

2-14. Confucius remarked, "A wise man is impartial, not neutral. A fool is neutral but not impartial."

2-15. Confucius remarked, "Study without thinking is labour lost. Thinking without study is perilous."

2-16. Confucius remarked, "To give oneself up to the study of metaphysical theories — that is very injurious indeed."

2-17. Confucius said to a disciple, "Shall I teach you what is understanding? To know what it is that you know, and to know what it is that you do not know, — that is understanding."

2-18. A disciple was studying with a view to preferment. Confucius said to him, "Read and learn everything, but suspend your judgment on anything of which you are in doubt; for the rest, be careful in what you say: in that way you will give few occasions for men to criticise what you say. Mix with the world and see everything, but keep away and do not meddle with anything which may bring you into trouble; for the rest, be careful in what you do: in that way you will have few occasions for self-reproach." "Now if in your conversation you give few occasions for men to criticise you, and in your conduct you have few occasions for self-reproach, you cannot help getting preferment, even if you would not."

2-19. The reigning prince of his native State asked Confucius what should be done to secure the submission of the people. Confucius answered, "Uphold the cause of the just and put down every cause that is unjust, and the people will submit. But uphold the cause of the unjust and put down every cause that is just, then the people will not submit."

2-20. A noble who was the minister in power in the government in Confucius' native State asked him what should be done to inspire a feeling of respect and loyalty in the people, in order to make them exert themselves for the good of the country. Confucius answered, "Treat them with seriousness and they will respect you. Let them see that you honour your parents and your prince, and are considerate for the welfare of those under you, and the people will be loyal to you. Advance those who excel in anything and educate the ignorant, and the people will exert themselves."

2-21. Somebody asked Confucius, saying, "Why are you not taking part in the government of the country?"

Confucius answered, "What does the 'Book of Records' say of the duties of a good son?

"'Be dutiful to your parents; be brotherly to your brothers; discharge your duties in the government of your family. 'These, then, are also duties of government. Why then must one take part in the government of the country in order to discharge the duties of government?"

2-22. Confucius remarked, "I do not know how men get along without good faith. A cart without a yoke and a carriage without harness how could they go?"

2-23. A disciple asked Confucius whether ten generations after their time the state of the civilisation of the world could be known.
Confucius answered, "The House of Yin adopted the civilisation of the Hsia dynasty; what modifications they made is known. The present Chou dynasty adopted the civilisation of the House of Yin; what modifications this last dynasty made are also known. Perhaps some other may hereafter take the place of the present Chou dynasty; but should that happen a hundred generations after this, the state of the civilisation ofthe world then, can be known."

2-24. Confucius remarked, "To worship a spirit to whom one is not bound by a real feeling of duty or respect is idolatry; to see what is right and to act against one's judgment shows a want of courage."

CHAPTER 3

3-1. The head of a powerful family of nobles in Confucius' native State employed eight sets of choristers [an Imperial prerogative] in their family chapel. Confucius, remarking on this, was heard to say, "If this is allowed to pass, what may not be allowed?"

3-2. The members of the same powerful family mentioned above concluded the service in their chapel by chanting the hymn used only on occasions of Imperial worship. Confucius remarked on it, saying: "The words of the hymn begin —

Surrounded by his nobles and princes,
August the Son of Heaven looks."

"Now what is there in the chapel of this noble family to which those words of the hymn can be applied?"

3-3. Confucius remarked, "If a man is without moral character, what good can the use of the fine arts do him? If a man is without moral character, what good can the use of music do him?"

3-4. A disciple asked what constituted the fundamental principle of art.
"That is a very great question," replied Confucius, "but in the art used in social usages it is better to be simple than to be expensive; in rituals for the dead, it is better that there should be heartfelt grief than minute attention to observances."

3-5. Confucius remarked, "The heathen hordes of the North and East, even, acknowledge the authority of their chiefs, whereas now in China respect for authority no longer exists anywhere."

3-6. The head of the powerful family of nobles mentioned in section 1 of this chapter was going to offer sacrifice on the top of the Great T'ai Mountain [an Imperial prerogative].Confucius then said to a disciple who was in the service of the noble, "Can you not do anything to save him from this?" "No," replied the disciple, "I cannot." "Ah, then," answered Confucius, "it is useless to say anything more. But, really, do you think that the Spirit of the Great Mountain is not as Lin-fang?"

3-7. Confucius remarked, "A gentleman never competes in anything he does, — except perhaps in archery. But even then, when he wins he courteously makes his bow before he advances to take his place among the winners; and when he has lost he walks down and drinks his cup of forfeit. Thus, even in this case of competition, he shows himself to be a gentleman."

3-8. A disciple asked Confucius for the meaning of the following verse:

Her coquettish smiles,
  How dimpling they are;
Her beautiful eyes,
  How beaming they are;
O fairest is she,
  Who is simple and plain.

"In painting," answered Confucius, "ornamentation and colour arc matters of secondary importance compared with the groundwork."

"Then art itself," said the disciple, "is a matter of 'secondary' consideration?"

"My friend," replied Confucius, "You have given me an idea. Now I can talk of poetry with you."

3-9. Confucius remarked to a disciple, "I can tell you of the state of the arts and civilisation during the Hsia dynasty [say the Greek civilisation]; but the modem State of Ts 'i (say modem Greece) cannot furnish sufficient evidence to prove what I say. I can tell you of the state of the arts and civilisation during the Yin dynasty (say Roman civilisation); but the modem state of Sung (say Italy) cannot furnish sufficient evidence to prove what I say. The reason is because the literary monuments extant are too meagre, — otherwise I could prove to you what I say."

3-10. Confucius remarked, "At the service of the great Ti sacrifice (the "Mass" in ancient China), I always make it a point to leave as soon as the pouring of the libation on the ground is over."

3-11. Somebody asked Confucius for the meaning of the great Ti sacrifice mentioned above.
"I do not know," answered Confucius, "One who understands its significance will find it as easy to rule the world as to look at this — thus." pointing to the palm of his hand.

3-12. Confucius worshipped the dead as if he actually felt the presence of the departed ones. He worshipped the Spiritual Powers as if he actually felt the presence of the Powers.
He once remarked, "If I cannot give up heart and soul when I am worshipping, I always consider as if I have not worshipped."

3-13. An officer in a certain State asked Confucius, saying, "What is meant by the common saying 'It is better to pray to the God of the Hearth than to the God of the House'?"
"Not so," replied Confucius, "a man who has sinned against God, — it is useless for him to pray anywhere at all."

3-14. Confucius remarked, "The civilisation of the present Chou dynasty is founded on the civilisations of the two preceding dynasties. How splendidly rich it is in all the arts! I prefer the present Chou civilisation."

3-15. When Confucius first attended the service at the State Cathedral (Ancestral Temple of the reigning prince), he enquired as to what he should do at every stage of the service. Somebody thereupon remarked, "Who tells me that the son of the plebeian of Ts"ow is a man who knows the correct forms?" When Confucius heard of the remark, he said, "That is the correct form."

3-16 Confucius remarked, "In archery, putting the arrow through the target should not count as points, because the competitors cannot all be expected to be equal in mere physical strength. At least, that was the old rule."

3-17 A disciple wanted to dispense with the sheep offered in sacrifice in the religious ceremony held at the beginning of every month.
"What you would save," said Confucius to him, "is the cost of the sheep; what I would save is the principle of the rite."

3-18. Confucius remarked, "Men now account it servile to pay to their prince all the honours due to him."

3-19. The reigning prince of Confucius" native State asked Confucius how a prince should treat his public servant and how a public servant should behave to his prince.
"Let the prince," answered Confucius, "treat his public servant with honour. The public servant must serve the prince, his master, with loyalty."

3-20. Confucius remarked, "The first ballad in the Book of Ballads and Songs expresses the emotions of love. It is passionate, but not sensual; it is melancholy, but not morbid."

3-21. The reigning prince of Confucius' native State asked a disciple of Confucius about the emblems used on the altars to the Titular Genius of the land.

The disciple answered, "The sovereigns of the House of Hsia planted the pine tree; the people of the Yin dynasty adopted the cypress; and the people of the present Chou dynasty has chosen the li (chestnut) tree as a symbol of awe (Ii) to the population."

When Confucius afterwards heard of what the disciple said, he remarked, "It is useless to speak of a thing that is done; to change a course that is begun; or to blame what is past and gone."

3-22. Confucius, speaking of a famous statesman (the Bismarck of the time), remarked, "Kuan Chung was by no means a great-minded man!"

"But," said somebody, "Kuan Chung was simple in his life: was he not?"

"Why," replied Confucius, "Kuan Chung had that magnificent Sansouci Pleasaunce of his. Besides, he had a special officer appointed to every function in his household. How can one say that he was simple in his life?"

"Well," rejoined the enquirer, "but still, Kuan Chung was a man of taste who observed the correct forms; was he not?"

"No," answered Confucius, "The reigning princes have walls built before their palace gates. Kuan Chung also had a wall built before his door. When two reigning princes meet, each has a special buffet. Kuan Chung also had his special buffet. If you say Kuan Chung was a man of taste, who is not a man of taste?"

3-23. Confucius remarked to the Grand Kapel Meister of his native State, "I think I know the way in which a piece should be played with a full orchestra. At first, the full volume of sound in the piece should be heard. Then, as you proceed, you must pay attention to and bring out each note of the piece, distinct and clear, but flowing, as it were, without break or interval, — thus to the end."

3-24. An officer in command of a certain Pass on the frontier where Confucius on his travels was passing, asked for the permission to be presented to him; saying, "Whenever a wise man passes this way, I have always had the honour to wait upon him." Confucius" disciples accordingly presented him.
When the officer came out of the interview he said to the disciples, "Gentlemen, why should you be concerned at your present want of official position! The world has long been without the order and justice of good government; now God is going to make use of your Teacher as a tocsin to awaken the world."

3-25. Confucius, speaking of a famous piece of music (the most ancient then known in China), remarked, "It has all the excellence of the physical beauty of harmony; it has also all the excellence of moral grandeur." Speaking of another piece, of a more recent date, Confucius remarked, "It has all the excellence of the physical beauty of harmony; but it has not all the excellence of moral grandeur."

3-26. Confucius remarked, "Possession of power without generosity; courtesy without seriousness; mourning without grief, — I have no desire to look at such a state of things."

CHAPTER 4

4-1. Confucius remarked, "It is the moral life of a neighbourhood which constitutes its excellence. He is not an intelligent man, who, in choosing his residence, does not select a place with a moral surrounding."

4-2. Confucius remarked, "A man without moral character cannot long put up with adversity, nor can he long enjoy prosperity."
"Men of moral character find themselves at home in being moral; men of intelligence find it advantageous to be moral."

4-3. Confucius remarked, "It is only men of moral character who know how to love men or to hate men."

4-4. Confucius remarked, "If you fix your mind upon a moral life, you will be free from evil."

4-5. Confucius remarked, "Riches and honours are objects of men"s desire; but if I cannot have them without leaving the path of duty, I would not have them. Poverty and a low position in life are objects of men"s dislike; but if I cannot leave them without departing from the path of duty, I would not leave them.
"A wise man who leaves his moral character is no longer entitled to the name of a wise man. A wise man never for one single moment in his life loses sight of a moral life; in moments of haste and hurry, as in moments of danger and peril, he always clings to it."

4-6. Confucius remarked, "I do not now see a man who really loves a moral life; or one who really hates an immoral life. One who really loves a moral life would esteem nothing above it.One who really hates an immoral life would be a moral man who would not allow anything the least immoral in his life." "Nevertheless, if a man were really to exert himself for one single day to live a moral life, I do not believe he will find that he has not the strength to do it. At least I have never heard of such a case."

4-7. Confucius remarked, "Men's faults are characteristic. By observing a man's failings you can judge of his moral character."

4-8. Confucius remarked, "When a man has learnt wisdom in the morning, he may be content to die in the evening before the sun sets."

4-9. Confucius remarked, "It is useless to speak to a gentleman who wants to give himself up to serious studies and who yet is ashamed because of his poor food or bad clothes."

4-10. Confucius remarked, "A wise man in his judgment of the world, has no predilections nor prejudices; he is on the side of what is right."

4-11. Confucius remarked, "A wise man regards the moral worth of a man; a fool, only his position. A wise man expects justice; a fool. only expects favours."

4-12. Confucius remarked, "If you always look only to your own advantage you will be sure to make many enemies."

4-13. Confucius remarked, "He who can rule a country by real courtesy and good manners that are in him, will find no difficulty in doing it. But a ruler who has no real courtesy and good manners in him. what can the mere rules of etiquette and formality avail him."

4-14. Confucius remarked, "Be not concerned for want of a position; be concerned how to fit yourself for a position; Be not concerned that you are not known, but seek to do something to deserve a reputation."

4-15. Confucius remarked to a disciple, "In all my life and teaching there is one underlying connected principle." "Even so," answered the disciple. Afterwards, when Confucius had left, the other disciples asked the disciple who was above spoken to, "What did the master mean by what he said just now?" "The principle in the master's life and teaching," answered the disciple, "is comprised in the two words: conscientiousness and charity."

4-16. Confucius remarked, "A wise man sees what is right in a question; a fool, what is advantageous to himself."

4-17. Confucius remarked, "When we meet with men of worth, we should think how we may equal them; When we meet with worthless men, we should turn into ourselves and find out if we do not resemble them."

4-18. Confucius remarked, "In serving his parents a son should seldom remonstrate with them; but if he was obliged to do so, and should find that they will not listen, he should yet not fail in respect nor disregard their wishes; however much trouble they may give him. he should never complain."

4-19. Confucius remarked, "While his parents are living, a son should not go far abroad; if he does, he should let them know where he goes."

4-20. Confucius remarked, "A son who for three years after his father's death does not, in his own life, change his father's principles, may be considered to be a good son."

4-21. Confucius remarked, "A son should always keep in mind the age of his parents, as a matter for thankfulness as well as for anxiety."

4-22. Confucius remarked, "Men of old kept silence for fear lest what they said should not come up to what they did."

4-23. Confucius remarked, "He who wants little seldom goes wrong."

4-24. Confucius remarked, "A wise man wants to be slow in speech and diligent in conduct."

4-25. Confucius remarked, "Moral worth is never left alone; society is sure to grow round him."

4-26. A disciple of Confucius remarked, "In the service of your prince, if you keep constantly pointing out his errors it will lead to your disgrace; if you act in the same way to your friends it will estrange them."

CHAPTER 5

5-1. Confucius remarked of a disciple, saying, "No man need hesitate to give his daughter to such a man to wife. It is true he has been in prison, but it was through no crime of his."
Confucius accordingly gave him his own daughter to wife.
Confucius remarked of another disciple, saying, "When there is order and justice in the government of the country, he will not be neglected. But should there be no order and justice in the government of the country, he will escape persecution."
Confucius accordingly gave his niece to him to wife.

5-2. Confucius then went on to remark of another disciple,' saying, "What a wise and good man he is! I wonder if there were no wise and good men in the country, how that man could have acquired the character he has."

5-3. Another disciple who heard the above remarks said then to Confucius, "And I, what do you say of me?" "Yes are," answered Confucius, "a work of art." "What work of art?" asked the other." "A rich jewelled work of art." was the reply.

5-4. Somebody remarked of a disciple of Confucius, saying, "He is a good moral man, but he is not a man of ready wit."
When Confucius heard the remark, he said, "What is the good of a ready wit? A man who is always ready with his tongue to others will only often make enemies.I do not know if he is a moral man, but I do not see the good of having a ready wit."

5-5. Confucius on one occasion wanted a disciple to enter public life. "No," answered the disciple, "I have not yet confidence in myself." There upon Confucius commended him.

5-6. Confucius on one occasion remarked, "There is no order and justice now in the government in China. I will be take me to a ship and sail over the sea to seek for it in other countries. If I take anybody with me, I will take Yu, "referring to a disciple.
The disciple referred to, when he heard of what Confucius said, was glad, and offered to go.
"My friend," said Confucius then to him, "You have certainly more courage than I have; only you do not exercise judgment when using it."

5-7. A member of a powerful family of nobles in Confucius' native State asked Confucius if his disciple, the above mentioned Chung Yu, was a moral character." "I cannot say," answered Confucius. But on being pressed, Confucius said, "In the government of a State of even the first-rate power the man could be entrusted with the organisation of the army. I cannot say if he could be called a moral character."
The noble then put the same question with regard to another disciple. Confucius answered, "In the govemment of a large town or in the direction of affairs in a small principality, the man could be entrusted with the chief authority. I cannot say if he could be called a moral character."
The noble went on to put the same question with regard to another disciple. Confucius answered, "At court, in a gala-dress reception, he could be entrusted with the duty of entertaining the visitors. I cannot say ifhe could be called a moral character."

5-8. Confucius once said to a disciple, "You and Hui (the favourite YCII Hui), who is the abler man?"

The disciple answered, "How should I dare compare myself with him. When he has learnt one thing he immediately understands its application to all cases; where as I, when I have learnt one thing I call only follow out its bearing and applications to one or two particular cases."

5-9. A disciple of Confucius spent the best hours of the day in sleep Confucius, remarking on it, said, "You cannot carve anything out of rotten wood nor plaster up a wall built up of rubbish. What is the use of rebuke in such a case?" Confucius then went on to say, "At one time, when I wanted to judge of a man, I listened to what he said, and I knew for certain what he would do in his life. But now, when I want to judge of the man, I have to look at what he does in his life as well as listen to what he says. It is, perhaps, men like this young man who have made me change my method of judging men."

5-10. Confucius once remarked, "I do not now see a man of strong character." "There is So-and-so," said somebody. "No," replied Confucius, "he is a man of strong passions; he is not a man of strong character."

5-11. A disciple said to Confucius, "What I do not wish that others should not do unto me, I also do not wish that I should do unto them." "My friend," answered Confucius, "You have not yet attained to that."

5-12. A disciple of Confucius remarked, "You will often hear the master speak on the subjects of art and literature, but you will never heal him speak on the subjects of metaphysics or theology."

5-13. When Confucius' disciple, the intrepid Chung Yu, had learnt anything which he was not yet able to carry out into practice, he was afraid to learn anything new.

5-14. A disciple, speaking of an ancient worthy of the time, enquired of Confucius saying, “How was it that he had the title of ‘Beau-clerc’ added as an honour to his name after his death?”
“He was,” answered Confucius, “a man of great industry, who applied himself to self-culture; he was not ashamed to seek for information from others more ignorant than himself. For that reason he has had the title of ‘Beau-clerc’ added as an honour to his name after his death.”

5-15. Confucius remarked of a famous statesman (the Colbert of the time), saying, “He showed himself to be a good and wise man ill four ways. In his conduct of himself he was earnest, and in serving he interests of his prince he was serious. In providing for the wants of the people, he was generous, and in dealing with them he was just.”

5-16. Confucius remarked of another famous statesman (the Sir William Temple of the time), saying, “He knew how to observe the true relations in friendship. However long-standing his acquaintance with a man might be, he always maintained throughout the same invariable careful respect.”

5-17. Confucius remarked of an eccentric character of the time, saying, “The man actually built a chapel elaborate with carvings for a large tortoise which he kept. What can one say of the intellect of a man like that.”

5-18. A disciple of Confucius asked him to give his opinion of a public character of the time, saying, “In his public life three times he was made Prime Minister, and yet on none of these occasions did he show the least signs of elation. Three times he was dismissed from office, and also on none of these occasions did he show the least signs of disappointment. He was careful every time, when giving up office, to explain to his successor the line of policy which the Government under him hitherto had been pursuing.”

"Now," asked the disciple, "what do you think of him?"

"He was," answered Confucius, "a conscientious man." "But," asked the disciple, "could he be called a moral character?" "I cannot say," replied Confucius, "if he could be called a moral character."

The disciple then went on to ask about another public character, saying, "When the Prime Minister in his native State murdered the prince, his master, that worthy had large possessions in the country, but he threw them all away and quitted the country. Arriving at another State, he remarked, 'I see here they are all patricides, the same as our patricide minister at home; 'and immediately again quitted that country. Thus he went on from one State to another, making the same observation. Now, what do you think of this man?"

"He was," replied Confucius, "a pure, high-minded man." "But," asked the disciple, "could he be called a moral character?" "I cannot say," answered Confucius, "if he could be called a moral character."

5-19. It was remarked of a public character of the time that he always reflected thrice over every time before he acted. When Confucius heard of the remark, he observed, "Think twice — that is sufficient."

5-20. Confucius remarked of a public character of the time, saying, "He was a man who, when there was order and justice in the government of the country, acted as a man of great understanding. But when there was no order and justice in the government, he acted as if he was a man of no understanding. It is easy to act like him as a man of understanding, but it is not easy to imitate him in the way he showed how to act as a man of no understanding."

5-21. When Confucius in the last days of his travels abroad was in a certain State he was heard to say, "I must think of going home. I must really think of going home. My young people at home are all high-spirited and independent; they are, besides, accomplished in all the arts; but they have no judgment."

5-22. Confucius, remarking of two ancient worthies, famous for the purity and saintliness of their lives and character, said, "They forgave old wrongs: therefore they had little to complain of the world."

5-23. Confucius remarked of a character of the time, "Who says that the man is an honest man? When somebody begged him for some household necessary, he went and begged of his neighbours for it and gave it as his own."

5-24. Confucius remarked, "Plausible speech, fine manners and studied earnestness are things of which a friend of mine was ashamed; I am also ashamed of such things. To conceal resentment against a person and to make friends with him: that is also something of which my same friend was ashamed; I am also ashamed to do such a thing."

5-25. On one occasion, when two of his disciples, the favourite Yen Hui and Chung Yu the intrepid, were in attendance on him, Confucius said to them, "Now tell me, each of you, your aim in the conduct of life."

"I would like," answered the intrepid Chung Yu, "If I had carriages and horses and clothings of costly furs to share them with my friends, to be able to consider such things as much belonging to them as belonging to me."

"And I," answered the favourite, Yen Hui, "I would like to be able not to boast of my ability and to be able to be humble in my estimate of what I have done for others."

"Now," said the intrepid Chung Yu then to Confucius, "We would like to hear your aim, sir, in the conduct of life."

"My aim," replied Confucius, "would be to be a comfort to my old folk at home; to be sincere, and to be found trustworthy by my friends; and to love and care for my young people at home."

5-26. Confucius was once heard to say, "Alas! I do not see now a man who can see his own failing or is willing to bring a suit against himself before his own conscience."

5-27. Confucius once remarked, "Even in a very small town there mus t be men who are as conscientious and honest as myself: only they have not tried to cultivate themselves as I have done."

CHAPTER 6

6-1. Confucius, once expressing admiration for a disciple, remarked "There is Yung —— he should be made a prince."

On another occasion, when that disciple asked Confucius' opinion of a certain public character of the time, Confucius answered, "He is a good man: he is independent."

"But," replied the disciple, "when a man in his private life is serious with himself, he may, in his public life, be independent in dealing with the people. But to be independent with himself in his private life as well as independent in his public life, —— is there not too much independence in that?" "Yes," answered Confucius, "you are right."

6-2. The reigning prince of Confucius' native State asked him which one of his disciples he considered a man of real culture.

Confucius answered, "There was Yen Hui. He never made others suffer for his own annoyances. He never did a wrong thing twice But unfortunately he died in the prime of his life. Now there is no one, none who can be said to be a man of real culture."

6-3. On one occasion when a disciple of Confucius was sent on a public mission to a foreign State, he left his mother at home unprovided for. Another disciple then asked Confucius to provide her with grain. "Give her," said Confucius, "so much," naming a certain quantity. The disciple asked for more. Confucius then named a larger quantity. Finally the disciple gave her a larger quantity than the quantity which Confucius named.

When Confucius came to know of it, he remarked, "When thai woman's son left on his mission he drove in a carriage with fine horses and was clothed with costly furs. Now I believe a wise and good man reserves his charity for the really needy; he does not help the well-to-do and rich."

On another occasion, when another disciple was appointed the chief magistrate of a town, Confucius appointed his salary at nine hundred measures of grain. The disciple declined it as being too much.

"Do not decline it," said Confucius to him, "If that is more than necessary for your own wants, cannot you share what you do not want with your relatives and neighbours at home?"

6-4. Confucius remarked of a disciple whose father was a notoriously bad man, saying: "The calf of a brindled cow, provided it be well conditioned, although men may hesitate to use it in sacrifice, is yet not unacceptable to the Spirits of the land."

6-5. A minister who was in power in Confucius' native State asked him it his disciple, the intrepid Chung Yu, could be made a minister under the government." "He is a man of decision," answered Confucius. "What is there in being a minister under the government that he should find any difficulty in it?" The minister then put the same question with regard to another disciple. "He is a man of great penetration," answered Confucius, "What is there in being a minister that he should find any difficulty in it?"

The minister then went on to ask the same question about another disciple. "He is a man of many accomplishments," answered Confucius, "What is there in being a minister that he should find any difficulty in it?"

6-6. Confucius remarked of his disciple, the favourite Yen Hui, sayin' "For months he could live without deviating from a pure moral life in thought as in deed. With other people, the utmost is a question of , 1 day or a month."

6-7. A minister in power in Confucius' native State sent for a disciple Confucius to make him the chief magistrate of an important town.
"Politely decline the offer for me," said the disciple to till messenger sent to him, "and if your master again should send for me I shall have to leave the country altogether."

6-8. On one occasion, when a disciple was sick with an infectious disease Confucius went to see him. Confucius, however, did not enter the house, but, taking the sick man's hands from outside the window. made him his last adieus. Confucius was then heard to say, "WI' shall lose him. But God's will be done!" At the same time he went on repeating, "Ah! That such a man should die of such a sickness. Ah! That such a man should die of such a sickness!"

6-9. Confucius remarked of his disciple, the favourite Yen Hui, saying, "How much heroism is in that man! Living on one single meal a day, with water for his drink, and living in the lowest hovels of the city, — no man could have stood such hardships, yet he — he did not lose his cheerfulness. How much heroism is in that man!"

6-10. A disciple once said to Confucius, "It is not because I do not believe in your teaching, but I want the strength to carry it out into practice."
"Those," answered Confucius, "who only want the necessarv strength, show it when they are on the way. But you — you stick at it from the outset altogether."

6-11. Confucius said to a disciple, "Be a good and wise man while you try to be an encyclopaedic man of culture; be not a fool while you try to be an encyclopaedic man of culture."

6-12. On one occasion, when a disciple was appointed chief magistrate of an important town, Confucius said to him, "Have you succeeded in getting a

good man under you?"
"Yes," answered the disciple, "I have now a man who would never act upon expediency. He never comes to see me in my house except when there is urgent public business to be done."

6-13. Confucius remarked of a chivalrous public character of the time saying, "He was a man who never would boast. On one occasion when the troops among whom he was, took to fight, he slowly brought up the rear; and when they had approached the city gate til which they were retreating, he whipped his horse and was the last man to enter the gate, remarking, simply, 'It was not courage which kept me behind. But you see — my horse would not go!' "

6-14. Confucius, referring to two noted characters of his time, remarked, "A man who has not the wit of that person (the Sydney Smith of the time) and the fine appearance of that noble lord (the Lord Chesterfield of the time), will never get on in society now."

6-15. Confucius remarked, "Who can get out of the house except through the door. How is it that men do not know that one cannot live except through the Way?"

6-16. Confucius remarked, "When the natural qualities of men get the better of the result of education, they are rude men. When the results of education get the better of their natural qualities, they become literati. It is only when the natural qualities and the results of education are properly blended, that we have the truly wise and good man."

6-17. Confucius remarked, "Man is born to be upright; when a man ceases to be that, it is by the merest chance that he can keep himself alive."

6-18. Confucius remarked, "Those who know it are not as those who love it; those who love it are not as those who find their joy in it."

6-19. Confucius remarked, "You may speak of high things to those who in natural qualities of mind are above average men. You may not speak to those who in natural qualities of mind are below average men."

6-20. A disciple enquired what constituted understanding.
Confucius answered, "To know the essential duties of man living ill a society of men, and to hold in awe and fear the Spiritual Powers of the Universe, while keeping aloof from irreverent familiarity with them; that may be considered as understanding."
The disciple then asked what constituted a moral life.
Confucius answered, "A man who wants to live a moral life must first be conscious within himself of a difficulty and has struggled to overcome the difficulty: that is the definition or test of a moral life."

6-21. Confucius remarked, "Men of intellectual character delight ill water scenery; men of moral character delight in mountain scener Intellectual men are active; moral men are calm. Intellectual men enjoy life, moral men live long."

6-22. Confucius, referring to the state of government in his native State and that in a neighbouring State, remarked, "If Ts'i would only reform, she would have as good a government as Lu (Confucius native State), and if Lu would only reform she would have a perfect government."

6-23. Confucius was once heard to exclaim, "A goblet that is not globular: why call it a goblet; why call it a goblet?"

6-24. A disciple of Confucius once said to him, "A moral man, — if somebody told him that there was a man fallen into a well, I suppose he would immediately follow into the well?"
"Why should he?"replied Confucius, "A good and wise mall might be led to hurry to the scene, but not to plunge into the well. He could be imposed upon, but not made a fool of."

6-25. Confucius remarked, "A good man who studies extensively into the arts and literature, and directs his studies with judgment and taste, is not likely to get into a wrong track."

6-26. On one occasion when Confucius allowed himself to be presented to a princess of a State who was notorious for the irregularities of her life, his disciple, the intrepid Chung Yu, was vexed.
Confucius then swore an oath, saying, "If I have had an unworthy motive in doing that, may God forsake me — may God forsake me for ever!"

6-27. Confucius remarked, "The use of the moral sentiment, well balanced and kept in perfect equilibrium, — that is the true state of human perfection. It is seldom found long so kept up amongst man."

6-28. A disciple once said to Confucius, "If there is a man who carries out extensively good works for the welfare of the people and is really able to benefit the multitude, what would you say of such a man: could he be called a moral character?"
"Why call him only a moral character," answered Confucius, "if one must call such a man by a name, one would call him a holy or sainted man. For, judged by the works of which you speak, even the ancient Emperors Yao and Shun felt their shortcomings."
Confucius remarked, "A moral man in forming his character forms the

character of others; in enlightening himself he enlightening others. It is a good method in attaining a moral life, if one is able to consider how one would see things and act if placed in the position of others."

CHAPTER 7

7-1. Confucius remarked, "I transmit the old truth and do not originate any new theory. I am well acquainted and love the study of Antiquity. In this respect I may venture to compare myself with our old Worthy Pang."

7-2. Confucius then went on to say, "To meditate in silence; patiently to acquire knowledge; and to be indefatigable in teaching it to others: which one of these things can I say that I have done?"

7-3. Lastly, Confucius said, "Neglect of godliness; study without understanding; failure to act up to what I believe to be right; and inability to change bad habits: these are things which cause me constant solicitude."

7-4. But notwithstanding what he said above, Confucius in his disengaged hours was always serene and cheerful.

7-5. Only once in his old age Confucius was heard to say: "How my mental powers have decayed! For a long time now I have not dreamt, as I was wont to do, of our Lord of Chou."

7-6. Confucius said to his disciple: "Seek for wisdom; hold fast to godliness; live a moral life; and enjoy the pleasures derived from the pursuit of the polite arts."

7-7. Confucius remarked, "In teaching men, I make no difference between the rich and the poor. I have taught men who could just afford to bring me the barest presentation gift in the same way as I have taught others."

7-8. Confucius then went on to say: "In my method of teaching, I always wail for my student to make an effort himself to find his way through a difficulty, before I show him the way myself I also make him find his own illustrations before I give him one of my own. When I have pointed out the bearing of a subject in one direction and found that my student cannot himself see its bearings into other directions, I do not then repeat my lesson."

7-9. When Confucius dined in a house of mourning he never ate much. On the same day in which he had occasion to mourn for the death of a friend, the sound of music was never heard in his house.

7-10. Confucius once said to his disciple, the favourite Yen Hui, "To act when called upon to act, in public life, and, when neglected, to be content to lead out a private life: — that is what you and I — we both have made up our minds upon."

When his other disciple, the intrepid Chung Yu, heard the remark, he said to Confucius: "But if you were in command of an army, whom would you have with you?"

"I would not have him," replied Confucius, "who is ready to seize a live tiger with his bare arms, or jump into the sea, without fear of death. The man I would have with me would be a man who is conscious of the difficulties of any task set before him, and who, only after mature deliberation, proceeds to accomplish it."

7-11. Confucius once remarked, "If there is a sure way of getting rich, even though one had to be a groom and keep horses, I would be willing to be one. But as there is really no sure way of getting rich, I prefer to follow the pursuits congenial to me."

7-12. There were three cases in life in which Confucius considered a man was called upon to exercise the most mature deliberation: in case or worship, of war and of sickness.

7-13. When Confucius on his travels was in a certain State he, for the first time, heard played a piece of ancient music (the oldest then known in China). Thereupon he gave himself up to the study of it for three months, to the entire neglect of his ordinary food. He was then heard to say, "I should never have thought that music could be brought to such perfection."

7-14. A disciple who was with Confucius on his travels while in a certain State, — speaking of the reigning prince of that State who, while his father was driven to exile, succeeded, on his grandfather's death, to the throne, and was then opposing the attempt of his father to return to the country, — said to another disciple: "Is the master in favour of the son, the present ruler?"
"Oh," replied the other disciple, "I will ask him."
The other disciple accordingly went in where Confucius was, and said to him: "What kind of men were Po-yi and Shuh-ts i?" "They are ancient worthies," answered Confucius. "But," asked the disciple, "did they complain of the world?" "No," replied Confucius, "What they sought for in life was to live a high moral life, and they succeeded in living a high moral life. What had they then to complain of the world?" The disciple then went out and said to the other disciple, "No, the master is not in favour of the present ruler."

7-15. Confucius remarked, "Living upon the poorest fare with cold water for drink, and with my bended arms for a pillow, — I could yet find pleasure in such a life, whereas riches and honours acquired through the sacrifice of what is right, would be to me as unreal as a mirage."

7-16. Confucius once remarked, after he had begun the study of the I-king, "If

I could hope to live some years more, long enough to complete my study of the I-king, I should then hope to be without any great shortcomings in my life."

7-17. The subjects upon which Confucius loved to talk were: Poetry, history, and the rules of courtesy and good manners. He frequently talked on these subjects.

7-18. The reigning prince of a small principality asked a disciple of Confucius, the intrepid Chung Yu, to give his opinion of Confucius. The disciple did not say anything in reply. When Confucius afterwards heards of the enquiry, he said to his disciple: "Why did you not say to him thus: 'He is a man who, in the efforts he makes to overcome the difficulty in acquiring knowledge, neglects his food. and in the joy of its attainment, forgets his sorrows of life; and, who thus absorbed, becomes oblivious that old age is stealing on him?'"

7-19. Confucius remarked, "I am not one born with understanding. I am only one who has given himself to the study of Antiquity and is diligent in seeking for understanding in such studies."

7-20. Confucius always refused to talk of supernatural phenomena; of extraordinary feats of strength; of crime of unnatural depravity of men; or of supernatural beings.

7-21. Confucius remarked, "When three men meet together, one of them who is anxious to learn can always learn something of the other two. He can profit by the good example of the one and avoid the bad example of the other."

7-22. Confucius, on one occasion of great personal danger to his person from an enemy, was heard to say, "God has given me this moral and intellectual power in me: what can that man do to me?"

7-23. But on another occasion Confucius remarked to his disciple, "Do you think, my friends, that I have some mysterious power within me? I have really nothing mysterious in me, — to you, of all others. For if there is anyone who shows to you everything which he does, I am, you know, my friends, that person."

7-24. Confucius through his life and teaching taught only four things: a knowledge of literature and the arts, conduct, conscientiousness and truthfulness.

7-25. Confucius once, speaking of the men and state of the society of his time, remarked, "Holy, sainted men I do not expect to see; if I could only meet with wise and good men I would be satisfied."

"Perfectly honest men I do not expect to see; if I could only meet with scrupulous men I would be satisfied. But in a state of society in which men must pretend to possess what they really do not possess; pretend to have plenty, when they have really nothing; and pretend to be in affluence when they are in actual want: — in such a state of society, it is difficult to be even a scrupulous man."

7-26. Confucius sometimes went out fishing, but always with the rod and angle; he would never use a net; He sometimes went out shooting, but he would never shoot at a bird except on the wing.

7-27. Confucius once remarked, "There are, perhaps, men who propound theories which they themselves do not understand. That is a thing I never do. I read and learn everything and, choosing what is excellent, I adopt it; I see everything and take note of what I see; that is, perhaps, next to having a great understanding."

7-28. A certain place was noted for the bad character of the people in it. When Confucius allowed a young man of that place to be presented to him, his disciples were astonished. But Confucius said, "Why should one be too severe? When a man reforms and comes to me for advice, I accept his present reformation without inquiring what his past life has been. I am satisfied if I find that, for the present, he has really reformed, without being able to guarantee that he will not relapse again. But why should one to too severe?"

7-29. Confucius then went on to remark, "Is moral life something remote or difficult? If a man will only wish to live a moral life — there and then his life becomes moral."

7-30. A minister of justice in a certain State enquired of Confucius, while he was in that State on his travels, if the reigning prince in Confucius' native State was a man of propriety in his life. "Yes," answered Confucius, "he is."
After a while, when Confucius had left, the minister beckoned to a disciple of Confucius to approach, and said to him: "I have always been taught to believe that a good and wise man is impartial in his judgment. But now I find it is not so. The reigning prince of your State married a princess from the reigning house of a State whose family surname is the same as that of your prince; and, to conceal the impropriety, your prince changed her surname in the title given to her a Court. Now if, after this, your prince can be considered a man of propriety in life, who may not be considered so?"
Afterwards when the disciple told Confucius of what the minister said, Confucius remarked, "I am glad that whenever I make a mistake, people always know it."

7-31. When Confucius asked a man to sing, if he sang well, Confucius would make him sing again the same song, accompanying him with his own voice.

7-32. Confucius remarked, "In the knowledge of letters and the arts, I may perhaps compare myself with other men. But as for the character of a good and wise man who carrises out in his personal conduct what he professes, — that is something to which I have not yet attained."

7-33. Confucius then went on to say, "And as for the character of a holy, sainted man or even a moral character, — how should I dare even to pretend to that. That I spare no pains in striving after it and am indefatigable in teaching others to strive for it, — that, perhaps, may be said of me."
A disciple, who heard what was said, thereupon remarked, "That is where we, your disciples, cannot follow you."

7-34. On one occasion when Confucius was sick, a disciple asked that he would allow prayers to be offered for his recovery. "Is it the custom?"asked Confucius. "Yes," replied the disciple, "in the Book of Rituals for the Dead it is written, 'Pray to the Powers above and pray to the Powers below.' "
"Ah," said Confucius then, "my prayer has been a long — lifelong — one."

7-35. Confucius remarked, "Extravagance leads to excess; thrift to meanness: but it is better to be mean than to be guilty of excess."

7-36. Confucius remarked, "A wise and good man is composed and happy; a fool is always worried and full of distress."

7-37. Confucius, in his look, was gracious but serious; he was awe-inspiring but not austere; he was earnest but unaffected.

CHAPTER 8

8-1. Confucius speaking of a remote Founder of the Imperial House of Chou, the then ruling dynasty, remarked: "He was a man, it may be said, of the highest moral greatness. He three times refused the government of the Empire; although the world, not knowing this, does not speak much of him."

8-2. Confucius remarked, "Earnestness without judgment becomes pedantry; caution without judgment becomes timidity; courage without judgment leads to crime; uprightness without judgment makes men tyrannical."
"When the gentlemen of a country are attached to the members of their own family, the people will improve in their moral character; when the gentlemen do not discard their old connections, the people will not become grasping in their character."

8-3. When a disciple of Confucius was on his death bed, he called to him his own disciples and said to them: "Uncover my feet; uncover my hands. The Psalm says:——

Walk with fear and with trembling
  As on the brink of a gulf;
For the ground you are treading
  Is with thin ice covered above.

But now, my young friends, I shall from henceforth be free from all these things."

8-4. On the same occasion as mentioned above, when a young noble of the Court came to see him, the disciple said to him, "When the bird is dying, its song is sad; when a man is dying, his words are true.

"Now a gentleman in his education should consider three things as essential. In his manners, he aspires to be free from excitement and familiarity. In the expression of his countenance, he seeks to inspire confidence. In the choice of his language, he aims at freedom from vulgarity and unreasonableness. As to the knowledge of the technical details of the arts and sciences, he leaves that to professional men."

8-5. A disciple of Confucius remarked, "Gifted himself, yet seeking to learn from the ungifted; possessing much information himself, yet seeking it from others possessing less; rich himself in the treasures of his mind, yet appearing as though he were poor; profound himself, yet appearing as though he were superficial: — I once had a friend who thus spent his life."

8-6. A disciple of Confucius remarked, "A man who could be depended upon when the life of an orphan prince, his master's child, is entrusted to his care, or the safety of a kingdom is confided to his charge, — who will not, in any great emergency of life and death, betray his trust, — such a man I would call a gentleman; such a man I would call a perfect gentleman."

8-7. A disciple of Confucius remarked, "An educated gentleman may not be without strength and resoluteness of character. His responsibility in life is a heavy one, and the way is long. He is responsible to himself for living a moral life; is that not a heavy responsibility? He must continue in it until he dies; is the way then not a long one?"

8-8. Confucius remarked, "In education sentiment is called out by the study of poetry; judgment is formed by the study of the arts; and education of the character is completed by the study of music."

8-9. Confucius remarked, "The common people should be educated in what they ought to do; not to ask why they should do it."

8-10. Confucius remarked, "A man of courage who hates to be poor will be sure to commit a crime. A man without moral character, if too much hated, will also be sure to conunit a crime."

8-11. Confucius remarked, "A man may have abilities as admirable as our Lord of Chou, but if he is proud and mean, you need not consider the other qualities of his mind."

8-12. Confucius remarked, "A man who educates himself for three years without improvement is seldom to be found."

8-13. Confucius remarked, "A man who is scrupulously truthful, cultured and steadfast to the death in the path of honesty, such a man should not serve in a country where the government is in a state of revolution nor live in a country where the government is in an actual state of anarchy. When there is justice and order in the government of the world, he should be known, but when there is no justice and order in the government of the world he should be obscure. When there is justice and order in the government of his own country, he should be ashamed to be poor and without honour; but when there is no justice in the government of his own country he should be ashamed to be rich and honoured."

8-14. Confucius remarked, "A man who is not in office in the government of a country, should never give advice as to its policy."

8-15. Confucius speaking of the performance of a great musician of the time remarked, "The volume of sound at the commencement and the clash and commingling of harmony at the end of that ancient ballad he played were magnificent. How it seemed to fill the ears!"

8-16. Confucius remarked, "Appearance of high spirit without integrity; Of dullness without humility; of simplicity without honesty; — of such men I really do not know what to say."

8-17. Confucius remarked, "In education study always as if you have not yet reached your goal and as though apprehensive of losing it."

8-18. Confucius remarked, "How toweringly high and surpassingly great in moral grandeur was the way by which the ancient Emperors Shun and Yü came to the government of the Empire, and yet they themselves were unconscious of it."

8-19. Confucius remarked, "Oh! How great, as a ruler of men, was Yao The Emperor! Ah! how toweringly high and surpassingly great: Yao's moral greatness is comparable only to the greatness of God. How vast and infinite: the people had no name for such moral greatness. How surpassingly great he was in the works he accomplished! How glorious he was in the arts he established."

8-20. The great Emperor Shun had five great Public Servants and the Empire had peace. King Wu said, "I had ten great Public Servants who assisted me in restoring order in the Empire."
Confucius, remarking on the above, observed: "It was said of old that men of great ability are difficult to find. The saying is very true. The great men who lived during the period between the reigns of T'ang and Yu (the title of Shun) have never been equalled. Among the ten great Public Servants mentioned above, there was one woman: so that there were really only nine great men.

"The House of Chou then had two-thirds of the Empire under them, while still acknowledging the sovereignty of the House of Yin. The moral greatness of the early Emperors of the House of Chou may be considered perfect."

8-21. Confucius remarked, "I have not been able to find a flaw in the character of the ancient Emperor, the Great Yü. He was extremely simple in his own good and drink, but lavish in what he offered in sacrifice. His ordinary clothing was coarse and poor, but when he went to worship he appeared in rich and appropriate robes. The palace where he lived was humble and mean, but he spared no expense in useful public works for the good of the people. In all this I cannot find a flaw in the character of the Great Yü!"

CHAPTER 9

9-1. Confucius in his conversation seldom spoke of interests, of religion or of morality.

9-2. A man of a certain place remarked, "Confucius is certainly a great man. He is a man of very extensive acquirements, but he has not distinguished himself in anything so as to make himself a name."
When Confucius heard of the remark, he said to his disciples, "Now what shall I take up to distinguish myself? Shall I take up driving or shall I take up archery? I think I will take up archery."

9-3. Confucius remarked, "Linen hats were considered good taste, but now people generally wear silk ones. The latter are less expensive; therefore I follow the general practice. It was considered correct form at one time to make your bow, as you enter, from the lower part of the room; but now the practice is to make your bow from the upper end of the room. The latter practice presumes too much; therefore I continue to make my bow from the lower part of the room."

9-4. There were four things from which Confucius was entirely free: He was free from self-interest, from prepossessions, from bigotry and from egoism.

9-5. On one occasion, when Confucius was in fear for his personal safety from the violence of men of a certain place, he said to those about him, "Be not afraid. Since the death of King Wan (who founded this civilisation) is not the cause of this civilisation with us here now? If God is going to destroy all civilisation in the world, it would not have been given to a mortal of this late generation to understand this civilisation. But if God is not going to destroy all civilisation in the world — what can the people of this place do to me?"

9-6. A minister of a certain State asked a disciple of Confucius, saying, "Your teacher — he is a holy man, is he not? What a variety of acquirements he seems to possess." The disciple replied, "God has certainly been bountiful to him to make him a holy man.Besides he has himself acquired knowledge in many things."

When Confucius afterwards heard of the conversation, he remarked, "Does the minister know me? When I was young, I was in a low position in life: therefore I had to acquire knowledge in many things; but they were merely ordinary matters of routine. You think a wise and good man requires much knowledge to make him so; no, he does not require much."

A disciple also once remarked, "I have heard the Master say: 'I have not been called to act in public life; therefore I have had time to acquaint myself with many arts.' "

9-7. Confucius once remarked to someone, "Do you think I have a great understanding? I have no great understanding at all. When an ordinary person asks my opinion on a subject, I myself have no opinion whatever of the subject; but by asking questions on the pros and cons, I get to the bottom of it."

9-8. Confucius was once heard to exclaim, "Ah, woe's me. I do not see any signs either in heaven or on earth that we are near the end of the present period of disorder and anarchy and that we are about to inaugurate a new order of things in the world."

9-9. When Confucius met a person dressed in deep mourning, an officer in full uniform or a blind person, on their approach, although such persons were younger than himself, he would always stand up, and, when walking past them, he would respectfully quicken his steps.

9-10. A disciple, the favourite Yen Hui, speaking in admiration of Confucius' teaching, remarked: "The more I have looked up to it the higher it appears. The more I have tried to penetrate into it the more impenetrable it seems to be. When I have thought I have laid hold of it here, lo! it is there. But the Master knows admirably how to lead people on step by step. He has enlarged my mind with an extensive knowledge of the arts, while guiding and correcting my judgment and taste. Thus I could not stop in my progress, even if I would. But when I have exhausted my efforts and thought I have reached it, the goal would still stand clear and distinct away from me, and I have no means of reaching it, make what efforts I will."

9-11. On one occasion, when Confucius was seriously sick, his disciple, the intrepid Chung Yu, made arrangements, in case of the decease of the sick man, that each of the disciples should assume the function of an officer in the household of a great noble. When Confucius carne to know of what the disciple did, he , in a remission of his sickness, remarked: "I have for this long while observed that Yu (Chung Yu) practises self-deception in his actions. To pretend to have public officers when I have none; whom do I want to impose upon by that? Do I want to impose upon God? Besides, is it not better that I should die in the arms of you, my friends, than in the arms of mere unsympathetic officers? Again, even if I should never be buried with the honours of a public funeral, am I likely to be left unburied on the public road?"

9-12. A disciple once said to Confucius, "There is a beautiful gem here. Shall I put it in a case and lay it by; or shall I seek for a good price and sell it?"
"Sell it by all means," answered Confucius, "Sell it by all means; but, if I were

you, I should wait until the price were offered."

9-13. On one occasion Confucius said he would go and live among the barbarous tribes in the East: "You will there," remarked somebody, "feel the want of refinement."
"Where a wise and good man lives," replied Confucius, "there will be no want of refinement."

9-14. Confucius remarked, "When I finally returned from my travels, to my native State, I completed my work of reforming the State Music and arranging the Songs and Psalms in the Book of Ballads, Songs and Psalms, assigning each piece to its proper place in the book."

9-15. Confucius remarked, "In public life to do one's duty to the nobles and princes whom one serves under; in private life to do one's duty to the members of one's family; in performing the last offices to the dead, to spare no pains lest anything should be neglected; and in using wine, to be able to resist the temptation of taking it to excess: —— which one of these things can I say that I have been able to do?"

9-16. Confucius once standing by a stream, remarked, "How all things in nature are passing away even like this, — ceasing neither day nor night!"

9-17. Confucius once remarked, "I do not now see a man who can love moral worth in man as he loves beauty in woman."

9-18. Confucius remarked, "Suppose a man wants to raise a mound and, just as it wants only one basket more of earth to complete the work, suppose he were suddenly to stop: the stopping depends entirely upon himself. Suppose again a man wants to level a road, although he has just thrown over it only one basket of earth; to proceed with the work also depends entirely upon himself."

9-19. Confucius remarked of his disciple, the favourite Yen Hui: "He was the only man who was never tired and inattentive while I talked with him."

9-20. Confucius remarked of the same disciple: "Alas! He is dead. I have observed his constant advance; I never saw him stop in his progress."

9-21. Confucius once, speaking of the career of his many disciples, remarked: "Some only sprout up, but do not flower; some only flower, but do not ripen into fruit."

9-22. Confucius remarked, "Youths should be respected. How do we know that their future will not be as good as we are now? Only when a man is forty or fifty without having done anything to distinguish himself, does he then cease to command respect."

9-23. Confucius remarked, "If you speak to a man in the strict words of the law, he will probably agree with you; but the important point is that he should so profit by what you say to him as to change his conduct. If you speak to a man in parables, he will probably be pleased with your story; but the important point is that he should apply the moral to himself. Now when I find a man who agrees with me in what I say, without being able so to profit by it as to change his conduct, or one who is pleased with my parable without being able to apply the moral to himself, — I can do nothing for such a man."

9-24. Confucius remarked, "Make conscientiousness and sincerity your first principles. Have no friends who are not as yourself. When you have bad habits do not hesitate to change them."

9-25. Confucius remarked, "The general of an army may be carried off, but a man of the common people cannot be robbed of his free will."

9-26. Confucius remarked of his disciple, the intrepid Chung Yu, "Dressed in an old shabby suit of russet cloth and standing among a crowd dressed in costly furs without being ashamed, — that is Yu! (the disciple's familiar name): —
Without envy, without greed,
What he does is good indeed."
Afterwards, when the intrepid Chung Yu kept repeating those two lines of poetry, Confucius remarked, "That alone is not good indeed."

9-27. Confucius remarked, "When the cold of winter comes, it is then you know that the pine tree and the cypress are the last to lose their green."

9-28. Confucius remarked, "Men of intelligence are free from doubts, moral men from anxiety, and men of courage from fear."

9-29. Confucius remarked, "Some men there are with whom you can share your knowledge of facts, but who cannot follow you in arriving at principles. Some can follow you to particular principles, but they cannot arrive with you at general principles. Some can arrive with you at general principles but they cannot apply the general principles under exceptional circumstances."

9-30. How they are waving, waving,
The blossoming myrtles gay;
Do I not think of you, love?
Your home is far away.
Confucius, repeating those lines, remarked, "That is because men do not think. Why is it far away?"

CHAPTER 10

10-1. Confucius in his life at home was shy and diffident, as if he were not a good speaker. In public life, however, in courts and councils, he spoke readily, but with deliberation.

10-2. At court, in conversation with junior officers, he spoke with frankness; With the senior officers, he spoke with self-possession.

10-3. When his prince called to him to see a visitor out, he would start up with attention, make obeisance to receive the command; then, bowing right and left to officers in attendance and adjusting the folds of his robes, he would quicken his step, and walk out, not stiffly, but with dignity and ease. When the visitor had left, he would return to his place, announcing simply, "The guest has retired."

10-4. In entering the rooms of the palace, he would bend low his body at the door as if it were not high enough to admit him. In the room he would never stand right before the door, nor, in entering it, step on the door sill.
In passing into the Presence Chamber; he would start up with attention and speak only in whispers. Then, holding up the folds of his robes, he would ascend the steps leading to the throne, bending low his body and holding in his breath as if he were afraid to breathe.
After the audience, when he had descended one step away from the throne, he would relax his countenance and assume his ordinary look. After clearing the last steps, he would quicken his pace and walk with ease the dignity to resume his place among the courtiers, looking diffident, with awe and attention.

10-5. When he had to carry the sceptre of the prince, he would bend low his body as if the weight were too heavy for him; holding it not higher than his forehead nor lower than his chest, and, with his look all awe and attention, walk with slow, measured steps.

At a public reception in the foreign courts to which he was sent, he behaved with great dignity. At a private audience in such courts, he was genial and engaging in his manners.

10-6. Confucius considered the following details necessary for a gentleman to observe in matters of dress: —

A gentleman should never permit anything crimson or scarlet in colour to be seen in any part of his dress; even in his underclothing he should avoid anything red or of a reddish colour.

In summer, when dressed in a single suit of gauze or grass-cloth, he should always wear something underneath, worn next to the skin In winter he should line a black suit with lambskin; a light suit with fawn skin; a yellow suit with fox skin. His fur underclothing should be made long, with the right sleeve a little short.

He should always have a change of night-dress, which should be as long again as the trunk of his body.

When at home in winter, he should be dressed in a suit of fox or badger skin. When not in mourning, he may have any ornaments or appendages on the girdle of his dress. His under-garment, except when it is worn as an apron (like the Free Masons now) on State occasions, he should always have cut pointed on the upper part.

On a visit of condolence he should never wear a suit of lamb's fur or a dark blue hat. On the first day of the month he should always put on his full uniform when he goes to Court.

10-7. On days when he fasts and gives himself up to prayer, he should always put on a bright clean suit of plain cloth. On such days he should always change the ordinary articles of his food, and move out of his usual sitting-room.

10-8. The following are the details which Confucius observed in matters of food and eating: — In his food, he liked to have the rice finely cleaned and the meat, when stewed, cut in smal1 pieces. Rice injured by damp and heat, or turned sour, he would not take; nor fish or flesh which was gone He would not take anything that had an unwholesome colour or unwholesome flavour; nor any articles of food which had been spoilt in cooking; nor anything out of its season. Meat not properly cut he would not take; nor any dish served without its proper sauce.

Although there might be plenty of meat on the table, he would never allow the quantity of meat he took to exceed a due proportion to the rice he took. It was only in wine that he did not set himsell a limit; but he never took it to excess.

He would not take wine or meat bought where it had been exposed for sale.

He would always have ginger served on the table. He never ate much.

After a public sacrifice, he would never keep the portion of meat he received over night. The meat he used in sacrifice at home he would never keep over three days; if kept over three days, he would not allow it to be eaten.

At table, while eating he would not speak. When in bed he would not talk.

Although he might have the plainest fare on the table, he would always say grace before he ate.

10-9. In ordinary life, unless the mat used as a cushion was properly and squarely laid, he would not sit on it.

10-10. When at a public dinner in his native place, he would always leave the table as soon as the old people left.

In his native place on the occasion of the Purification Festival, when the procession of villagers passed his house, he would always appear in full uniform on the steps of his house, standing on the left-hand side of the house.

10-11. When he had occasion to entrust a message of enquiry after the health of a friend in another country to any person, he would always, on the person entrusted with the message leaving him, make obeisance twice and see him to the door.

On one occasion when a noble, who was the minister in power ill his native State, sent him a present of some medicines, he received it respectfully, but said to the messenger: "Tell your Master I do not know the nature of the drugs: therefore I shall be afraid to use it."

10-12. On one occasion when, as he was returning from an audience at the palace, he heard that the State stable was on fire, his first question was, "Has any man been injured?" He did not ask about the horses.

10-13. When his prince sent him a present of dish of cooked meat, he would always have it properly served on the table, and he himself would taste it before he allowed others to taste it. When his prince sent him uncooked meat as a present, he would have it cooked and then offer it first in sacrifice before his ancestors. When his prince sent him a live animal, he would keep it alive.

When he had the honour to sit with his prince at table, after the prince had said grace he would first taste the dishes. When he was sick, on his prince coming to see him, he would lie with his head to the east and have his court uniform laid over him with the girdle drawn across.

When he received a summons form his prince he would immediately go on foot, without waiting for his carriage.

When he attended the service at the Great Cathedral (ancestral temple of the reigning prince) he always enquired what he should do at every stage of the service.

10-14. When any friend died who had no one to perform the last offices, he would always say: "Leave it to me: I will bury him."
When friends sent him presents, although these might consist of carriages and horses, he would not on receiving them make obeisance. The only present which he received with an obeisance was meat which had been used in sacrifice.

10-15. In bed, he was never seen to lie straight on his back like a corpse. In ordinary life at home, he would never use formality.
When he met anyone dressed in deep mourning, although the person might be a familiar acquaintance, he would always look grave and serious. When he met with an officer in full uniform or a blind person, although he himself might be in undress, he would always behave with ceremony and punctiliousness.
When driving in his carriage, on meeting with a funeral cortege, he would always bend his head forward out of the carriage, to bow. He would behave in the same way when he met the procession carrying the mortality returns of the population.
At a dinner, whenever a dish *en grand tenue* was bought to the table, he would look serious and rise up to thank the host.
On sudden clap of thunder or during a violent storm, he would look grave and serious.

10-16. When about to mount his carriage he would stand in a proper position, holding the cord in his hand. When in the carriage he would look straight before him without turning his head. He would not talk fast or point with his fingers.

10-17. As they turned to look at it, it instantly rose and, hovering about, it settled again. Somebody said, "Ah! pheasant on the hill! Ah! pheasant on the hill! You know the times! You know the times!" Confucius' disciple, the intrepid Chung Yu, conned it over three times; then, suddenly understanding the meaning of the remark, made an exclamation, rose, and went away.

CHAPTER 11

11-1. Confucius remarked, "Men of the last generation, in matters of the arts and refinement, are considered to have been rude; men of the present generation are, in those matters, considered polite. But in my practice I prefer men of the last generation."

11-2. Confucius in his old age remarked, "Of all those who followed me and shared hardships with me in my wanderings in former years, I do not now see one at my door.

"Distinguished for godliness and conduct there were Yen Hui, Min Tzu Ch'ien, Jen Pin-niu and Chung Kung; distinguished as good speakers there were Tsai Ngo and Tzu Kung; for administrative abilities, Jen Yu and Chung Yu; and for literary pursuits, Tzu Yu and Tzu Hsia."

11-3. Confucius remarked of his disciple, the favourite Yen Hui: "There was Hui — (the disciple's familiar name), he never gave me any assistance at all. There was nothing in what I said to him with which he was not satisfied."

11-4. Confucius remarked of another disciple, saying: "He was indeed a good son. People found nothing in him different from what his parents said of him."

11-5. A disciple of Confucius was fond of repeating the verse:

A fleck on the stone may be ground away;
A word misspoken will remain always.

Confucius married his niece to him.

11-6. A noble who was the minister in power in Confucius' native State, asked him which one of his disciples he considered a man of real culture.
Confucius answered, "There was Yen Hui; he was a man of real culture. But unfortunately he died in the prime of his life. Now there is no one like him."

11-7. When the favourite Yen Hui died, his father begged that Confucius would sell his carriage to buy an outer case for the coffin in which to bury him. Confucius answered, "Talented or without talents, a man's son will always be to him as no other man's son. When my own son died, he was buried in a simple coffin without the outer case. Now I cannot go on foot to buy a coffin case for your son. As I have the honour to sit in the State Council of the country I am not permitted to go on foot when I go out."

11-8. When Confucius first heard the news of the death of his disciple, the favourite Yen Hui, he cried out in an outburst of grief, "Oh! Oh! God has forsaken me! God has forsaken me!"

11-9. When his disciple, the favourite Yen Hui, died, Confucius burst into a paroxysm of grief. Those around him said, "Sir, you are grieving too exceedingly."
"Am I?" he replied, "But if I do not grieve exceedingly for him for whom then should I grieve exceedingly?"

11-10. When the favourite, Yen Hui, died, Confucius' other disciples proposed to give him a great funeral. But Confucius said, "Do not do so for my sake."
The disciples nevertheless gave him a great funeral.
Confucius then said to his disciples: "Hui (the favourite disciple's familiar name) behaved to me as to a father, but I have not been able to treat him as a son. It is not my fault. Ah! gentlemen, it is your fault."

11-11. A disciple (the intrepid Chung Yu) enquired how one should behave towards the spirits of dead men.
Confucius answered, “We cannot as yet do our duties to living men; why should we enquire about our duties to dead men?”
The disciple went on to enquire about death. Confucius answered, “We do not as yet know about life; why should we enquire about death?”

11-12. On one occasion several of his disciples were standing in attendance on Confucius. One was calm and self-possessed. The intrepid Chung Yu stood upright and soldier-like. Two others looked frank and engaging. Confucius, looking on them, was pleased. IIr remarked, however, “There is Yu (Chung Yu's name) there, — I aiu afraid he will not die a natural death.”

11-13. A party in Confucius' native State proposed to build a new Stall house. A disciple of Confucius remarked, “Why not keep the old building and modify it to suit the present circumstances? Wl: construct a new building?” “That man,” said Confucius, referring to the disciple, “seldom speaks; but when he does speak, he always hits the mark.”

11-14. Confucius on one occasion speaking in rebuke of his disciple, the intrepid Chung Yu, said: “That man with his trumpet-blowing should not be permitted to come to my house.”
After that the other disciples began to look down upon Chung Yu. But Confucius said, “That man, in his education, has entered the gate, but not the house.”

11-15. A disciple of Confucius, referring to two other disciple, enquired which of the two was the better man. Confucius answered, “One goes beyond the mark; the other does not come up to it.” “Then,” replied the disciple, “the first man is better than the last.”

"No," answered Confucius, "to go beyond the mark is just as bad as not to come up to it."

11-16. The head of a powerful family of nobles in Confucius' native State had amassed immense wealth. A disciple of Confucius, who was in that nobleman's service, was very exacting in collecting imposts for him from the people on his estate, thus increasing his master's already great wealth. "He is no disciple of mine," exclaimed Confucius, referring to the disciple mentioned above, and speaking to his other disciples, "Proclaim it aloud, my children, and assail him!"

11-17. Confucius, speaking of his four disciples, remarked, "One was simple; another was dull; another was specious; and the last was coarse."

11-18. Confucius, speaking of his disciple, the favourite Yen Hui, and of another disciple, remarked, "There is Hui, — (Yen Hui's name) — he is almost perfect as a man; yet he is often reduced to want. The other man does not even believe in religion; yet his possessions go on increasing. Nevertheless, the latter is often right in his judgment of things."

11-19. A disciple of Confucius enquired what constituted an honest man. "An honest man," answered Confucius, "does not cant neither does he profess esoterism." i. e. the secret of any-ism.

11-20. Confucius then went on to say, "Men now are earnest in what they profess. Are they really good and wise men? or are they serious only in appearance? That is what I should like to know."

11-21. A disciple, the intrepid Chung Yu, asked if he might at once carry out into practice any truth which he had learnt.

"No," answered Confucius, "You have the wishes of your parents and of your old people at home to consult. How can you take upon yourself to carry at once into practice what you have learnt."

Another disciple on another occasion asked the same question.

"Yes," replied Confucius, "carry it out at once."

Afterwards another disciple ventured to enquire of Confucius why he gave two totally different answers to the same question.

"That is because," answered Confucius, "the one man is too diffident; I therefore said that to encourage him; the other man, however, is too froward; therefore I said that to pull him back."

11-22. When on an occasion Confucius and his disciples on their travels were threatened with danger from the violent men of a certain place, his disciple, the favourite Yen Hui, was separated from the party. Afterwards, when the disciple rejoined him, Confucius said, "I was afraid you had been killed." "While you live," answered the disciple, "how should I dare to allow myself to be killed?"

11-23. A member of a family of nobles who were in power in Confucius' native State, referring to two disciples of his who were in the service of that powerful family, enquired whether those two disciples could be considered statesmen. "Oh!" replied Confucius. "I thought you had something extraordinary to ask my opinion about. You wish to have my opinion on these men: is that all you want? Men I call statesmen are those who will serve their mast 'I according to their sense of duty; who, however, when they find they cannot do that, consistently with their sense of duty, will resign. As to those two men you refer to, — they may be considered as state, functionaries, not statesmen."

"But," the noble went on to ask, "will these two men carry out anything they are called upon to do?" "An act of parricide or regicide they will not carry out." answered Confucius.

11-24. A disciple of Confucius, the intrepid Chung Yu, on one occasion got a very young man appointed Chief Magistrate of an important town. "You are ruining a good man's son," said Confucius to him.

"Why," answered the disciple, "he has the large population to deal with; he has questions of the interests of the country to decide upon. Why must one read books in order to educate himself?"

"That," replied Confucius, "is the reason why I hate men who are always ready with an argument."

11-25. On one occasion five of his disciple were sitting in attendance on Confucius.

Confucius then said to them, "I am only a little older than you, gentlemen. Do not mind that. Now living a private life, you all say that you are not known and appreciated by men in authority; but suppose you were known, tell me now, each of you, what would you be able to do?"

"I could," answered the intrepid Chung Yu at once, without hesitation, "if I had the conduct of affairs in a States of even the first power which was hemmed in between two States of great power and which was embroiled in the midst of a war, and hence harassed by famine and distress — I could, if I had the conduct of affairs in such a State for three years, make the people brave and, moreover, know their duty."

On hearing this, Confucius only smiled; and, turning to another disciple, said: "And you — what do you say?"

"I could," answered the disciple appealed to, "If I had the conduct of the government of a State, say, of the third or fourth power, I could in such a case, after three years, make the people live in plenty. As to education in higher things, I would leave that to the good and wise men who will come after me."

Confucius then turned to another disciple and said: "Now you what do you say?"

"I do not say," replied the disciple, "that in what I am going to suppose I could do what I propose; only, I would try to do it. Suppose then there were functions to be performed in any Court such as public receptions and general assemblies, — dressed in an appropriate uniform, I think I could be the vice-presiding officer."

"And now you," said Confucius to the last of the four disciples, "What do you say?"

The disciple thus last appealed to, then laid aside the harpsichord which he was thrumming, stood up and answered: "What I have in my mind differs entirely from what those three gentlemen have proposed."

"What harm is there in that?" replied Confucius, — "we are all only speaking out each his own mind." "Then," answered the disciple, "we will suppose now that we are in the latter days of spring, when we have changed all our winter clothing for fresh, new, light garments for the warmer weather. I would then propose that we take along with us five or six grown-up young friends and six or seven still younger men. We will then bathe in that romantic river; after which we will go to the top of that ancient terrace to air and cool ourselves; and at last we will return, singing on our way as we loiter back to our homes."

"Ah!" said Confucius then, with a sigh, "I agree with him."

Afterwards, when three of the above four disciple had left, the one who spoke the last word and who remained behind, enquired of Confucius, saying: "What do you think of what those three gentlemen said?"

"They, of course," answered Confucius, "only spoke out, each his own mind."

"But," asked the disciple, "why did you smiled at the first speaker?"

"Oh," replied Confucius, "To rule a country requires judgment and modesty. But what the first speaker said was not modest, —— therefore I smiled at him."

"But the second speaker," the disciple went on to ask, "Did he not speak of the affairs of a nation?" "Why," answered Confucius, "Did you ever hear of a State of even the third or fourth power that is not a nation?" "Well then," the disciple went on further to ask, ——"the third speak, —— did he not also mean the affairs of a great nation in what he said?"

"Where there are courts, public receptions, general assemblies," answered Confucius, —— "Where do you find such things except in the Courts of the princes of the Empire. The third speaker modestly said he would be a vice-presiding officer at such functions. If such a man as he is fit only to be a vice-president who would be fit to be the president?"

CHAPTER 12

12-1. A disciple of Confucius, the favourite Yen Hui, enquired what constituted a moral life. Confucius answered, "Renounce yourself and conform to the ideal of decency and good sense."

"If one could only," Confucius went on to say, "live a moral life, renouncing himself and conforming to the ideal of decency and good sense for one single day, the world would become moral. To be moral, a man depends entirely upon himself and not upon others."

The disciple then asked for practical rules to be observed in living a moral life. Confucius answered, "Whatsoever things are contrary to the ideal of decency and good sense, do not look upon them. Whatsoever things are contrary to the ideal of decency and good sense, do not listen to them. Whatsoever things are contrary to the ideal of decency and good sense, do not utter them with your mouth. Lastly, let nothing in whatsoever things you do, act or move, be contrary to the ideal of decency and good sense."

12-2. Another disciple of Confucius on another occasion asked what constituted a moral life.

Confucius answered, "When going out into the world, behave always as if you were at an audience before the Emperor; in dealing with the people, act as if you were at worship before God. Whatsoever things you do not wish that others should do unto you, do not do unto them. In your public life in the State as well as in your private life in your family, give no one a just cause of complain against you."

The disciple then said: "Unworthy and remiss though I am, I shall try to make what you have just said the rule of my life."

12-3. Another disciple asked what constituted a moral character.
Confucius answered, "A man of moral character is one who is sparing of his words."
"To be sparing of words: does that alone," asked the disciple, "constitute a moral character?"
"Why," replied Confucius, "When a man feels the difficulty of living a moral life, would he be otherwise than sparing of his words?"

12-4. The same disciple asked what constituted a good and wise man.
Confucius answered, "A good and wise man is without anxiety and without fear." "To be without anxiety and without fear: does that alone," asked the disciple, "constitute a good and wise man?"
"Why," replied Confucius, "When a man finds within himself no cause for self-reproach, what has he to be anxious about; what has he to fear?"

12-5. A disciple of Confucius was unhappy, exclaiming often: "All men have their brothers: I alone have none." Upon which another disciple said to him, "I have heard it said that Life and Death are pre-ordained, and riches and honours come from God. A good and wise man is serious and without blame. In his conduct towards others h . behaves with earnestness, and with judgment and good sense. In that way he will find all men within the comers of the Earth his brothers What reason, then, has a good and wise man to complain that he has no brothers in his home?"

12-6. A disciple of Confucius enquired what constituted perspicuity.
Confucius answered, "A man who can resist long-continued attempts of others to insinuate prejudice into him, or one who cannot be influenced by a sudden appeal to his own personal safety: such a man may be considered a man of perspicuity. Indeed, a man who can resist such an influence, or such an appeal, must be a really superior man."

12-7. A disciple on one occasion enquired what was essential in the government of a country.

Confucius answered, "There must be sufficient food for the people; and efficient army; and confidence of the people in their rulers."

"But," asked the disciple then, "If one were compelled to dispense with one of those three things, which one of them should go first?"

"Dispense with the army," replied Confucius.

"But still," the disciple went on to ask, "If one were compelled to dispense with one of those two things remaining, which one of them should go first?"

"Dispense with the food," replied Confucius, "For from of old men have died, but without the confidence of the people in their rulers, there can be no government."

12-8. An officer of a certain State on one occasion remarked to a disciple of Confucius, saying: "A wise and good man wants only the substance; why should he trouble about the style?"

"I am sorry to hear you make such a statement," replied Confucius' disciple, "What you would say is true; but, stated in that way, it is impossible for men not to misunderstand your meaning. To be sure, the style comes out of the substance, but the substance also comes out of the style. For the substance in the skin of a tiger or a leopard is the same as the substance in the skin of a dog or a sheep."

12-9. The reigning prince of Confucius' native State on one occasion asked one of Confucius' disciple, saying: "The year now is one of scarcity: we cannot make the revenue meet the public expenditure. What should be done?"

The disciple answered, "Why not tithe (take one-tenth) the people?" "Why," replied the prince, "with two-thirds, even, we cannot make ends meet: how should we be able to do so with one-tenth?" To which the disciple answered, "When the people have plenty, the prince will not want. But if the people want, the prince will not have plenty."

12-10. A disciple of Confucius enquired how to raise the moral sentiment and to dispel delusions in life.

Confucius answered, "Make conscientiousness and sincerity your first principles. Act up to what is right. In that way you will raise the moral sentiment in you.

"You wish to live and hate to die. But while clinging to life, you yet hanker after those things which can only shorten life: that is a great delusion in life.

Truly your wealth and pelf avail you nought.

To have what others want, is all you sought."

12-11. The reigning prince of a certain State asked Confucius what was essential in the government of a country.

Confucius answered, "Let the prince be a prince, and the public servant be a public servant. Let the father be a father, and let the son be a son."

"It is very true," replied the prince, "Indeed, if the prince is not a prince, and the public servant is not a public servant, and if the father is not a father and the son is not a son, — in such a state of things, even though I had my revenue, how should I enjoy it?"

12-12. Confucius, speaking of his disciple, the intrepid Chung Yu, remarked: "One who can settle a dispute with half a sentence —— that is Yu."(Chung Yu's name)

It was also remarked of the same disciple that he never slept a night over a promise.

12-13. Confucius on one occasion after he had been appointed Chief Justice in his native State, remarked: "While sitting in court, in deciding upon the suits that come before me, I am no better than other men. But what I always try to do is to make even the suits unnecessary. "

12-14. A disciple of Confucius enquired what was the essential thing in the conduct of the government of a country.
Confucius answered, "Be patient in maturing your plans and then carry them out with conscientiousness."

12-15. Confucius remarked: "A man who studies extensively the arts and literature, and directs his studies with judgment and taste, is not likely to get into a wrong track."

12-16. Confucius remarked, "A good and wise man encourages men to develop the good qualities in their nature, and not their bad qualities; whereas, a bad man and a fool does the very opposite."

12-17. A noble who was the minister in power in Confucius' native State asked him to define government.
"Government means order," answered Confucius, "If you yourself, sir, are in order, who will dare to be disorderly?"

12-18. The noble mentioned above was distressed at the frequency of robberies in the country, He asked Confucius what should be done.
"If you yourself," answered Confucius, "show them that you do not wish for wealth, although you should reward them for stealing, the people would not steal."

12-19. The same noble again asked about government, saying, "What do you say to putting to death the wicked in the interests of the good?"
"In your government," answered Confucius, "why should you think it necessary to depend upon capital punishments? Wish for honesty, and the

people will be honest. The moral power of the rulers is as the wind, and that of the people is as the grass. Whithersoever the wind blows, the grass is sure to bend."

12-20. A disciple of Confucius enquired, "What must an educated gentleman do in order to be distinguished?"

"What do you mean by being distinguished? "asked Confucius.

"I mean," replied the disciple, "that whether in public life or in private life he will be heard of by the world."

"That," answered Confucius, "is to be notorious, not distinguished."

"Now a man who is really a man of distinction is one who stands upon his own integrity and loves what is right: who forms a correct judgment of men by observing how they look as well as by regarding what they say. Reflection makes him humble in his estimate of himself as compared with other men. Such a man, whether he be in public life or in private life, will be a distinguished man.

"As to the notorious man: he is one who wants to be moral in his look and outward appearance, but really is not so in his life. He prides himself on such an appearance without misgiving. Such a man in public life or in private life, will also certainly be heard of and known."

12-21. A disciple of Confucius on one occasion was in Confucius' company when he went out for a walk on a terrace built for a religious purpose. The disciple then took the occasion to ask him what one should do in order to elevate the moral sentiment; to discover the secret vices and failings in one's inmost mind; and, lastly, to dispel the delusions or life.

"That is a very good question indeed," answered Confucius. "Make it a rule," he then said, "to work for it before you accept anything as your own: that is, perhaps, the best way to elevate the moral sentiment."

"Make it a habit to assail your own vices and failings before you assail the vices and failings of others: that is, perhaps, the best way to discover the secret vices of your inmost mind."

"If a man allows himself to lose his temper and forget himself of a morning, in such a way as to become careless for the safety of his own person and for the safety of his parents and friends — is that not a case of a great delusion in life?"

12-22. The same disciple mentioned above asked, "What does a moral life consist in?"

"The moral life of a man," answered Confucius, "consists in loving men."

The disciple then asked, "What does understanding consist in?"

"Understanding," answered Confucius, "consists in understanding men."

The disciple, however, did not seem to comprehend the meaning of what was said. Thereupon Confucius went on to say, "Uphold the cause of the just, and put down every cause that is unjust in such a way that the unjust will be made just."

When the disciple left, he met on the way another disciple, and said to him: "Just a little while ago I saw the Master, and enquired of him what understanding consisted in, and he answered, 'Uphold the cause of the just, and put down every cause that is unjust in such a way that the unjust will be made just.' What did he mean by that?"

"It is a saying," replied the other disciple, "very wide indeed in its application. When the ancient Emperor Shun came to the government of the Empire and, selecting from among the people, advanced Kao Yao to be Minister of Justice: from that moment all immoral people disappeared. When the ancient Emperor the great T'ang came to the government of the Empire and, choosing from among the people, advanced I-yin to be Prime Minister: from that moment, all immoral men disappeared."

12-23. A disciple of Confucius enquired how one should behave to a friend.

Confucius answered, "Be conscientious in what you say to him! Lead him on gently to what you would have him be; if you find you cannot do that, stop. Do not quarrel with him only to get insulted."

12-24. A disciple of Confucius remarked, "A wise man makes friends by his taste for art and literature. He uses his friends to help him to live a moral life."

CHAPTER 13

13-1. A disciple of Confucius enquired how to conduct the government of a country.

Confucius answered, "Go before the people with your example; show them your exertion." The disciple asked for something more. "Be indefatigable in that," replied Confucius.

13-2. Another disciple, who was in the service of a powerful noble in Confucius' native State, enquired how to conduct the government of the country.

Confucius answered, "Leave the initiative in the details of" government to the responsible heads of the departments. Overlook small short-comings; and advance men of ability and worth."

"But," answered the disciple, "how am I to know who are men of" ability and worth?"

"Advance those," replied Confucius, "whom you already know: there is then no fear that those whom you do not know will be neglected."

13-3. A disciple, the intrepid Chung Yu, said to Confucius on one occasion when the reigning prince of a certain State was negotiating for Confucius to enter his service: "The prince is waiting, sir, to entrust the government of the country to you. Now what do you consider the first thing to be done?"

"If! must begin," answered Confucius, "I would begin by defining the names of things."

"Oh! Really," replied the disciple, — "but you are too impractical. What has definition of names to do here?"

"Sir," replied Confucius, "you have really no manners. A gentleman, when he hears anything he does not understand, will always wait for an explanation.

"Now, if names of things are not properly defined, words will not correspond to facts. When words do not correspond to facts, it is impossible to perfect anything. Where it is impossible to perfect anything, the arts and institutions of civilisation cannot flourish. When the arts and institutions of civilisation cannot flourish, law and justice cannot attain their ends; and when law and justice do not attain their ends, the people will be at a loss to know what to do.

"Therefore a wise and good man can always specify whatever he names; whatever he can specify, he can carry out. A wise and good man makes it a point always to be exact in the words he uses."

13-4. A disciple of Confucius requested to be taught farming. Confucius answered, "For that I am not as good as an old farmer."

The disciple then asked to be taught gardening. "For that," replied Confucius, "I am not as good as an old gardener."

After the disciple had left, Confucius remarked, "What a petty-minded man he is!"

"When the rulers of a country," he then went on to say, "encourage education and good manners the people will never fail in respect! When the rulers encourage the love of justice, the people will never fail in obedience; when the rulers encourage good faith, the people will never fail in honesty. In such case, people from all quarters will flock to that country: — what need then has a ruler to know about husbandry?"

13-5. Confucius remarked, "A man who can recite three hundred pieces of poetry by heart, but who, when the conduct of the affairs of a nation is entrusted to him, can do nothing, and who, when sent on a public mission to a foreign country, has nothing to say for himself, -although such a man has much learning, of what use is it?"

13-6. Confucius remarked, "If a man is in order in his personal conduct, he will get served even without taking the trouble to give orders. But if a man is not in order in his personal conduct, he may give orders, but his orders will not be obeyed."

13-7. Confucius remarked of the state of government of his own State and that of another State in his time: "The one is about the same as the other."

13-8. Confucius remarked of a public character of the time that he was admirable in the way in which he ordered the economy of his home. Confucius said: "When he had saved something from his income, he would remark, 'I have just made ends meet.' Later on, when he had increased his saving, he would remark, 'I have just managed to pay for all I require.' Finally, when he had saved a large surplus, he would remark, 'Now I can just manage to get along pretty well.' "

13-9. When Confucius on his travels was on one occasion entering a certain State in company with a disciple who was driving the carriage for him, he remarked, "What a large population is here!"
"With such a large population," asked the disciple, "what should be done?"
"Enrich them," answered Confucius. "And after that?" asked the disciple.
"Educate them." replied Confucius.

13-10. Confucius on one occasion remarked, "If I were given the conduct of the government of a country now, in one year I should have accomplished something; after three years, I should have put everything in order."

13-11. Confucius went on to remark, "It is a common saying that if good honest men had the rule of a country for a hundred years, they could make deeds of violence impossible and could thus dispense with capital punishment.

It is a very true saying!"

13-12. Confucius finally remarked, "If a really God-sent great man were to become Emperor now, it would still take a generation before the people could be moral."

13-13. Confucius remarked, "If a man has really put his personal conduct in order, what is there in the government of a country that he should find any difficulty in it? But if a man has not put his personal conduct in order, how can he put in order the people of a country?"

13-14. On one occasion when a disciple who was in official employment returned from the palace, Confucius said to him, "Why are you so late?" "Oh!" answered the disciple, "We have just had State affairs." "You mean 'business'! For if there had been State affairs, although I am not now in office, I should still have been consulted."

13-15. The reigning prince of Confucius' native State enquired if the principle to make a country prosperous could be expressed in one single sentence. Confucius answered, "One cannot expect so much meaning from a single sentence. There is, however, a saying which the people have, 'To be a ruler of men is difficult and to be a public servant is not easy.' Now if one only knew that it is difficult to be a ruler of men, would not that alone almost make a country prosperous?"

The prince then asked if the principle to ruin a country could be expressed in one single sentence.

Confucius answered, "So much meaning is not to be expected from one single sentence. There is, however, a saying among the people:'I find no pleasure in being a ruler of men, except in that whatsoever I order no man shall oppose.' Now if what is ordered is right, it is well and good that no one oppose it; but if what is ordered is not right and no one opposes it, — is not that alone enough to ruin a country?"

13-16. The prince of a small principality asked what was essential in the government of a country.
Confucius answered, "When there is good government in a country the people at home are happy, and the people in other countries will come."

13-17. A disciple of Confucius who was appointed chief magistrate of an important town enquired what was essential in government.
Confucius answered, "Do not be in a hurry to get things done. Do not consider petty advantages. If you are in a hurry to get things done, things will not be done thoroughly and well. If you consider petty advantages, you will never accomplish great things."

13-18. The reigning prince of a small principality said to Confucius, "Among my people there are men to be found who are so upright that when a father steals a sheep the son is ready to bear witness against him."
"In our country," replied Confucius, "The upright men are different from that. They consider it consistent with true uprightness for a father to be silent regarding the misdeed of his son and for a son to be silent concerning the misdeed of his father."

13-19. A disciple of Confucius enquired what was essential in a moral life.
Confucius answered, "In dealing with yourself, be serious; in business, be earnest; in intercourse with other men, be conscientious. Although you may be living among barbarians and savages, these principles cannot be neglected."

13-20. A disciple of Confucius enquired, "What must one be in order to be considered a gentleman?" Confucius answered, "He must be a man of strict

personal honour; when sent on a public mission to any country, he will not disgrace his mission. Such a man may be considered a gentleman."
The disciple then asked for a type of gentleman next in degree to the one mentioned above. Confucius answered, "One whom the members of his family hold up as a good son and his fellow citizens hold up as a good citizen."
The disciple went on to ask for a type of gentleman still next in degree. Confucius answered, "One who makes it a point to carry out what he says and to persist in what he undertakes, a dogged, stubborn little gentleman though he is; such a man may also b considered a type of gentleman next in degree."
The disciple finally asked, saying, "But now what is your opinion of the gentlemen now in the public service?" "They are," replied Confucius, "only red-taped bureaucrats not worth taking into account."

13-21. Confucius remarked, "If I cannot find equitable and reasonable men to have to do with, upon necessity I would choose men of enthusiastic or even fanatical character. Enthusiastic men are zealous and there are always limits which fanatical men would not pass."

13-22. Confucius remarked, "The southern people have a saying, 'A man without perseverance cannot be a doctor or a magician.' How true!
"Again, it is said in the I-king, 'The reputation for a virtue once acquired unless persevered in will lead to disgrace.' "
Commenting on this, Confucius remarked, "It is much better not to assume the reputation for the virtue at all."

13-23. Confucius remarked, "A wise man is sociable, but not familiar. A fool is familiar but not sociable."

13-24. A disciple of Confucius enquired of him, saying, "What do you say of a man who is popular with all his fellow townsmen in a place?"

"He is not necessarily a good man," answered Confucius.

"What do you say then," asked the disciple, "of a man who is unpopular with all his fellow townsmen?"

"He is neither," replied Confucius, " necessarily a good nor a bad man. A really good man is he who is popular with the good men of a place and unpopular with the bad men."

13-25. Confucius remarked, "A wise and good man is easy to serve, but difficult to please. If you go beyond your duty to please him, he will not be pleased. But in his employment of men, he always takes into consideration their capacity. A fool, on the other hand, is easy to please, but difficult to serve. If you go beyond your duty to please him, he will be pleased. But in his employment of men, he expects them to be able to do everything."

13-26. Confucius remarked, "A wise man is dignified, but not proud. A fool is proud, but not dignified."

13-27. Confucius remarked, "A man of strong, resolute, simple character approaches nearly to the true moral character."

13-28. A disciple of Confucius enquired, "What must a man be in order to be considered a gentleman?" Confucius answered, "He must be sympathetic, obliging and affectionate: sympathetic and obliging to his friends and affectionate to the members of his family."

13-29. Confucius remarked, "A good honest man, after educating the people for seven years, will be able to lead them to war."

13-30. Confucius remarked, "To allow a people to go to battle without first instructing them, is to betray them."

CHAPTER 14

14-1. A disciple of Confucius enquired what constituted dishonour. Confucius answered, "When there is justice and order in the government of the country, to think only of pay is dishonourable. When there is no justice and order in the government of the country, to think only of pay is also dishonourable."

14-2. The same disciple went on to ask, saying: "A man with whom ambition, vanity, envy and selfishness have ceased to act as motives — may he be considered a moral character?" "What you suggest," answered Confucius, "may be considered as something difficult to achieve; but I cannot say that it constitutes a moral character."

14-3. Confucius remarked, "A gentleman who only thinks of the comforts of life, cannot be a true gentleman."

14-4. Confucius remarked, "When there is justice and order in the government of the country a man may be bold and lofty in the expression of his opinions as well as in his actions. When, however, there is no justice and order in the government of the country, a man may be bold and lofty in his action, but he should be reserved in the expression of his opinion."

14-5. Confucius remarked, "A man who possesses moral worth will always have something to say worth listening to; but a man who has something to say is not necessarily a man of moral worth. A moral character always has courage; but a man of courage is not necessarily a moral character."

14-6. A disciple of Confucius on one occasion remarked in his presence: "There was a famous man in ancient time who was an excellent marksman in archery, and there was another man famous for his feats of strength: both of these men eventually came to an unnatural end. On the other hand, there were also in ancient time two men who worked in the fields and toiled as husbandmen: both these latter finally came to the government of the Empire."
Confucius at the time did not say anything in reply. But when the disciple had left, Confucius said: "What a really wise and good man he is! How much he honours moral worth in what he has said!"

14-7. Confucius remarked, "There are wise men who are not moral characters; but a fool is never a moral character."

14-8. Confucius remarked, "Where there is affection, exertion is made easy; where there is disinterestedness, instruction will not be neglected."

14-9. Confucius, speaking of the great merits of the State documents of a certain State of the time, remarked: "In the preparation of these State documents, one minister would first sketch out the draft; another would then discuss the several points; another minister after that would make the necessary corrections; and finally, another minister would polish the style and give it a last finishing touch."

14-10. Someone on one occasion asked Confucius' opinion of the character of a famous statesman (the Colbert of the time). Confucius answered, "He was a generous man."
The enquirer asked of the character of another notorious statesman. "Why, that man! That man! Why speak of him at all?"
The enquirer finally asked of the character of Kuan Chung (the Bismarck of the time). Confucius answered, "As a man he was able to take possession of

an estate, confiscated from the head of an old noble family in the country, in such a way that the former owner, although he was thus obliged to live in great poverty to the end of his days, yet had nothing to say in complaint against Kuan Chung."

14-11. Confucius remarked, "To be poor without complaining is not easy; but it is easy to be rich without being proud."

14-12. Confucius remarked of a public character of the time: "As an officer in the retinue of a great noble, he would be excellent, but he is not fit to be councillor of State even in a small principality."

14-13. A disciple of Confucius enquired what constituted a perfect character. Confucius, referring to the different famous known men of the time, said: "A perfect character should have the intellect of such another man; the disinterestedness of such another man; the gallantry of such another; the accomplishments of such another man. In addition to those qualities, if he would culture himself by the study of the arts and institutions of the civilised world, he would then be considered a perfect character."

"But," Confucius went on to say, "now-a-days it is not even necessary to be all that in order to be a perfect character. One who, when he sees a personal advantage, can think of what is right and, in presence of personal danger, is ready to give up his life; and who, under long-continued trying circumstances, does not belie the professions of his life: — such a man may also be considered a perfect character. "

14-14. Confucius on one occasion enquired about a teacher from one of his disciples, saying: "Is it true that your teacher seldom speaks and seldom laughs; and that he never accepts anything from anybody?" "They are mistaken who say that," replied the teacher's disciple, "My teacher speaks when it is time to speak: therefore people never lose patience when he does speak. He laughs when he is really delighted; therefore people never lose patience when he does laugh. He accepts when it is consistent with right to accept: therefore people never lose patience when he accepts anything." Confucius then said, "So! is it really so with him?"

14-15. Confucius, speaking of a powerful noble of his native State, remarked, "He took possession of an important military town when sending a message to the prince to beg him to appoint a successor to his own family estate. Although it is said that on that occasion he did not use intimidation with the prince, his master, I do not believe it."

14-16. Confucius, speaking of the characters of the two most famous princes of his time, remarked: "One (the Frederic the Great of the time) was crafty and without honour. The other (Wilhelm I of Germany) was a man of honour and without any craftiness in his character."

14-17. A disciple, speaking of the famous statesman Kuan Chung (the Bismarck of the time), remarked, "Kuan Chung and another officer were given charge, as tutors, of the elder of two princes. When the younger of the two princes, in order to succeed to the throne, slew his elder brother, the other officer preferred to die with his pupil and charge, but Kuan Chung did not die. Did not Kuan Chung in this show that he was not a moral character?"
Confucius answered, "It was due to the great services of Kuan Chung that the prince, his master, was able to call together the princes of the Empire to a Congress which prevented a general war during the time. What has one to say against the moral character —— what has one to say against the moral character of man like that?"

14-18. Another disciple then remarked, "But Kuan Chung not only did not die

with the elder prince, his pupil and charge; he even served the younger prince, the very man who murdered his pupil and charge. Did he not in this show that he was not a moral character?"
Confucius answered, "Kuan Chung as Prime Minister enabled the prince, his master, to exercise Imperialism over the prince of the time, to unite the Empire and give it peace. Down to the present day the people are enjoying the benefits due to his great services. But for Kuan Chung we should now be living like savages. He was certainly not like your faithful lover and his sweetheart among the common people, who, in order to prove their constancy, go and drown themselves in a ditch, nobody taking any notice of them. "

14-19. A noble of a certain State (who after his death was given the title of Beauclerc), when he was called to office in the government, chose for his colleague an officer who had been serving in his retinue. Confucius, remarking on this, said: "Such a man certainly deserves the title of 'Beauclerc'."

14-20. Confucius on one occasion was commenting on the scandalous life of the prince of a certain State, when somebody remarked, "If he was such a man — how did he not lose his throne?" "That was because," replied Confucius, "he had great and able men to carry on the different departments of his administration."

14-21. Confucius remarked, "From a man who is not bashful in his talk it, is difficult to expect much in the way of action."

14-22. On one occasion, having heard that the Prime Minister of a neighbouring State had murdered the prince, his master, Confucius, after purifying himself as when going to worship, presented himself before the prince of his own State, and said: "The minister of the neighbouring State has murdered the Prince, his master. I beg that steps to bring him to a summary punishment may be at once undertaken." But the prince only answered: "Go and tell our ministers in the government."

Confucius then went out, saying as he went: "As I have the honour to sit in the State council of the country, I have thought it my duty to bring this to the notice of my prince; but he, my prince, now tells me to go and inform the ministers." Confucius accordingly went to see the ministers then in power, and told them what he had said to the prince; but the ministers also would not do anything in the matter. Confucius then said: "As I have the honour to be a member of the State council of the country, I have done my duty in bringing this to your notice."

14-23. A disciple of Confucius enquired how one should behave towards the prince, his master. Confucius answered, "Do not impose upon him and, if necessary, withstand him to his face."

14-24. Confucius remarked, "A wise and good man looks upwards in his aspirations; a fool looks downwards."

14-25. Confucius remarked, "Men in old times educated themselves for their own sakes, Men now educate themselves to impress others."

14-26. An officer of a certain State, who was an old friend of Confucius, sent a messenger with a message of enquiry to him. Confucius, after making the messenger sit down with him, said to him: "What has your master been doing?" "My master," replied the messenger, "has been trying to reduce the number of his shortcoming without, however, being able to do so."

When the messenger had left, Confucius exclaimed, "What a messenger! What a messenger!"

14-27. Confucius remarked, "A man who is not in office in the government of a country should not give advice as to its policy."

14-28. A disciple of Confucius remarked, "A wise man should never occupy his thoughts with anything outside of his position."

14-29. Confucius remarked, "A wise man is ashamed to say much; he prefers to do more."

14-30. Confucius once remarked, "A wise and good man may be known in three ways which I am not able to show in my own person. As a moral man he is free from anxiety; as a man of understanding he is free from doubt; and as a man of courage he is free from fear."
A disciple, who heard what Confucius said, then remarked, "That is only what you say of yourself, sir."

14-31. A disciple of Confucius was fond of criticising men and making comparisons. Confucius said to him, "You must be a very superior man to be able to do that. For myself, I have no time for it."

14-32. Confucius remarked, "Be not concerned that men do not know you; be concerned that you have no ability."

14-33. Confucius remarked, "A man who does not anticipate deceit nor imagine untrustworthiness, but who can readily detect their presence, must be a very superior man."

14-34. A practical character of the time said once to Confucius, "What do you mean by rambling about with your talk? I am afraid you are also but a self-seeking good talker. " "I do not wish," replied Confucius, "to be a good talker; but I hate narrow-minded bigotry in men."

14-35. Confucius remarked, "A good horse is considered so, not because of its mere brute strength, but because of its moral qualities. "

14-36. Someone on one occasion enquired of Confucius, saying: "What do you say of requiting injury with kindness?" Confucius replied, "How will you then requite kindness? Requite injury with justice and kindness with kindness."

14-37. Confucius on one occasion remarked, "Ah! There is no one who understands me." Thereupon a disciple asked, "What do you mean, sir, in saying that no one understands you?" Confucius then answered, "I do not repine against God, nor do I complain of men. My studies are among lowly things; but my thoughts penetrate the sublime. Ah! There is perhaps only God who understands me."

14-38. A man having on one occasion slandered Confucius and his disciple, the intrepid Chung Yu, to a noble of the Court, somebody informed Chung Yu of it. Chung Yu afterwards, in speaking of it to Confucius, said, "My Lord — is being led astray by that man; but I am strong enough to exterminate that man and expose his carcase on the market-place." Upon which Confucius said, "Whether or not I shall succeed in carrying out my teaching among men, depends upon the will of God. What can that man do against the will of God."

14-39. Confucius remarked on one occasion: "Men of real moral worth now retire from the world altogether. Some of less degree of worth avoid or retire from certain countries. Some of still less degree of worth retire as soon as they are looked upon with disfavour. Some of the least degree of worth retire when they are told to do so."

14-40. Confucius went on to say, "I know of seven men who have written books."

14-41. A disciple of Confucius, the intrepid Chung Yu, had on one occasion to pass a night before the gate of a city. The keeper of the gate, on seeing him , asked, "Where are you from, sir?" "I am from Confucius," replied Chung Yu. "Oh," said the other, "isn't it he who knows the impracticalness of the times, and is yet trying to do something?"

14-42. Confucius was on one occasion playing upon a musical instrument when a man carrying a basket passed the door of the house. "Ah!" said the man on hearing the sound of the music, "He has his heart full, the musician who is playing there!" After a while, he said, "How contemptible to go on thrumming like that when nobody takes any notice of you: you should stop!
You must swim over when the water is high.
But in low water you may 'paidle' and keep dry."
On hearing what the man said, Confucius remarked: "That certainly shows determination; But it is not difficult."

14-43. A disciple of Confucius enquired of him, saying, "What is meant when the Book of Records says that an ancient Emperor while observing the period of Imperial mourning, keep silence for three years?"
Confucius answered, "That was the rule not only in the case of that particular Emperor: it was a general rule with all princes of antiquity. When the sovereign died, for three years all public functionaries received their orders from the Chief Minister."

14-44. Confucius remarked, "When the rulers encourage education and good manners, the people are easily amenable to government."

14-45. A disciple of Confucius enquired what constituted a wise and good man.
Confucius answered, "A wise and good man is one who sets himself seriously

to order his conversation aright?" "Is that all?" asked the disciple. "Yes," replied Confucius, "He wants to order his conversation aright for the happiness of others." "Is that all?" asked the disciple again. "Yes," replied Confucius, "He wants to order his conversation aright for the happiness of the world; and, judged by that, even the great ancient Emperors felt their shortcomings."

14-46. A worthless man, well known to Confucius, was on one occasion squatting on his heels, and did not rise up when Confucius passed by him. Confucius then said to him: "A wilful man and a bad citizen in your youth, in manhood you have done nothing to distinguish yourself, and now you are dishonouring your old age: such a man is called a rascal!" With that, Confucius lifted his staff and hit him on the shanks.

14-47. A youth of a certain place was employed by Confucius in his house to answer the door and introduce visitors. Someone remarked to Confucius, "I suppose he has improved in his education." "No," replied Confucius, "I have observed him sitting where a youth of his age should not sit, and walking side by side with people who are his seniors. He is not one who seeks to improve his education; he is only one who is in a great hurry to become a grown-up man."

CHAPTER 15

15-1. The reigning prince of a certain State where Confucius was on a visit on his travels, asked about military tactics. "I know a little about the arts of peace, but 1 have never studied the art of war." The next day he left the country.
Then, going on in his travels, he arrived at another State. Their provisions having failed them, his party had to go without food, and were so reduced that they could not proceed. A disciple, the intrepid Chung Yu, with discontent in his look, then said to Confucius, "A wise and good man — can he, too, be reduced to such distress?" "Yes," replied Confucius, "a wise and good man sometimes also meets with distress; but a fool when in distress, becomes reckless."

15-2. Confucius once remarked to a disciple, "You think, I suppose, that I am one who has learned many things and remembers them all?" "Yes," replied the disciple, "but is it not so?"
"No," answered Confucius, "I unite all my knowledge by one connecting principle."

15-3. Confucius on one occasion remarked to a disciple, "It is seldom that men understand real moral worth."

15-4. Confucius remarked, "The ancient Emperor Shun was perhaps the one man who successfully carried out the principle of no-government. For what need is there really for what is called government? A ruler needs only to be earnest in his personal conduct, and to behave in a manner worthy of his position."

15-5. A disciple of Confucius enquired what one should do in order to get along well with men. Confucius answered, "Be conscientious and sincere in what you say; be earnest and serious in what you do; in that way, although you might be in barbarous countries, you will get along well with men. But if, in what you say, you are not conscientious and sincere, and in what you do, you are not earnest and serious, even in your own country and in your home, how can you get along well with men? Keep these principles constantly before you, as when, driving a carriage, you keep your eyes on the head of your horse. In that way you will always get along well with men."
The disciple had these words engraved on his belt.

15-6. Confucius, speaking of a famous historiographer of the time, remarked, "What a straightforward man he was! When there were justice and order in the government of his country, he was straight as an arrow; when there were no justice and order, he was still straight as an arrow."
Speaking of another public character of the time, Confucius remarked, "What a really wise and good man he was! When there were justice and order in the government of his country, he entered the public service; but when there were no justice and order, he rolled himself up and led a strictly private life."

15-7. Confucius remarked, "When you meet the proper person to speak to and do not speak out, you lose your opportunity; but when you meet one who is not a proper person to speak to and you speak to him, you waste your words. A man of intelligence never loses his opportunity, neither does he waste his words."

15-8. Confucius remarked, "A gentleman of spirit or a man of moral character will never try to save his life at the expense of his moral character: he prefers to sacrifice his life in order to save his moral character."

15-9. A disciple of Confucius enquired how to live a moral life. Confucius answered, "A workman who wants to perfect his work first sharpens his tools. When you are living in a country, you should serve those nobles and ministers in that country who are men of moral worth, and you should cultivate the friendship of the gentlemen of that country who are men of moral worth."

15-10. A disciple of Confucius enquired what institutions he would adopt for the government of an Empire. Confucius answered, "I would use the calendar of the Hsia dynasty; introduce the form of carriage used in the Yin dynasty; and adopt the uniform of the present dynasty. For State music I would use the most ancient music. I would prohibit all the popular airs in the music of the present day, and I would banish all popular orators. The modem popular music provokes sensuality in the people, and popular orators are dangerous to the State."

15-11. Confucius remarked, "If a man takes no thought for the morrow, he will be sorry before to-day is out."

15-12. Confucius on one occasion was heard to say, "Alas! I do not now see a man who loves moral worth as he loves beauty in women."

15-13. Confucius, speaking of a public character of the time, remarked, "He was like one who had stolen his position. Although he knew the talents and virtues of a friend he had, yet when he came to office in the government he did nothing to bring his friend forward, and was afraid lest his friend should become his colleague."

15-14. Confucius remarked, "A man who expects much from himself and demands little from others will never have any enemies."

15-15. Confucius remarked, "A man who does not constantly say to himself 'What is the right thing to do?' I can do nothing for such a man."

15-16. Confucius remarked, "When a body of men sit together for a whole day without turning their conversation to some principle or truth, but only amuse themselves with small wit and smart sayings, it is a bad case."

15-17. Confucius remarked, "A wise and good man makes Right the substance of his being; he carries it out with judgment and good sense; he speaks it with modesty; and he attains it with sincerity: ——such a man is a really good and wise man!"

15-18. Confucius remarked, "A wise and good man should be distressed that he has no ability; he should never be distressed that men do not take notice of him."

15-19. Confucius remarked, "A wise and good man hates to die without having done anything to distinguish himself."

15-20. Confucius remarked, "A wise man seeks for what he wants in himself; a fool seeks for it from others."

15-21. Confucius remarked, "A wise man is proud but not vain; he is sociable, but belongs to no party."

15-22. Confucius remarked, "A wise man never upholds a man because of what he says, nor does he discard what a man says because of the speaker's character."

15-23. A disciple of Confucius enquired: "Is there one word which may guide one in practice throughout the whole life?" Confucius answered, "The word 'charity' is perhaps the word. What you do not wish others to do unto you, do not do unto them."

15-24. Confucius on one occasion remarked, "In my judgement of men, I do not easily award blame nor easily award praise. When I have happened to praise a man in a way which might appear beyond his deserts, you may yet be sure that I have carefully weighed my judgment. The people of to-day — there is really nothing in them to prevent one from dealing honestly with them as the men of the good old times dealt with the people of their day."

15-25. Confucius in his old age remarked, "In my young days, I could still obtain books which supplied information on points which the standard historical books omitted; and a man who had a horse would willingly lend it to a friend to ride. But now such times and such manners have all disappeared."

15-26. Confucius remarked, "It is plausible speech which confuses men's ideas of what is moral worth. It is petty impatience which ruins great undertakings."

15-27. Confucius remarked, "When a man is unpopular, it is necessary to find out why people hate him. When a man is popular, it is still necessary to find out why people like him."

15-28. Confucius remarked, "It is the man that can make his religion or the principles he professes great; and not his religion or the principles which he professes, which can make the man great."

15-29. Confucius remarked, "To be wrong and not to reform is indeed to be wrong."

15-30. Confucius on one occasion remarked, "I have spent a whole day without taking food and a whole night without sleep, occupied with thinking. It was of no use. I have found it better to acquire knowledge from books."

15-31. Confucius remarked, "A wise and good man is occupied in the search for truth; not in seeking for a mere living. Farming sometimes leads to starvation, and education sometimes leads to the rewards of official life. A wise man should be solicitous about truth, not anxious about poverty."

15-32. Confucius remarked, "There are men who attain knowledge by their understanding; but, if they have not moral character sufficient to hold fast to it, such men will lose it again. There are men again who have attained it with their understanding and have moral character sufficient to hold fast to it; but if they do not set themselves seriously to order their knowledge aright they will not inspire respect in the people. There are lastly men who have attained it with their understanding; who have moral character sufficient to hold fast to it; and who can set themselves seriously to put it in order; but if they do not exercise and make use of it in accordance with the ideals of decency and good sense, they are not yet perfect."

15-33. Confucius remarked, "A wise and good man may not show his quality in small affairs, but he can be entrusted with great concerns. A fool may gain distinction in small things, but he cannot be entrusted with great concerns."

15-34. Confucius remarked, "Men need morality more than the necessaries of life, such as fire and water. I have seen men die by falling into fire or water; but I have never seen men die from falling into morality."

15-35. Confucius remarked, "When the question is one of morality, a man need not defer to his teacher."

15-36. Confucius remarked, “A good, wise man is faithful, — not merely constant.”

15-37. Confucius remarked, “In the service of his prince, a man should place his duty first; the matter of pay should be with him a secondary consideration.”

15-38. Confucius remarked, “Among really educated men, there is no caste or race-distinction.”

15-39. Confucius remarked, “Men of totally different principles can never act together.”

15-40. Confucius remarked, “Language should be intelligible and nothing more.”

15-41. A blind music-teacher having called on Confucius, When they came to the steps of the house Confucius said to him, “Here are the steps.” When they came to the mat where they were to sit, Confucius again said to him, “Here is the mat.” Finally, when they had sat down, Confucius said to him, “So-and-so is here, and So-and-so is here.”

Afterwards, when the blind music-teacher had left, a disciple said to Confucius, “Is that the way to behave to a music-teacher?” “Yes,” replied Confucius, “that is certainly the way to behave to blind people.”

CHAPTER 16

16-1. The head of a powerful family of nobles in Confucius' native State was preparing to commence hostilities against a small principality within that State. Two of Confucius' disciples, who were in the noble's service, came to see Confucius and informed him of it. Confucius, turning to one of these disciples, said, "Sir, is not this due to your fault? The reigning family of this principality derived its titles from ancient Emperors: besides, its land is situate within our own territory; the ruler, therefore, is a prince of the Empire. What right, then, have you to declare war against a vassal of the Emperor?"

The disciple to whom the above was addressed, replied, "It is my lord, our Master, who wishes for this war; it is not we two, who arc only his servants, that desire it."

Confucius then answered, "An ancient historian says: 'Let those who can stand the fight fall into the ranks, and let those who cannot, retire.' What is the use of a guide to a blind man if, when he is in danger, the guide does not help him and, when he falls, the guide does not lift him up? Besides, you are wrong in what you have said to excuse yourself. When a tiger or a wild animal escapes from its cage, or when a tortoise-shell or a valuable gem gets broken in its casket: — who is responsible and to blame in such a case?"

"But now," argued one of the disciple, "this principality is very strongly fortified and is within easy reach of our most important town. If we do not reduce and take it now, it will in future be a source of anxiety and danger to the descendants of the family."

"Sir," answered Confucius, "A good man hates to make excuses when he ought to say simply 'I want it'.

"But for my part, I have been taught to believe that those who have kingdoms and possessions should not be concerned that they have not enough possessions, but should be concerned that possessions are not equally distributed; they should not be concerned that they arc poor, but should be concerned that the people are not contented. For with equal distribution there will be no poverty; with mutual good will, there will be no want; and with contentment among the people, there can be no downfall and dissolution.

"This being so, when the people outside the country do not submit, a ruler should improve the moral education at home in order to attract them; when people from outside are attracted and come to his country, the ruler should make them happy and contented."

"Now you two gentlemen," continued Confucius, "while assisting your master in his government, have done nothing to attract people from outside when they have shown signs of insubmission. At present, when the country is actually internally tom by factions, dissensions, outbreaks and dissolutions, you are doing nothing to prevent them, Instead of this, you are now going to bring on the ravages and horrors of war within our own State. I am afraid the danger in future to the stability of the house of your noble lord will not come from that small principality against which you are now going to declare war, but will arise from within the walls of your master's own palace."

16-2. Confucius remarked, "In the normal state of the government of an empire, the initiative and final decision in matters of religion, education, and declaration of war from the supreme prerogative of the emperor. During abnormal conditions in the government of the empire, that prerogative passes into the hands of the princes of the empire: in which case it is seldom that ten generations pass before they lose it. Should that prerogative pass into the hands of the nobility of the empire, it has rarely happened that they have retained it for five generations. When subordinate officers have the power of government in their hands they generally lose their authority in the course of three generations.

"When there are order and justice in the government of a country, the supreme power of government will not be in the hands of the nobility or of a ruling class. When there are justice and order in the government of a country, the common people will not meddle with the government."

16-3. Confucius, speaking of the state of government in his native State, remarked, "It is now five generations since the appointments to offices in the State have been taken away from the scions of the reigning houses. It is now four generations since the powers of government have passed into the hands of the ruling class of nobility. Therefore the descendants of the most ancient houses have lost all power and are now living in obscurity."

16-4. Confucius remarked, "There are three kinds of friendship which are beneficial and three kinds which are injurious. Friendship with upright men, with faithful men, and with men of much information: such friendships are beneficial. Friendship with plausible men, with men of insinuating manners, and with glib-tongued men: such friendships are injurious."

16-5. Confucius remarked, "There are three kinds of pleasures which are beneficial and three kinds which are injurious. Pleasure derived from the study and criticism of the polite arts, pleasure in admiring and speaking of the excellent qualities of men, and pleasure in having many friends of virtue and talents: these pleasures are beneficial. Pleasure in dissipation; in extravagance; in mere conviviality: such pleasures are injurious."

16-6. Confucius remarked, "There are three kinds of errors to which men are liable when in the presence of their superiors. First, To speak out when one is not called upon to speak: that is called being froward. Secondly, To keep silence when called upon to speak: that is called being disingenuous. Thirdly, To speak out without taking into consideration the expression in the look ofthe person spoken to: that is called blindness."

16-7. Confucius remarked, "There are three things which a man should beware of in the three stages of his life. In youth, when the constitution of his body is not yet formed, he should beware of lust. In manhood, when his physical powers are in full vigour, he should beware of strife. Tn old age, when the physical powers are in decay, he should beware of greed."

16-8. Confucius remarked, "There are three things which a wise and good man holds in awe. He holds in awe the Laws of God, persons in authority, and the words of wisdom of holy men. A fool, on the other hand, does not know that there are Laws of God; he, therefore, has no reverence for them; he is disrespectful to persons in authority, and contemns the words of wisdom of holy men."

16-9. Confucius remarked, "The highest class of men are those who are born with a natural understanding. The next class are those who acquire understanding by study and application. There are others again who are born naturally dull, but who yet by strenuous efforts, try to acquire understanding:such men may be considered the next class. Those who are born naturally dull and yet will not take the trouble to acquire understanding: such men are the lowest class of the people."

16-10. Confucius remarked, "There are nine objects which a wise man aims at. In the use of his eyes, his object is to see clearly. In the use of his ears, his object is to hear distinctly. In the expression of his look, his object is to be gracious. In his manners, his object is to be serious. In what he says, his object is to be sincere. In business, his object is to be earnest. In doubt, his object is to seek for information. In anger, his object is to think of consequences. In view of personal advantage, his object is to think of what is right."

16-11. Confucius remarked, “Men who, when they see what is good and honest, try to act up to it, and when they see what is bad and dishonest try to avoid it as if avoiding scalding water: such men I have known and the expressions of such principles I have heard. But men who live in retirement in order to study their aims and who practise righteousness in order to carry out their principles: the expression of such principles I have heard, but I have not seen such men.”

16-12. Confucius, speaking of a prince lately deceased, remarked, “In his lifetime he had a thousand teams of horses: but on the day of his death, the people had not a good word to say of him. On the other hand the ancient worthies Po Yi and Shuh Ts'i, who were starved, to death at the foot of a lonely mountain, are held in honour by the people to this day. This is the meaning of the verse —

Truly your wealth and pelf avail you nought,
To have what others want, is all you sought.”

16-13. A gentleman of the Court on one occasion enquired of Confucius' son, saying: “Have you had any special lesson from your father?” “No, I have not,” replied Confucius' son, “Only once when he was standing alone, and I happened to pass through the hall, he said to me: ‘Have you studied poetry?’ to which I replied, ‘No, I have not.’ ‘Then, said he, ‘if you do not study poetry, you cannot make yourself agreeable in conversation.’ After that I gave myself to the study of poetry. On another occasion when he was again standing alone, and I happened to pass through the hall, he said to me: ‘Have you studied the arts?’ to which I replied, ‘No, I have not.’ ‘Then,’ said he, ‘if you do not study the arts, you will lack judgment and taste.’ After that, I gave myself to the study of the arts.”

The gentleman of the Court, when he heard that, went away delighted, saying: “I have asked about one thing and now I have learnt about three things. In addition to what I have asked, I have learnt about the importance of the study of poetry and the arts, and also that a wise and good man does not treat even his own son with familiarity."

16-14. The wife of the reigning prince of a State is addressed by him as "Madame". She addresses him as "Sire". She is addressed by her people in her own State as "Madame, my lady", and her own people in speaking to people of another State, mention her as "Our good little princess." People of other States, speaking of her to her own people, all her "Madame, your princess".

CHAPTER 17

17-1. An influential officer, who was in the service of a powerful family of nobles in Confucius' native State, on one occasion expressed a wish to see Confucius, but Confucius would not go to see him. The officer then sent Confucius a present of a pig. Confucius thereupon timing his visit when the officer was not at home, called on him to tender his thanks. On returning, however, he met the officer on the way.

"Come now," said the officer to Confucius, "I want to speak to you. Now I would ask you whether he is a good man who hides the treasures of his knowledge and leaves his country to go astray?" "No," replied Confucius, "he is not." "Is he a man of understanding," asked the officer again, "who is anxious to be employed and yet misses every chance that comes to him of being employed?" "No," replied Confucius, "He is not."

"Then," said the officer, "you ought to know that days and months are passing away and time waits not for us." "Yes," replied Confucius, "I will enter the public service."

17-2. Confucius remarked, "Men, in their nature, are alike; but by practice they become widely different."

17-3. Confucius then went on to say, "It is only men of the highest understanding and men of the grossest dullness, who do not change."

17-4. When Confucius on one occasion came to a small town where one of his disciples was chief Magistrate, he heard the sounds of music and singing among the people. He then, with a mischievous smile in his look, remarked, "To kill a chicken why use a knife used for slaughtering an ox?"

"Sir," replied the disciple who was chief Magistrate of the town, "I have heard you say at one time that when the gentlemen of a country are highly educated, it makes them sympathize with the people; and when the people are educated, it makes them easily amenable to government."

"Yes," answered Confucius, turning to his other disciples who were present, "He is right: what I said just now was only spoken in jest."

17-5. One one occasion a noble in Confucius' native State who held possession of an important town and was in an attitude of rebellion, invited Confucius to see him. Confucius was inclined to go. At this, Confucius' disciple, the intrepid Chung Yu, was vexed. He said, "Indeed you cannot go! Why should you think of going to see such a man?"

"It cannot be for nothing," replied Confucius, "that he has invited me to see him. If anyone would employ me, I would establish a new empire here in the East."

17-6. A disciple of Confucius enquired what constituted a moral life. Confucius answered, "A man who can carry out five things wherever he may be is a moral man." "What five things?" asked the disciple.

"They are," replied Confucius, "Earnestness, consideration for others, trustworthiness, diligence, and generosity. If you are earnest, you will never meet with want of respect. If you are considerate to others, you will win the hearts of the people. If you are trustworthy, men will trust you. If you are diligent, you will be successful in your undertakings. If you are generous, you will find plenty of men who are willing to serve you."

17-7. On one occasion a noble of a certain State having rebelled against the legitimate authority, invited Confucius to see him. Confucius wa inclined to go, but Confucius's disciple, the intrepid Chung Yu, said to Confucius: "Sir,

I have heard you say at one time that a wise and good man will not associate even with those persons who are nearly related to him, when such persons have been found guilty of evil-doing. Now this man is holding a town in actual rebellion against authority. How is it that you can think of going to see him?"
"Yes," replied Confucius, "I have said that. But is it not also said that if a thing is really hard you may pound it and yet it will not crack; if a thing a really white, you may smirch it, and yet it will not become black. And am I, after all, only a bitter gourd to be hung up and not eaten at all?"

17-8. Confucius once remarked to a disciple, saying: "Have you ever heard of the six. virtues and their failures?" "No," replied the disciple. "Sit down then," said, Confucius, "and I will tell you."
"First there is the mere love of morality: that alone, without culture, degenerates into fatuity. Secondly, there is the mere love of knowledge: that alone, without culture, tends to dilettantism. Thirdly, there is mere love of honesty: that alone, without culture, produces heartlessness. Fourthly, there is the mere love of uprightness: that alone, without culture, leads to tyranny. Fifthly, there is the mere love of courage: that alone, without culture, produces recklessness. Sixthly, there is the mere love of strength of character: that alone, without culture, produces eccentricity."

17-9. Confucius on one occasion remarked to his disciples, "My young friends, why do you not study poetry? Poetry calls out the sentiment. It stimulates observation. It enlarges the sympathies and moderates the resentment felt against injustice. Poetry, in fact, while it has lessons for the duties of social life, at the same time makes us acquainted with the animate and inanimate objects in nature."

17-10. Confucius once said to his son, "You should give yourself to the study of the first two books in the Book of Ballads, Songs and Psalms. A man who has not studied those books will be out of his element wherever he goes."

17-11. Confucius was once heard to say, "Men speak about Art! Art! Do you really think that merely means painting and sculpture? Men speak about music! Music! Do you think that means merely bells, drums, and musical instruments?"

17-12. Confucius remarked, "A man who is austere in his look, but a weakling and a coward at heart — is he not like one of your small, mean people; yea, is he not like a sneaking thief or a cowardly pickpocket?"

17-13. Confucius remarked, "Your meek men of respectability in a place, are they who unmercifully destroy all sense of moral sentiment in man."

17-14. Confucius remarked, "To preach in the public streets the commonplaces which you have picked up on the way is to throwaway all your finer feelings."

17-15. Confucius, speaking of the public men of his time, remarked: "These despicable men! How is it possible to serve the interests of the country in company with such men? Before they gain their position, their only anxiety is how to obtain it; and after they have obtained the position, their sole anxiety is lest they should lose it. In their anxiety lest they should lose their position, there is nothing which they would not do."

17-16. Confucius remarked, "In old times men had three kinds of imperfections in their characters, which perhaps now are not to be found. Passionate, impetuous men in old times loved independence; but passionate impetuosity nowadays shows itself in wild licence. Proud men in old times were modest and reserved, but pride nowadays shows itself in touchiness and vulgar bad-temper. Simple men in old times were artless and straightforward, but simplicity nowadays hides cunning."

17-17. Confucius remarked, "With plausible speech and fine manners will seldom be found moral character."

17-18. Confucius remarked, "1 hate the way in which scarlet dims the perception for vermilion. I hate the way in which the modern popular airs are liable to spoil the taste for good music. Finally, I hate the way in which smartness of speech in men is liable to destroy kingdoms and ruin families."

17-19. Confucius was once heard to say, "I would rather not speak at all."
"But if you do not speak, sir," asked a disciple, "What shall we, your disciples, learn from you to be taught to others?"
"Look at the Heaven there," answered Confucius, "Does it speak? And yet the seasons run their appointed courses and all things in nature grow up in their time. Look at the Heaven there: does it speak?"

17-20. A man who wanted to see Confucius called on him. Confucius, not wishing to see him, sent to say he was sick. When the servant with the message went to the door, Confucius took up his musical instrument and sang aloud purposely to let the visitor hear it and know that he was not really sick.

17-21. A disciple of Confucius enquired about the period of three years' mourning for parents, remarking that one year was long enough.
"For," said he, "if a gentleman neglects the Arts and usages of life for three years, he will lose his knowledge of them; and if he put aside music for three years, he will entirely forget it. Again, even in the ordinary course of nature, in one year the old com is mown away to give place to new com which springs up, and in one year we burn through all the different kinds of wood produced in all the seasons. I believe, therefore, that after the completion of one year,

mourning may cease."

Confucius answered, "If, after one year's mourning, you were to eat good food and wear fine clothes, would you feel at ease?"

"I should," replied the disciple. "Then," answered Confucius, "if you can feel at ease, do it. But a good man during the whole period of three years' mourning, does not enjoy good food when he eats it, and derives no pleasure from music when he hears it; when he is lodged in comfort, he does not feel at ease: therefore, he does not do anything of those things. You, however, since you feel at ease, can, of course, do them."

Afterwards, when the disciple had left, Confucius remarked, "What a man without moral feeling he is? It is only three years after his birth that a child is able to leave the arms of his parents. Now the period of three years' mourning for parents is universally observed throughout the Empire. As to that man, — I wonder if he was one who did not enjoy the affection of his parents when he was a child!"

17-22. Confucius remarked, "It is really a bad case when a man simply eats his full meals without applying his mind to anything at all during the whole day. Are there not such things as gambling and games of skill? To do one of those things even is better than to do nothing at all."

17-23. A disciple of Confucius, the intrepid Chung Yu, enquired: "Is not valour a quality important to a gentleman?"

"A gentleman," answered Confucius, "esteems what is right as of the highest importance. A gentleman who has valour, but is without a knowledge and love of what is right, is likely to commit a crime. A man of the people who has courage, but is without the knowledge and love of what is right, is likely to become a robber."

17-24. A disciple of Confucius enquired, "Has a wise and good man also his hatreds?"

"Yes," answered Confucius, "He has his hatreds. He hates those who love to expatiate on the evil doings of others. He hates those who, themselves living low, disreputable lives, try to detract those who are trying to live a higher life. He hates those who are valourous, but without judgment and manners. He hates those who are energetic and bold, but narrow-minded and selfish."

"And you," continued Confucius, addressing the disciple, "have you also your hatreds?"

"Yes," replied the disciple, "I hate those who are censorious and believe themselves to be clever. I hate those who are presumptuous and believe themselves to be brave. I hate those who ransack out the secret misdoings of others in other to proclaim them, and believe themselves to be upright."

17-25. Confucius remarked, "Of all people in the world, young women and servants are the most difficult to keep in the house. If you arc familiar with them, they forget their position. But if you keep them at a distance, they are discontented."

17-26. Confucius remarked, "If a man after forty is an object of dislike to men, he will continue to be so to the ends of his days."

CHAPTER 18

18-1. At the time of the downfall of the Imperial Yin dynasty (the onc preceding that under which Confucius lived) of the three members of the Imperial family, one left the country; one became a court jester; and one, who spoke the truth to the Emperor, was put to death.
Confucius, remarking on the above, said, "The House of Yin in their last days had three men of moral character."

18-2. Confucius remarked of a well-known worthy of the time: "As Minister of Justice, he was three times dismissed from office. People then said to him, 'Is it not time for you to leave the country?' But he answered, 'If! honestly do my duty, where shall I go to serve men without being liable to be dismissed in the same way? If! am willing to sacrifice my sense of duty, it is not necessary for me to leave my native country to find employment.' "

18-3. The reigning prince of a certain State on one occasion wished to employ Confucius, remarking, however, "I cannot make him a Minister of State, but I will make him a privy Councillor."
The prince further remarked, "I am old now! shall not be able to use his advice."
When Confucius heard what the prince said, he immediately took his departure from the country.

18-4. The Prime Minister who held the power of government in Confucius' native state, after Confucius had risen to be Minister of State (Minister of Justice), having on one occasion received a troupe of actresses from another

State was so occupied with them that there was no meeting of ministers at the Palace for three days. Confucius thereupon resigned, and left his own country.

18-5. When Confucius was on his travels, an eccentric person once passing by him, sang aloud —

O Phoenix bird! O Phoenix bird,
Where is the glory of your prime?
The past,—'t is useless now to change,
Care for the future yet is time.
Renounce! give up your chase in vain;
For those who serve in Court and State
Dire peril follows in their train.

Confucius then alighted and wished to speak with him; but the eccentric man hastened away so that Confucius had no chance of speaking with him.

18-6. On another occasion, Confucius on his travels saw two men working in the fields. He sent a disciple, the intrepid Chung Yu, to enquire for the ford. When Chung Yu came up to the men, one of them said to him:

"Who is he that is holding the reins in the carriage there?" Chung Yu answered, "It is Confucius." "Is it not Confucius of Lu," asked the man. "Yes," replied Chung Yu. "Then," rejoined the other, "he knows the ford."

Chung Yu then turned to the other of the two men, who said to him: "Who are you, sir?" "I am Chung Yu," replied Confucius' disciple. "Are you not a disciple of Confucius?" asked the man. "Yes," replied Chung Yu. Then the man said: "All men in the world are now in a hopeless drift: who can do anything to change it? Nevertheless, it is better to follow those who renounce the world altogether than to run after those who only run from one prince to another." After saying that, the man went on with his work on the field without stopping again to take any notice of Chung Yu's question.

When Chung Yu returned and reported what the man said, Confucius heaved a heavy sign, and said, "I cannot live with the beasts of the field and birds of the air. If I do not live and associate with mankind, with whom shall I go to live? Besides, if the world was in order, there would then be no need for one to do anything to change it."

18-7. On another occasion when Confucius was on his travels, a disciple, the intrepid Chung Yu, got separated from the party. Chung Yu met an old man carrying across his shoulders, on a staff, a basket for weeds. Chung Yu said to him, "Have you seen the Teacher Sir?" The old man looked at him and replied gruffly, "Your body has never: known toil and you cannot tell the difference between the five kinds of grain: who is your Teacher?" With that, the old man planted his staff on the ground and fell to his work, weeding the ground. Chung Yu, however, laid his hands across his breast and respectfully waited.

Afterwards, the old man took Chung Yu to his home and made him pass a night in his house, killing a fowl and making millet pudding for him to eat. The old man also presented his two sons to Chung Yu.

The next day Chung Yu went on his way and, on rejoining Confucius, reported his adventure. "He is a hermit," said Confucius, and sent Chung Yu back to see him, but when Chung Yu got to th . place the old man was nowhere to be found.

When Chung Yu again returned, Confucius said, "It is not right to refuse to enter the public service. For if it is wrong to ignore the duties arising out of the relations between the members of a family, how is it right to ignore the duties a man owes to his sovereign and country. A man who withdraws himself from the world for no other reason than to show his personal purity of motive, is one who breaks up one of the greatest ties in the foundation of society. A good and wise man, on the other hand, who enters the public service, tries to carry out what he thinks to be right. As to the failure of right principles to make progress, he is well aware of that."

18-8. Confucius, speaking of six worthies, famous in ancient times as men who withdrew themselves from the world, remarked of two of them, Po Yi and Shuhts'i, that they withdrew from the world because they would not give up their high aims, and, in that way, had not to put up with dishonour to their persons; of two others who finally also withdrew from the world, Confucius remarked that they gave up high aims and put up with dishonour to their persons, but in whatever they said were found reasonable and, in whatever they did, were found commendable; finally, of the last two of the six worthies, Confucius remarked that they lived strictly as recluses and refused altogether to hold communication with the world, but they were pure in their lives and so, entirely secluding themselves from the world, they rightly used their discretion.

"As for myself," said Confucius, finally, "I act differently from those men I have mentioned above, I have no course for which I am predetermined, and no course against which I am predetermined."

18-9. This section merely gives the names of the famous musicians and great artists of the time who, falling on a time of decay of art and failure of art patronage, had to wander scattered about from one State to another; one, it is said, went out over sea, — perhaps to Japan!

18-10. The original Founder of the reigning house of Confucius' native State, who was known as our Lord of Chou, in his advice to his son and successor said: "A ruler should never neglect his near relations. He should never give his great ministers cause to complain that their advice is not taken. Without some great reason, he should never discard his old connections. He should never expect from a man that he will be able to do everything."

18-11. This section merely gives the names of eight famous gentlemen of the time.

CHAPTER 19

19-1. A disciple of Confucius remarked, "A gentleman in presence of danger should be ready to give up his life; in view of personal advantage, he should think of what is right; in worship, he should be devout and serious; in mourning, he should show heartfelt grief: the above is about the sum of the duties of a gentleman."

19-2. The same disciple remarked, "If a man holds fast to godliness without enlarging his mind; if a man believes in truth, but is not steadfast in holding to his principles — such a man may as well leave such things alone."

19-3. The same disciple was on one occasion asked about friendship by the pupils of one of his fellow disciples. He answered by asking the pupils, "What did your teacher say on the subject?" "Our teacher," replied the pupils, "said, 'Those whom you find good, make friends with; those whom you find not good, turn your back upon.' "
"That," replied Confucius' disciple who was asked, "is different from what I have been taught. A wise and good man honours worthy men and is tolerant to all men. He knows how to commend those who excel in anything and make allowance for those who are ignorant. Now, if we ourselves are really worthy, we should be tolerant to all men; but if we ourselves are not worthy, men will turn their backs upon us. How can we turn our backs upon them?"

19-4. A disciple of Confucius remarked, "Even in any small and unimportant branch of an art or accomplishment, there is always something worthy of consideration; but if the attention to it is pushed too far, it is liable to degenerate into a hobby; for that reason a wise man never occupies himself with it."

19-5. The same disciple of Confucius remarked, "A man who from day to day knows exactly what he has yet to learn and from month to month does not forget what he has learnt, will surely become a man of culture."

19-6. The same disciple remarked, "If you study extensively and arc steadfast in your aim, investigate carefully what you learn, and apply it to your own personal conduct; in that way, you cannot fail in attaining a moral life."

19-7. The same disciple remarked, "As workmen work in their workshop to learn their trade, so a scholar gives himself to study in order to get wisdom."

19-8. The same disciple remarked, "A fool always has an excuse ready when he does wrong."

19-9. The same disciple remarked, "A good and wise man appears different from three points of view. When you look at him from a distance he appears severe; when you approach him he is gracious; when you hear him speak, he is serious."

19-10. The same disciple remarked, "A wise man, as a ruler, first obtains the confidence of the people before he puts them to hard work which otherwise would be regarded by the people as oppression. A wise man, as a public servant, first obtains the confidence of those whom he serves before he ventures to point out their errors; otherwise his superiors will only regard what he says as prompted by a desire to find fault."

19-11. The same disciple remarked, "When a man can keep himself strictly within bounds where the major points of the principles of morality are concerned, he may be allowed to use his discretion in the minor points."

19-12. A disciple of Confucius, speaking of the pupils of another disciple, remarked, "Those young gentlemen are well enough in matters of manners and deportment, which are mere minor matters; but as regards the foundation of a true education, they are as yet nowhere."
When the disciple whose pupils were thus animadverted upon, heard the remark, he said to the other disciple: "There you are wrong. In teaching men, what are the things which a good and wise man should consider it of first importance that he should teach: and what are the things which he should consider of secondary importance, and which he may allow himself to neglect? As in dealing with plants, so one must deal with pupils and class them according to their capabilities. A good and wise man in teaching, should not befool his students. For it is only the most holy men who can at once grasp the beginning and end of principles."

19-13. A disciple of Confucius remarked, "An officer who has exceptional abilities, more than sufficient to carry out his duties, should devote . himself to study. A student who has exceptional abilities, more than sufficient to carry on his studies, should enter the public service."

19-14. A disciple of Confucius remarked, "In mourning, the only thin I indispensable is heart-felt grief."

19-15. The same disciple, speaking of another disciple, remarked, "My friend can do things which nobody else can do, but he is not quite perfect in his moral character."

19-16. Another disciple of Confucius, speaking of the same disciple ' alluded to above, remarked, “What a style that man carries about with him! It is really difficult to live out a moral life along with such a man! ”

19-17. The same disciple remarked, “I have heard the Master say, 'Men often do not themselves know what is really in them until they have to mourn the death of their parents.'”

19-18. The same disciple remarked, “I have heard the Master, speaking of the filial piety of a nobleman, say, 'What other things he did on the occasion of the death of his father, other men can do. But what he did in keeping the old servants of his father, and in following out the policy of his father, men will find it difficult to do.' ”

19-19. The Prime Minister in Confucius' native State having on one occasion appointed an officer to be Chief Criminal Judge, the officer came to a disciple of Confucius for advice. The disciple then said to the officer: “Rulers have long failed in their duties, and the people have long lived in a state of disorganisation. If you should discover enough evidence to convict a man, feel pity and be merciful to him; do not feel glad at your discovery.”

19-20. A disciple of Confucius, speaking of an infamous emperor and tyrant of ancient times, remarked: “His wickedness was, after all, not so bad as tradition reports. Therefore a wise man will not persist in a low, disreputable life in defiance of what men may say: for otherwise, people will give him credit for all the wickednesses thai are in the world. ”

19-21. The same disciple remarked, “The failings of a great man are eclipses of the sun and moon. When he fails, all men see it; but, when he recovers from his failing, all men look up to him as before.”

19-22. An officer of the Court in a certain State asked a disciple of Confucius, "From whom did Confucius learn the principles he taught?"
The disciple answered, "The principles of religion and morality held by the ancients have not all disappeared. Even now among men, those who are wise and worthy understand the great principles of the system, and those who are not wise, and even unworthy men, understand the lesser principles. As to our Teacher, he had no need to learn; and even if he had to learn, why should he necessarily have had one special teacher?"

19-23. An officer of the Court in Confucius' native State, expressing admiration for a disciple of Confucius, remarked in presence of the other Court officers: "In my opinion this disciple of Confucius is superior to Confucius himself."
Afterwards, when somebody reported what the officer had said to the disciple above referred to, the latter said: "Let me use the comparison of two buildings. The wall of my building only reaches to the shoulders; one has only to look over and he can see all that is valuable in the apartments. But the wall of the Master's building is hundreds of feet high. If one does not find the door to enter by, he can never see the treasures of art and the glory of the men that are in the holy temple. Perhaps, however, there are few men who have found the door. I do not therefore wonder that the officer spoke as he did."

19-24. The same Court officer was once heard to abuse the character of Confucius. The same disciple on hearing of it, said: "It is no use for him to do that. Confucius can never be abused. The moral and intellectual endowments of other men as compared with those of Confucius are as hillocks and mounds which you may climb over. But Confucius is like the sun and moon. You can never jump over them. You may break your neck in trying to do it, but the sun and moon will remain as they are. In trying to do that, you only show your want of sense in not knowing what you can do."

19-25. Another man on another occasion said to the same disciple, "But you are too earnest and conscientious. How can Confucius be superior to you?" "For one word", replied the disciple, "an educated man is held to be a man of understanding, and for one word he is held to be foolish. You should therefore be careful indeed in what you say. Now Confucius cannot be equalled, just as no man can climb up to the sky. If Confucius, our Master, had been born an emperor or a prince, he would then have done those things told of the holy kings of old: 'What he lays down becomes law; what he orders is carried out; whither he beckons, the people follow; wherever his influence is felt, there is peace; while he lives, he lives honoured by the whole world; when he dies he is mourned for by the whole world.' How is it possible for a man to equal Confucius, our Master! "

CHAPTER 20

20-1. The ancient Emperor Yao, when in his old age he abdicated the throne in favour of his successor, Shun, thus gave him charge: "Hail to thee, O Shun! The God-ordained order of succession now rests upon thy person. Hold fast with thy heart and soul to the true middle course of right. If there shall be distress and want among the people within the Empire, the title and honour which God has given to thee will be taken away from thee for ever."

Afterwards the Emperor Shun, when he abdicated in favour of his successor, the great Yu, used the same language in giving him charge.

The Emperor T'ang, when he ascended the Imperial throne, thus offered up his prayer to God: "I, Li, who am one of thy children, do here take upon me to offer up to thee in sacrifice this black heifer, and to announce to Thee, 0 supreme and sovereign God, that sinners I shall not dare to pardon; and, in the choice of Thy servants, I pray Thee, 0 God, that thou wilt let me know Thy will and pleasure. If! do sin against Thee, let not the people suffer for my sin. But if the people shall sin against Thee, let me alone bear the penalty of their iniquities."

With the inauguration of the Chou dynasty, the country was greatly prosperous; but only the good were rich.

The Emperors guided themselves by the principle contained in these words: "Although there are men attached and related to our person, yet we do not consider them equal in value to men of moral character. If the people fail in their conduct, it is we alone who are to blame,"

The Emperors set themselves to adjust and enforce uniformity in the use of weights and measures; to organise the administration and laws; to re-establish disused offices: in this way the administration throughout the Empire was well carried out. They restored extinct families of nobles; called to office retired men of virtue and learning: thus the people throughout the Empire gladly acknowledged their authority. What they paid serious attention to were food for the people, rituals and mourning for the dead, and religious services. By considerateness, they won the heart of the people; by good faith, they caused the people to have confidence in them; by diligence in business, what they undertook prospered; by their fair and impartial dealing, the people were contented.

20-2. A disciple of Confucius enquired of him, "What should be done in order to conduct the government of a country?"

Confucius answered, "In the conduct of government there are five good principles to be kept in mind and respected, and there are four bad principles to be avoided."

"What are the five good principles to be respect? "asked the disciple.

Confucius replied, "First, to benefit the people without wasting the resources of the country; Secondly, to encourage labour without giving cause for complaint; Thirdly, to desire for the enjoyments of life without being covetous; Fourthly, to be dignified without being supercilious; Fifthly, to inspire awe without being severe."

"But," again asked the disciple, "What do you mean by 'To benefit the people without wasting the resources of the country' ?"

"It is," replied Confucius, "to encourage the people to undertake such profitable labour as will best benefit them, without its being necessary to give them any assistance out of the public revenue; that is what is mean by, 'To benefit the people without wasting the resources of the country'."

Confucius then went on to say, "In the employment of the people in forced labour on works for the public good, if you select those who are most able to bear it, who will have any cause for complaint? Make it your aim to wish for moral well-being and you will never be liable to be covetous. A wise and good man, whether dealing with a few people or with many, with great matters or with small, is never presumptuous and never regards anything as beneath his notice or as unworthy of serious and careful attention: that is what is meant by being dignified without being supercilious. And, finally, to inspire awe without being severe, a wise and good man has only to watch over every minute detail connected with his daily life, not only of conduct and bearing, but even in minor details of dress, so as to produce an effect upon the public mind, which, without these influences, could only have been produced by fear."

"Now I understand," said the disciple, "But what do you mean by the four bad principles of which you have spoken?"

"First," replied Confucius, "is cruelty; that is, the undue punishment of crimes committed through ignorance arising out of a neglected education. Secondly, tyranny of that kind which renders people liable to punishment for offences without first clearly giving public notice. Thirdly, heartlessness; which means to leave orders in abeyance and uncertainty, and suddenly to enforce their performance by punishment. And lastly, meanness; to treat your subordinates as if bartering with them exactly and meanly: that is called behaving like professional men and not like gentlemen."

20-3. Confucius remarked, "Without religion a man cannot be a good and wise man; without knowledge of the arts and of the principles of art, a man cannot form his judgement; without the knowledge of the use of language, a man cannot judge of and know the character of men."

This last chapter sums up the teaching of Confucius: the 1st section shows the grand and high principle of responsibility in the rules towards God as the foundation of government, and gives also the important function necessary for the carrying out of good government; The 2nd section gives what principles a ruler must constantly guide himself by and what principles he must avoid; the last section sums up the three things necessary for the education and formation of the character of a gentleman: three things, namely, Religion, a Knowledge of the Arts, and Literature.

약력

신창호(申昌鎬)

현) 고려대학교 교수

학력

고려대학교 학사(교육학/철학)
한국학중앙연구원 한국학대학원 석사(철학)
고려대학교 일반대학원 박사(교육사철학)

경력

경희대학교 교육대학원 교수
고려대학교 입학사정관실 실장/교양교육실 실장/교육문제연구소 소장/평생교육원 원장
율곡학회 교육분과위원장
한국교육사학회 편집위원장
한국교육철학학회 회장
한중철학회 회장
아람청소년센터 이사
독서문화연구원 부설연구소 소장

주요 논저

중용 교육사상의 현대적 조명(박사논문)
수기, 유가 교육철학의 핵심
유교의 교육학 체계
한글 사서(대학/논어/맹자-중용)
논어집주상설(전10권)/대학장구상설(전3권) 외 다수

서구로 간 유학 경전 1 – 구훙밍(辜鴻銘)의 영역(英譯) 『논어』

『논어』의 신기원

– 공자의 담론과 격언들 –

초판발행 2021년 1월 5일

지은이 신창호
펴낸이 노 현

편 집 문선미
기획/마케팅 노 현
디자인 BEN STORY
제 작 고철민·조영환

펴낸곳 (주) 피와이메이트
서울특별시 금천구 가산디지털2로 53 한라시그마밸리 210호(가산동)
등록 2014. 2. 12. 제2018-000080호
전 화 02)733-6771
f a x 02)736-4818
e-mail pys@pybook.co.kr
homepage www.pybook.co.kr
ISBN 979-11-6519-105-4 93140

정 가 24,000원

박영스토리는 박영사와 함께하는 브랜드입니다.